高等院校网络教育系列教材

项目风险管理

马海英　主编

華東理工大學出版社
EAST CHINA UNIVERSITY OF SCIENCE AND TECHNOLOGY PRESS
·上海·

图书在版编目(CIP)数据

项目风险管理/马海英主编. —上海：华东理工大学出版社，2017.2 (2022.1 重印)
高等院校网络教育系列教材
ISBN 978-7-5628-4925-4

Ⅰ.①项… Ⅱ.①马… Ⅲ.①项目风险-风险管理-高等学校-教材 Ⅳ.①F224.5

中国版本图书馆 CIP 数据核字(2017)第 023634 号

项目统筹 / 周　颖
责任编辑 / 徐知今
装帧设计 / 戚亮轩
出版发行 / 华东理工大学出版社有限公司
地址：上海市梅陇路 130 号，200237
电话：021-64250306
网址：www.ecustpress.cn
邮箱：zongbianban@ecustpress.cn
印　　刷 / 江苏凤凰数码印务有限公司
开　　本 / 787 mm×1092 mm　1/16
印　　张 / 10.75
字　　数 / 262 千字
版　　次 / 2017 年 2 月第 1 版
印　　次 / 2022 年 1 月第 3 次
定　　价 / 32.00 元

PREFACE

序

网络教育是依托现代信息技术进行教育资源传播、组织教学的一种崭新形式，它突破了传统教育传递媒介上的局限性，实现了时空有限分离条件下的教与学，拓展了教育活动发生的时空范围。从1998年9月教育部正式批准清华大学等4所高校为国家现代远程教育第一批试点学校以来，我国网络教育历经了若干年发展期，目前全国已有68所普通高等学校和中央广播电视大学开展现代远程教育。网络教育的实施大大加快了我国高等教育的大众化进程，使之成为高等教育的一个重要组成部分；随着它的不断发展，也必将对我国终身教育体系的形成和学习型社会的构建起到极其重要的作用。

华东理工大学是国家“211工程”重点建设高校，是教育部批准成立的现代远程教育试点院校之一。华东理工大学网络教育学院自创建以来，凭借着自身的优质教育教学资源、良好的师资条件和社会声望，得到了迅速发展。但网络教育作为一种不同于传统教育的新型教育组织形式，如何有效地实现教育资源的传递，进一步提高教育教学效果，认真探索其内在的规律，是摆在我们面前的一个新的、亟待解决的课题。为此，我们与华东理工大学出版社合作，组织了一批多年来从事网络教育课程教学的教师，结合网络教育学习方式，陆续编撰出版了一批包括图书、课件光盘等在内的远程教育系列教材，以期逐步建立以学科为先导的、适合网络教育学生使用的教材结构体系。

掌握学科领域的基本知识和技能，把握学科的基本知识结构，培养学生在实践中独立地发现问题和解决问题的能力是我们组织教材编写的一个主要目的。该系列教材包括了计算机应用基础、大学英语等全国统考科目，也涉及了管理、法学、国际贸易、机械、化工等多学科领域。

根据网络教育学习方式的特点编写教材，既是网络教育得以持续健康发展的基础，也是一次全新的尝试。本套教材的编写凝聚了华东理工大学众多在学科研究和网络教育领域中具有丰富实践经验的教师、教学策划人员的心血，希望它的出版能对广大网络教育学习者进一步提高学习效率予以帮助和启迪。

华东理工大学 涂善东

前言

FOREWORD

项目风险管理的好坏直接关系到项目的成败，从原因上说，项目的不确定性是项目最主要和最根本的特征，而项目的不确定性是引发风险的根本原因，抓住项目风险所带来的机遇和消减项目风险所带来的损失是人们开展现代项目管理的根本目的所在。

但是项目不同于一般产品，因此对项目的风险管理不完全等同于对产品的风险管理。项目的复杂性、动态性、一次性、单件性、周期性等特点使得项目风险管理具有自身独有的特性。

本书通俗易懂，以简朴而不晦涩的专业术语、公式，诠释了风险与机会管理的基本原则。同时，全书由浅入深，层层推进，以翔实的案例进一步揭示了风险管理理论在实践中的应用，从而避免了专业书籍的沉闷。此书是一本适用于各个层次的学生，面向大专、本科和研究生的基础教材。本书通过对项目风险管理基础理论介绍，结合大量的项目风险管理活动实例，阐述了项目风险规划、风险识别、风险估计、风险评价、风险应对、风险监控等过程管理的基本框架、科学方法和实用技术工具。本书的一大特色在于每一章都有相关的引导案例，便于引入式教学，每一章的课后练习也有案例分析的内容，便于学生对知识的掌握和巩固。并且在本书的最后一章，提供了不同领域的典型项目风险管理案例。

全书共分 8 章，系统介绍了项目风险管理的基本概念、项目风险分析、风险应对、风险监控、定性定量分析技术和方法。在内容上既着重于项目风险管理的基本理论与方法，又力图反映出项目风险管理的最新进展。

本书在编写过程中得到了很多老师的帮助和支持，谨向他们表示深深的谢意。同时，本书在编写时参与了许多的文献资料，在此向这些文献的作者表示由衷的感谢。

由于编者水平和学识的局限，书中疏漏、不足之处在所难免。诚恳地欢迎广大读者和专家学者提出宝贵的意见与建议，以帮助我们不断地改进。

编　者

2016 年 10 月

CONTENTS 目录

1 绪　论

本章学习目标

通过本章的学习，了解项目风险管理的重要性，掌握项目风险管理的基本概念和项目风险管理的基本过程。

1.1 引导案例

1.1.1 风险管理关系到项目的成败

在项目的执行过程中，项目风险的管理与控制对于项目的最终成败具有决定性的作用。历史上，喷气式客机的发展历程就充分说明了这个道理。

1949 年 7 月 9 日，由英国德·哈维兰公司研制的世界上第一架 4 发动机中程喷气式客机"彗星"号诞生，同年 7 月 27 日首航，整个飞行持续了 31 分钟。"彗星"号喷气式客机的出现使民航客运的平均速度由 400 千米/小时提高到 800 千米/小时，其意义是十分重大的，飞行高度也突破了 10 千米，可达到 12 千米。这么快的速度，这么高的高度，以前这是在科幻小说中才可能见到的怪物。航空界被震动了，"彗星"飞机成为第二次世界大战后欧洲航空工业第一颗闪亮的明星。

正当英国准备用"彗星"号大展宏图之际，噩梦却开始了。该客机自投入使用后，接连出现了几次重大的空难事故。自 1952 年到 1954 年，交付的 9 架"彗星"1 型客机就有 4 架坠毁，其中 3 架又是在空中解体的，这不能不引起英国政府和航空专家的重视。

"彗星"号飞机采用了当时最好的制造材料与技术，在制造中经过严格的试验和检验，质量比当时使用的所有飞机都要好，而且失事的三架飞机都已经过两三千小时的飞行检验，没有发现任何事故迹象。经过专家与技术人员的反复研究，终于查出"彗星"号飞机失事的原因是制造飞机机体结构的金属材料产生疲劳。由于这一技术风险在飞机的开发过程中是没有预见到的，因此在此后的几年中，德·哈维兰公司不得不大刀阔斧地对"彗星"号客机进行了重新设计，尤其对其结构着重进行了加强。然而之前几次重大事故彻底毁掉了德·哈维兰公司。"彗星"号订货的取消，使该公司无力继续进行后续改进设计，最终于 1959 年被其他的公司所兼并。

与此同时，美国波音公司于1952年开始倾尽全力开发波音707喷气式客机。该客机在设计时就非常注意飞行安全，为此设计者专门为飞机设计了两层玻璃夹一层乙烯基化学物质的“钢化玻璃”，并特别用一门加农炮发射一只“死鸟”，模拟飞行中被鸟撞后的情况，检验这种驾驶舱能否经受得住相对速度高达每小时800千米鸟的“撞击”。正当707原型机紧锣密鼓地装配时，“彗星”号爆炸的消息传来。设计人员立即对707的结构进行了针对“疲劳”问题的重新核检。他们在用材问题上没有发现漏洞，特别是波音707采用的是圆形舷窗，比“彗星”号的方形舷窗在受力上要合理得多。最终，尽管波音707在技术上与“彗星”号没有根本性的不同，但由于设计人员对飞机的各项风险考虑得非常细致，所以其综合优势明显胜于“彗星”号，最终获得了成功。“彗星”陨落，江山易主，波音707最终不战而胜了。

（资料来源：http://www.gooddream.cn/articIe.asp?id=1330）

1.1.2 项目风险管理的重要性

从以上的案例我们可以看出，现代科学技术的迅速发展使得工程产品和工程活动越来越复杂，规模越来越庞大，构成产品的元器件也越来越多，这些产品和研制过程面临着多变和急剧变化的环境。在这种情况下，项目风险问题显得更加重要、更加突出。下面从几个侧面说明这一问题。

(1) 现代工程系统大多是多功能的自动化系统，它由大量互相联系、互相依存的正在运行着不同过程(热的、机械的、电的等)的组件构成，涉及机、电、光、热、磁等众多学科，产品所使用的元器件数量越来越多。例如，美国RCA－100土星火箭检测计算机使用了大约117 800个元器件，美国“哥伦比亚”号航天飞机使用了200多万个元器件。虽然随着大规模集成技术的发展，元件数目可能会大大减少，但工程系统功能的复杂程度却越来越高。在这种情况下，如果不加强对技术风险的控制，产品研制很可能失败。

(2) 大型工程系统的开发给人类带来巨大的社会经济效益，但一旦出故障就会造成重大损失。2005年10月，俄罗斯联邦航天署负责发射的一枚用于欧洲极地冰川探测的“克里塞特”探测卫星在发射后不久发生事故，卫星未能进入预定轨道，最终坠入大海。失事的“克里塞特”卫星由欧洲航天局生产，价值约为2.1亿美元，欧洲航天局原计划通过这枚卫星开展一项为期3年的极地冰川测绘工作，为研究全球变暖的科学家提供更为详尽可靠的数据，而这一失事事故使原计划化为泡影。又如，印度2006年7月发射的一枚用于电视、广播与气象数据传输的名为INSAT－4C的通信卫星，卫星升空后不久，运载火箭就偏离预定轨道，火箭与卫星随后发生爆炸，这使得印度卫星通信事业承受了巨大损失。

(3) 大型工程项目涉及多学科专业，参加研制协作的单位多，分布于不同地区，且各单位的管理体制不一致，技术质量水平差距较大，给技术协调、质量控制和沟通管理带来许多困难，使项目具有一定的风险。

1.2 基本概念

1.2.1 项目的概念

1. 项目的定义

项目一词，经常见诸报刊，我们在日常工作和生活中也经常使用项目一词，如修建住宅，引进一种新装备，推销一种新产品，采购一批办公设备，等等。作为一个专业术语，项目的科学含义究竟是什么呢?

关于项目的含义，目前还没有公认的统一定义，不同的组织、不同的专家学者从不同的角度给出了项目的不同认识。美国项目管理权威机构项目管理协会(Project Management Institute，PMI)认为，项目是一种被承办的旨在创造某种独特产品或服务的临时性工作；世界银行认为，所谓项目，一般是指同一性质的投资，或同一部门内一系列有关或相同的投资，或不同部门的一系列投资；德国标准 DIN 69901 认为，项目是指具有预定的目标，具有时间、财务、人力和其他限制条件，具有专门的组织而实施的唯一性任务；有的专家学者认为，项目是为了达到特定目标而调集到一起的资源组合；还有的认为，项目是由一些独特的、复杂的和相关的活动所组成的一个序列，它有一个必须在特定时间内、在预算之内及根据规范完成的目的或目标。

综上所述，所谓项目，就是具有一定时间、费用和技术性能目标的非日常性、非重复性、一次性的任务，即项目是要在一定时间里，在预算规定范围内，由一定的组织完成的，并达到预定质量水平的一项一次性任务。

项目包括的范围很广，如核电站的建造、卫星的发射、大型水利工程的修建、新产品的开发等都是一个个项目。项目一词在美国等国家称为"Project"，它与汉语中"项目"一词的含义并非完全一致，在应用时应注意其差别。有不少人将"Project"译为"工程""计划"，其翻译依据主要是英汉词典的解释，而不是基于对该学科的全面了解，如著名的超大型航天项目阿波罗登月计划中的"计划"一词就是"Project"，这种理解与我国的项目管理最初以工程计划管理为主这一特征有关。为有效理解项目的涵义，应科学把握项目的基本要素和本质特征。

2. 项目的基本要素

(1) 项目的系统属性。从根本上说，项目实质上是一系列的工作，是系统过程作用的结果。尽管项目是有组织地进行的，但它并不是组织本身；尽管项目的结果是某种产品，但项目也不全都是产品。例如，一个新产品的开发项目，不能把它简单地理解为交付用户使用的产品，而应当从产品的寿命周期过程出发，把它理解为论证、研制、安装调试、交付使用等过程相互作用的结果。

(2) 项目的过程。项目是必须完成的、临时性的、一次性的、有限的任务，这是项目过程区别于其他常规"活动和任务"的基本标志，也是识别项目的主要依据。如研制开发一种新型程控交换机是一个项目，但程控交换机定型后批量生产就不是项目了，也就是说，项目在内容、形式和环境上不是某一存在物的简单重复，而是与先前的工作多少有些差别。

(3) 项目的结果。项目都有一个特定的目标，或称独特的产品或服务。任何项目都有一个与以往、与其他任务不完全相同的目标(结果)，它通常是一项独特的产品或服务。这一特定的目标一般应在项目初期设计出来，并在其后的项目活动中一步一步地实现。有时尽管一个项目中包含部分的重复内容，但在总体上仍然应当是独特的，如果任务或其结构是完全重复的，那它就不是项目。

(4) 项目的共性。项目也和其他任务一样，有资金、时间、资源等许多约束条件，项目只能在一定的约束条件下进行。这些约束条件既是完成项目的制约因素，同时也应当是管理项目的必备条件。有些文献用"目标"一词表达这些内容，例如把资金、时间、质量称为项目的"三大目标"，用以提出对项目特定的管理要求。从管理项目的角度看，这样要求是十分必要的，但严格地说，“项目目标”应是指项目的结果。

3. 项目的基本特征

作为运用各种资源以达成特定目标的一种复杂的系统工程活动，项目通常具备如下基本特征。

(1) 项目实施的一次性和非重复性。项目必须是一次性的任务，有投入也有产出，而不是简单的重复。例如：建设一家钢铁厂可以看作一个大项目，但建成投产后的日常生产过程则不能视为项目。在建筑行业，即使采用同样型号的标准图样建造两个住宅区，但由于建设时间、地点、周围环境等条件不可能完全相同，因此属于两个不同的项目。世界上有相同的产品，组织批量生产，统一管理；但不可能有完全相同的项目批量实施。项目实施都是一次性的，每个项目都有自身独特的个性需求，应根据具体条件进行系统管理。

(2) 项目目标的明确性。项目要建成何种规模，达到什么技术水平，满足哪些质量标准，建成后的服务年限等都应明确而详细。这些目标是具体的、可检查的，实现目标的措施也是明确的、可操作的。

(3) 项目组织的整体性。项目通常由若干相对独立的子项目或工作包组成，这些子项目或工作包含有若干具有逻辑顺序关系的工作单元，各工作单元构成子项目或工作包等子系统，而各相互制约和相互依存的子系统共同构成了完整的项目系统。这一特点表明，对项目进行有效管理，必须采用系统管理的思想和技术方法。

(4) 项目的多目标性。尽管项目的任务是明确的，但项目的具体目标，如性能、时间、成本等则是多方面的。这些具体目标既可能是协调的，或者说是相辅相成的；也可能是不协调的，或者说是互相制约、相互矛盾的。如在计划经济时期，一种产品的研制有时可能是以功能要求为第一位的，不强调成本；有时是以时间进度要求为主，不得不降低功能要求；而有时更为注重经济指标，要求在资金允许范围内完成任务。由于项目具体目标的明确性和任务的单一性，要求对项目实施全系统、全寿命管理，应尽量把多种目标协调起来，实现项目系统优化而不是局部的次优化。

(5) 项目的不确定性。项目在一定程度上是具有某种新的、前所未做过的事情。因此，项目“从摇篮到坟墓”通常包含若干不确定因素，即达到项目目标的途径并不完全清楚。因此，项目目标虽然明确，但项目完成后的确切状态却不一定能完全确定，从而使达到这种不完全确定状态的过程本身也经常是不完全确定的。例如，研制新一代歼击机，其起飞重量、飞行速度、巡航半径、火力控制等事先可明确确定，但采用何种工艺，应用何种材料，以及如何制造等还需要在实施过程中不断研究和探索，而不能事先完全确定。项目的这一特点表明，项目的实施不是一帆风顺的，常常会遇到风险。因此，必须进行项目风险管理。

(6) 项目资源的有限性。任何一个组织，其资源都是有限的，因此，对于某一具体项目而言，其投资总额、项目各阶段的资金需求、各工作环节的完成时间以及重要事件的里程碑等都要通过计划而严格确定下来。在确定的时间和预算内，通过不完全确定的过程，提交出状态不完全确定的成果，就是项目管理学科要解决的中心课题。

(7) 项目的临时性。项目一般要由一支临时组建起来的队伍来实施和管理，由于项目只在一定时间内存在，参与项目实施和管理的人员是一种临时性的组合，人员和材料设备等之间的组合也是临时性的。这里，临时并不意味着短暂。项目的临时性对项目的科学管理提出了更高的要求。

(8) 项目的开放性。由于项目是由一系列活动或任务所组成的，因此，应将项目理解为一种系统，将项目活动视为一种系统工程活动。绝大多数项目都是一个开放系统，项目的实施要跨越若干部门的界限，这就要求项目经理协调好项目组内外的各种关系，团结项目组内成员齐心一起干，并寻求与项目有关的项目组外人员的大力支持。

1.2.2 项目管理

项目作为一种复杂的系统工程活动，往往需要耗费大量的人力、物力和财力，为了在预定的时间内实现特定的目标，必须推行项目的科学管理。

项目管理，从字面上理解应是对项目进行管理，即项目管理属于管理的大范畴，同时也指明了项目管理的对象应该是项目。下面我们首先从管理的角度来理解项目管理。

(1) 管理的基本涵义。关于管理的概念，按《世界大百科全书》中的定义，管理就是对工商企业、政府机关、人民团体以及其他各种组织的一切活动的指导，它的目的是要使每一行为或决策有助于实现既定目标。在管理理论的发展过程中，不同的学派和学者对管理有不同的认识。科学管理之父泰勒认为，管理就是“确切地知道你要别人去做什么，并使他用最好的方法去做”；诺贝尔经济学奖获得者赫尔伯特·西蒙认为，管理就是决策，决策贯穿管理的全过程；组织管理之父法约尔认为，管理是所有的人类组织（不论家庭、企业或政府）都有的一种活动，这种活动由五项要素组成：计划、组织、指挥、协调和控制等。上述的管理定义，从不同的侧面和角度反映了管理的内涵。管理的现代观点认为，管理是对组织的资源进行有效整合以达成组织既定目标与责任的动态创造性活动，计划、组织、指挥、协调和控制等管理行为活动是有效整合资源所必需的活动，是实现有效整合资源的部分手段或方式，管理的核心在于对资源的有效整合。

(2) 项目管理的基本涵义。项目管理既具有一般管理共有的内涵，又有自身的个性需求。项目管理有两种不同的涵义，一是指一种管理活动，即一种有意识地按照项目规律特点，对项目进行组织管理的活动；二是指一种管理学科专业，即以项目管理活动为研究对象的一门学科专业，是探求项目活动科学组织管理的理论与方法。前者是一种客观实践活动，后者是前者的理论总结和经验升华；前者以后者为指导，后者以前者为基础。就其本质而言，两者是辩证统一的。基于上述的认识，所谓项目管理，是以项目为对象，对项目资源进行有效整合以达成项目预定目标与责任的动态创造性活动过程。

所谓以项目为对象是指项目管理的客体与主体。项目管理的客体是指能够被项目管理主体控制的一个已经立项和实施的项目在寿命周期内涉及的全部人员、资源的组织和活动；项目管理的主体即项目的决策者和管理者，即由项目管理者组成的工作集体——管理组织机构。

项目管理的职能和任务，是指对项目实施所需资源（如人员、资金、技术、时间、设备等）进行计划、组织、指挥、控制等，达成项目预定的目标。

动态创造性活动过程，是指运用系统理论、思想及其技术方法，对项目全过程实施全系统、全寿命的系统管理。在项目寿命周期管理过程中，进行资源的有效配置，综合权衡和系统优化性能、时间、费用等项目活动，不断做出科学决策，在预定的时间内成功地达成特定的项目目标。

项目的特点也表明，它所需要的管理及其技术方法与一般作业管理不同。一般的作业管理只需对效率和质量进行考核并注重将当前的执行情况与前期进行比较；而在传统的项目管理中，尽管一般的管理技术方法也适用，但项目管理是以项目经理负责制为基础的目标管理，是以项目任务(活动)为基础，以便实施对时间、费用和人力的预算控制并对技术、风险等进行管理。在现代项目管理过程中，更加注重人的因素，注重用户，注重柔性管理，强调进度、费用、质量和风险的和谐统一，追求利益相关者的满意度和项目目标的综合优化并已形成完整的学科体系。

一般而言，项目管理是指技术上比较复杂、工作量比较繁重、不确定性因素较多的任务和项目。由于项目的一次性、临时性，因此，项目管理的主要方面就是要对项目中的不确定性和风险因素进行科学管理。

1.2.3 风险的概念

1. 风险的定义

风险(Risk)一词，我们在日常生活中经常谈论，但要从理论的角度对风险作一个科学的定义并不容易。“风险”一词在字典中的解释是“损失或伤害的可能性”，通常人们对风险的理解是“可能发生的问题”。一般而言，风险的基本含义是损失的不确定性，但对于这一基本的概念，在经济学家、统计学家、决策理论家和保险学者中尚无统一适用各个领域的、一致公认的风险定义。因此关于风险目前有不同的定义，主要有以下几种。

(1) 风险是某些不确定性以及由其可能引起的偏离预定目标的不良后果的综合。它是不确定事件发生的概率及其后果的函数，若用 R 表示风险，P 表示不确定事件发生的概率，E 表示不确定事件发生的后果，则风险可用数学公式表示为：

$$R=f(P,E)$$

(2) 风险是损失或事故发生的可能性，这种可能性通常用概率来描述。

(3) 由将来可能发生的一个事件而导致产生不良后果的一种状况。

上述各种风险的不同描述，都反映出风险是一种消极的不良后果，风险是事件发生的潜在可能性。风险应包括以下三个构成要素：一个事件、该事件发生的可能性和该事件发生后产生的不良后果。例如，对一架将要执行飞行任务的飞机来说，降落时飞机的起落架有可能无法正常放下，从而导致机毁人亡的事故发生，这就是飞机在执行任务时的一种风险。

风险的定义应与目标相联系。风险是“起作用的不确定性”，它之所以起作用，是因为它能够影响一个或多个目标。首先我们需要定义什么目标“处于风险之中”，也就是说，如果风险发生，什么目标将会受到影响。因此，风险是“能够影响一个或多个目标的不确定性”。有些不确定性与目标并不相关，它们应该被排除在风险管理过程之外。例如，如果我们在长沙实施一个 IT 项目，那么哈尔滨是否会下雪这个不确定性就是不相关的。但是，如果我们的项目是重新建设哈尔滨城市街道绿化带，那么哈尔滨下雪的概率就变得相关了。在前一种情况下，下雪仅仅是一个不相关的不确定性，而在后一种情况下，下雪就是一种风险。

把风险与目标联系起来，可以使我们很清楚地看到，生活中风险无处不在。我们所做的一切事情都是为了达到一定的目标，包括个人目标(如快乐和健康)、项目目标(如准时并在预算内交付成果)、公司商业目标(如增加利润和市场份额)。一旦确定了目标，在成功达到目标的过程中，就会有风险随之而来。

风险与目标之间的这种联系也可以帮助我们识别不同级别的风险，它们是基于组织中存在的不同层次的目标。例如，战略风险是指那些能够影响战略目标的不确定性，技术风险可能影响技术目标，而声誉风险则会影响声誉。

2. 风险的特点

(1) 不确定性。风险的本质是不确定性，这种不确定性表现于多个未来的不良后果及其发生的可能性。

(2) 后果的现实性。当一种后果已经成为现实，或一项活动已经结束，风险也就不存在了。例如，飞机正常着陆或发生事故后，对每名乘客来说，这次空中旅行的风险也就消失了，如果乘客还活着，他可能还将面临其他风险，如车祸等。风险的不确定性存在于风险事件或事故发生之前。

(3) 风险的可控制性。在我们周围存在大量的风险，人们试图评估或者控制它，但有些控制是成功的，而有些控制则是失败的。风险管理的基本任务是提出可供选择的方案，评价每种方案的风险，选择满意的控制风险方案并且正确实施。

对风险的控制可分为主动控制与被动控制。尽管天气预报员对天气给出评估，但他不可能控制各种天气情况发生的可能性。因为，一般来说，雨是不可控制的自然现象。但是，他通过建议人们带雨伞的方式，减轻雨天的危害，这是被动控制。

对某些人造产品如飞机、机器人等由于设计问题而导致的风险，可采取改进设计的方法来消除或减轻可能产生的不良后果，这称为主动控制。

3. 风险的种类

为了有效地进行项目风险管理，有必要对风险进行分类。按照不同的分类标准，可对项目风险进行不同的分类。按风险产生的原因可将风险划分为自然风险、社会风险、经济风险、技术风险和管理风险等。

自然风险，指由于自然环境的非规则运动所引起的自然现象或物理现象导致的风险。例如，风暴、火灾、洪水等所导致的项目目标不能达到的风险。

社会风险，指由于政局不稳或反常的个人行为或团体行为所造成的项目风险。例如，政权非正常更换、罢工、战争、玩忽职守等事件对项目的影响。对于大型工程项目还可能包括国际关系、国家政策、政治经济、科技、军事的发展战略造成的项目风险。

经济风险，是指由于经营管理能力降低、市场预测失误、价格变动或成本需求变化等因素导致项目经费超支或经济损失的风险，以及外汇变动和通货膨胀引起的风险。

技术风险，指由于技术的不成熟、技术的复杂性、工作人员掌握技术的程度等因素导致项目技术方案、设计、施工、运行等方面的风险。

管理风险，指项目管理人员的组织管理能力、领导和成员的个人素质不够，计划和资源调度能力不强，组织机构设置不合理等原因导致项目管理水平低，从而影响项目目标完成的风险。

大型工程项目的主要风险有管理风险、技术风险、人力风险、费用风险、进度风险、质量风险、时间风险、安全风险等。按照项目阶段的不同可将项目风险进行阶段划分，如概念阶段的项目风险、开发阶段的项目风险、实施阶段的项目风险、收尾阶段的项目风险。有些风险贯穿于项目的全寿命期，有些风险只属于某个阶段。

1.2.4 项目风险

1. 项目风险的定义

项目风险是指在项目生命周期内，由于某些不确定性而可能导致项目偏离目标，造成项目损失的风险。风险源指的是能够影响项目执行效果的任何因素，当对项目执行效果的影响既有不确定性又很重要时，就成为项目的风险。因此，项目目标和项目执行效果标准的定义，对项目风险的水平具有十分重要的影响。从定义上可见，设定严格的成本或时间目标会使项目在成本或时间进度方面具有更高的风险，因为如果目标设置很严格，这些目标的实现就更加不确定了。反之，设定宽松的时间或质量目标就意味着较低的时间或质量风险。但是，不合适的目标本身就是一种风险源。不同的利益相关者具有不同的项目目标，认识不同目标之间的相互依赖关系是很有必要的，管理风险的策略不能与管理项目目标的策略相分离。

项目风险具有以下特征：

(1) 客观性。在项目的全寿命周期内，项目风险是无处不在、无时不在的，风险的存在决定于风险的各种因素的存在，只要决定风险的各种因素都达到风险发生的要求，风险就会发生。虽然人类一直希望能认识和控制风险，但直到现在也只能在一定的条件下适当改变项目风险存在和发生的条件，降低其发生的概率，减少损失程度，要完成消除所有风险是不可能的。

(2) 偶然性和规律性。风险具有不确定性，任何一种风险的发生都是由许多条件和不确定因素相互作用的结果，是一种随机现象。个别风险事件的发生是偶然的、杂乱无章的，但通过对大量风险事件资料的统计分析，可发现其概率规律，即我们可通过概率统计的方法来描述具有随机不确定性的风险的发生规律，在此基础上可开展风险管理。

(3) 多样性。大型项目实施周期长、规模大、涉及范围广、风险因素数量和种类多，致使大型项目在全寿命周期内面临的风险多种多样，如社会政治经济环境、技术、时间、质量等风险。

2. 项目风险的根源

形成项目风险的根源有两个：其一是人们在主观上对项目发展与变化的认识不足，从而在应对决策方面出现了问题；其二是客观上项目的环境和条件发生了意想不到的变化。所以项目风险的根源是有关项目信息的不完备性，即当事者对事物有关影响因素和未来发展变化情况缺乏足够和准确的信息。因为项目的一次性、独特性和创新性等特性决定了项目过程中存在着严重的信息不完备性，这就使项目中存在着许多项目风险。

通常人们对事物的认识可划分成三种不同的状态，即：拥有完备性信息的状态、拥有不完备性信息的状态和完全没有信息的状态，这三种认识状态造成项目风险的情况说明如下：

(1) 拥有完备性信息的状态。此时人们不但知道某事物肯定会发生或者肯定不会发生，而且人们还知道在该事物发生和不发生时会带来的确切后果。通常人们把拥有这种特性的事物称为“确定性事件”。例如，某建设项目在露天进行浇灌混凝土的作业，如果晴天每天可完成 10 万元工程量，而下雨天则需要停工并会因误工而损失 5 万元。

现有天气预报报道第二天降水概率为 0，那第二天开展施工作业并完成 10 万元工程量就是确定性事件。同样，如果天气预报报道第二天的降水概率为 100%，那么第二天不能施工并因误工而损失 5 万元也是确定性事件。

(2) 拥有不完备性信息的状态。此时人们只知道某事物在一定条件下发生的概率(即发生的可能性)以及该事物发生或者不发生可能会出现的各种后果，但是人们并不确切地知道该事物究竟是否会发生以及其确切后果。人们将拥有这种特性的事物称为“不确定性事件”或“项目风险性事件”。例如，上述露天浇灌混凝土作业的例子，如果天气预报报道第二天的降水概率为 60%，则第二天施工作业就有 60%的可能会因下雨而无法完成 10 万元的工程量并出现损失，而如果不施工作业就会发生 5 万元的误工费损失，并且有 40%的可能会丧失不下雨而能赚取 10 万元的机会。这就使得第二天的作业成了一个不确定性事件或项目风险性事件了。

(3) 完全没有信息的状态。此时人们对某一事物是否发生及其发生的概率都不知道，而且对于该事物的后果也完全不清楚，具有这种特性的事物被称为“完全不确定性事件”。例如，在从事露天浇灌混凝土作业的例子中，如果人们根本就没有得到天气预报的信息，对于第二天是否下雨根本不知道，那么该项目第二天开展作业或不开展作业的收益和损失就都不知道。在这种情况下，第二天的作业就成了一个完全不确定性事件了。

在项目的实现过程中，确定性、项目风险性和完全不确定性事件这三种情况都是存在的，其中项目风险性事件(或叫不确定性事件)所占比例是最大的，而项目的完全不确定性事件和确定性的事件都不多。由于在实际中人们会将一些项目风险性不大的项目事件简化成确定性事件，这就给人们造成了有很多项目事物都是确定的印象，而实际上，许多确定性的项目事件是有一定假设前提条件的事件。在上述三种情况中，项目风险性和完全不确定性事件是项目风险的根源，也是项目风险管理的对象。

1.2.5 项目风险管理

1. 项目风险管理的概念

项目风险管理是指项目承担单位对项目全寿命期内可能遇到的风险进行预测、识别、分析、评估，并在此基础上采取措施，提出对策，减少风险的损失，从而实现项目目标的科学管理方法。风险管理是需要花钱的，需要综合运用各种各样知识领域的知识，特别要收集类似项目的相关信息并积极地正确使用。

项目风险可以按照系统工程的思想进行管理。一般而言，一个系统工程的过程主要包括明确问题、选择目标、系统分析、方案优化、做出决策、付诸实施等步骤；而在项目风险管理中，可以将项目作为一个系统，对项目的各个组成部分或工作任务进行分解，找出所有可能存在风险的环节(项目风险识别)，然后对这些环节进行分析(项目风险估计与评价)，并根据分析的结果做出决策(项目风险应对策略)，最后付诸实施并进行控制(项目风险监控)。

例如，当研制一项新产品时，可将风险分解为市场风险、经济风险、进度风险、技术风险、资源及原材料供应风险等几个方面。然后，再对每一种风险做进一步的分解，这样就可以识别出所有的风险，便于决策者和管理者作出决策并进行监控。

因此，开展风险管理的目的就是完成项目目标。风险管理的作用主要有：

(1) 保护项目的进度、成本、质量。项目是一次性的、临时的，由于现代竞争环境的要求，项目要尽量缩短研制时间，严格控制成本，高质量地实现项目性能指标，由于项目研制过程中存在各种各样的不确定性因素，这些因素有可能导致项目目标不能完成，如项目超过规定的交货时间，或经费超支，或达不到质量和性能要求，这就是风险。为了避免这种现象的发生，必须要对风险进行管理，保证项目的时间、进度、质量达到预定的要求。

(2) 一次交付成功。现代项目在研制时间和经费上有严格的要求，经不起失败和挫折，要保证一次交付成功。

（3）防止“惊讶”。由于现代项目在时间、成本、质量等方面要求非常高，我们对项目研制过程中可能遇到的各种不利因素，特别是对各种风险，要深入分析，需要非常了解其发生的条件、可能性及后果等，制订风险应对预案，一旦出现问题，可采取相应措施，做到心中有数，胸有成竹，沉着应对，使风险造成的损失减到最少。

（4）防止危机发生或控制风险后果的蔓延。项目生命周期中可能会遇到各种风险，特别是一些大型工程项目，技术复杂，研制周期长，不确定因素很多，各种风险极有可能发生，有的风险发生后导致不良后果，有的后果较轻，有的刚开始产生的后果可能不严重，但可能会产生连锁反应，最后导致严重后果，有的开始可能是局部的，最后可能发展到系统级的。因此，我们要对风险进行早期防范，认真管理，防止危机发生或不良后果的蔓延。

风险管理的目标是实现最大的安全保障。首先，风险管理能为项目组提供安全的生产经营环境，能促进其决策的科学化、合理化，能促进其经济效益的提高，并保障经营目标的顺利实现；其次，风险管理有利于资源分配达到最佳组合，有利于减少风险带来的损失及其不良影响，有利于创造出一个保障项目顺利实施的良好环境，对大型工程项目的正常运转和不断发展起到重要的稳定作用。

2. 主动风险管理

主动风险管理是指利用过去的经验、项目环境等能收集到的信息，对风险进行识别、评估，并采取相应的对策，从而有效地管理风险。那么，有计划地、主动地干预风险会有什么效果呢？

（1）关于对项目目标不知道的不安和担心可变成明确已知的不安和担心。

（2）当风险发生时能够沉着地采取行动。例如，一旦发生地震，可采取躲避在桌子下面的行动。

（3）对项目而言，重要的是如何减少风险和监视风险，并不一定要将风险化为零。

（4）使问题明朗化，让相关人员都知道风险管理是非常重要的。

主动进行风险管理可以在以上几个方面取得良好的效果。

现代项目管理强调对项目目标的主动控制，对项目全过程中的风险进行主动式管理，对项目实现过程中遭遇的风险和相关影响因素进行预测、分析、评价，并采取预防措施，从而减少损失。

风险贯穿于项目的全寿命周期，因而风险管理是一个持续的过程，建立良好的风险管理机制以及基于风险的决策机制是项目成功的重要保证。风险管理是项目管理流程与规范中的重要组成部分，制订风险管理规则、明确风险管理岗位与职责是做好风险管理的基本保障。同时，不断丰富风险数据库、更新风险识别检查列表、注重项目风险管理经验的积累和总结更是风险管理水平提高的重要动力源泉。

3. 项目风险管理的时机

通常，我们关注的焦点是在项目生命周期的不同阶段，风险管理的应用过程有何不同。一般而言，在项目生命周期中风险分析开始得越早，有效风险管理的范围就越宽。但是，在项目开始的早期，由于缺乏项目的详细信息，如设计方案是初步的、框架式的，没有具体详细的设计方案，对项目的了解不深入，因此，风险分析开始得越早就越难做，而较宽的范围既是机会也是挑战。例如，风险管理在概念阶段就需要设定的比较宽，而且在产品的可靠性等问题上要有预见性。

在项目生命周期中早于计划阶段开展风险管理通常很困难，因为项目容易变化而且定义得不太明确。一个容易变化的项目意味着更大的自由度，有更多替代方案可供考虑。定义不太明确的项目意味着很难获得有用的文档资料，而且很难对所涉及的内容进行解释。

在项目生命周期较早阶段实施的风险管理过程具有战略性强、战术性差、难以定量、不太正式、更具有创造性的特点。虽然如此，如果在项目生命周期早期实施的风险管理运作得有效，通常更有用，可为项目计划中更多的改进留有余地，包括由风险推动的重新设计或项目产品的初始设计。要在目标、利益、设计和执行的框架中进行正式的风险管理，需要尽早对风险管理过程予以明确的关注，最好是在概念阶段，早期实施风险管理可以促进有关风险应对措施的思考，从而可以充分探讨实现目标的全新方式。

在计划阶段就已经可以获得关于项目的相当多的信息，便于比较深入地开展风险管理，并且通过风险管理改善项目执行效果的余地仍会很大。

在项目生命周期的较晚阶段才首次实施风险管理将很难得到良好效果，没有明显补偿性的利益。早期的警告比项目晚期才发现目标不一致或者不能实现更为可取。计划阶段完成之后，合同已经签署，设备已经购买，承诺已经做出，名誉处于危险之中，所以对变化的管理困难相对较大，而且得不偿失。即使如此，较晚实施的风险管理也能够，而且应该包括对项目可行性进行再评估。总之，“迟做总比不做好”。

作为一般原则，风险管理的过程实施得越早越好。

1.3 项目风险管理过程及其方法

项目风险管理发展的一个主要的标志是建立了风险管理的系统过程，从系统的角度来认识和理解项目风险。项目风险管理是一个由若干主要阶段组成的过程。这些阶段不仅相互作用，而且与项目管理的其他管理区域也互相影响，每个风险管理阶段的完成都可能需要项目风险管理人员的努力。

在项目的生命周期中持续不断地控制风险是非常重要的。项目风险管理过程通常可以分为五个阶段：风险管理规划、风险识别、风险估计与评价、风险应对、风险监控，如图 1－1 所示。

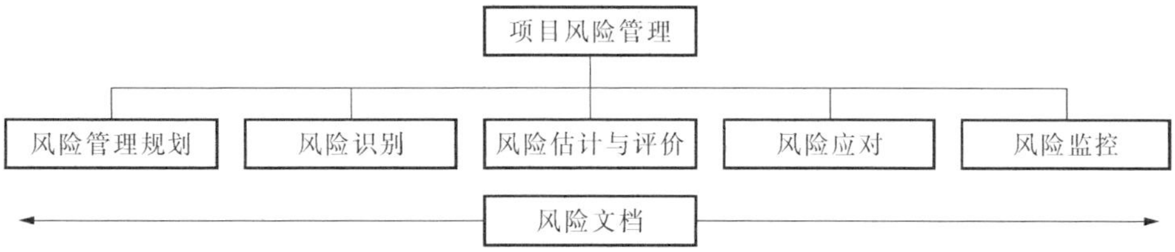

图 1－1　风险管理基本过程

(1) 风险管理规划。风险管理规划是风险管理工作大纲，是项目全寿命周期管理总要求的一个组成部分。风险管理规划是对整个项目生命周期内制订如何组织和进行风险识别、风险分析、风险应对、风险监督和控制的规划。项目风险管理规划包括风险管理方法、风险判断的依据、风险评价基准、风险分析人员以及信息收集与沟通等方面的内容。

（2）风险识别。风险识别的任务是确定项目风险来源、风险产生的条件、描述风险特征和确定哪些风险条件有可能影响本项目。在项目的寿命周期中，由概念阶段到收尾阶段，项目的信息越来越多，如设计方案由开始的不确定，然后有框架，再到详细方案，最后执行、收尾，有关设计的信息是由少到多，由不明确到明确的。风险识别在项目开始初期由于信息等条件限制可能得到的结果是初步的，随着项目的进行，风险识别可以越来越深入，结果越来越可用、可信。所以，风险识别不是一次就可以完成的，应在项目全过程中定期不断地进行。

风险识别首先要识别风险种类，如技术风险、费用风险、进度风险、组织风险、社会风险等，然后再对风险进行详细分析。进行风险识别的方法有头脑风暴法、SWOT 法、网络图法、敏感性分析法、故障树分析法等。

（3）风险估计与评价。风险估计与评价是对识别出来的风险进行定性、定量分析，评估风险发生概率和对项目目标的影响程度，常用的方法有主观评分法、层次分析法、模糊综合评价、网络分析方法等。

（4）风险应对。风险应对是针对风险评估的结果，为消除或者减少风险造成的不良后果而制订的风险应对措施。风险应对方案必须考虑风险的严重程度、项目目标和风险应对措施所花的费用，综合决策选择最佳应对措施。常用的风险应对措施有：减少风险、回避风险、转移风险、忽略或接受风险。

（5）风险监控。风险监控就是要跟踪已识别的风险，完成风险管理计划，可根据项目执行情况、已出现的风险和可能存在的风险，对风险管理计划进行调整，保障风险管理计划的实施，并评估消减风险的效果。风险监控过程中要与项目利益相关者保持持续不断的沟通，及时了解和通报信息。

本章小结

（1）项目，就是具有一定时间、费用和技术性能目标的非日常性、非重复性、一次性的任务，即项目是要在一定时间里，在预算规定范围内，由一定的组织完成的，并达到预定质量水平的一项一次性的任务。

（2）项目管理，是以项目为对象，对项目组织资源进行有效整合以达成项目预定目标与责任的动态创造性活动过程。

（3）风险是某些不确定性以及由其可能引起的偏离预定目标的不良后果的综合。

（4）项目风险是指在项目生命周期内，由于某些不确定性而可能导致项目偏离目标，造成项目损失的风险。

（5）项目风险管理是指项目承担单位对项目全寿命期内可能遇到的风险进行预测、识别、分析、评估，并在此基础上采取措施，提出对策，减少风险的损失，从而实现项目目标的科学管理方法。

（6）风险管理的目标是实现最大的安全保障。

（7）项目风险管理过程通常可以分为五个阶段：风险管理规划、风险识别、风险估计与评价、风险应对、风险监控。

练习思考题

1. 结合自己的工作说明风险管理的重要性。

2. 项目风险管理过程可以分为哪几个阶段?

3. 风险和机会有什么不同? 请阐述你的观点。

4. 案例分析

背景:N国G项目,项目要求覆盖N国首都以及几条高速公路及其沿途的城镇和乡村。2000年5月开始,华为公司进行该项目的投标,2001年8月开标宣布华为公司中标,历时将近一年。本次项目的总成交价格为:1 090万美元,最后项目总的亏损数额为:330万美元。这是公司必须花费的成本,但这是没有任何收入的净亏损部分。华为设备和服务的毛收入为约600万美元,以600万元的毛收入平衡330万美元的亏损颇为困难。

情况分析:在N国G项目中,该国政局很不稳定,前国王被刺以后,各种势力斗争非常激烈,社会关系管理复杂;同时,由于国际形势的影响,以及本地反政府组织活动频繁等原因,社会治安混乱,如果发生武装冲突、罢工或是政变,工程就会无限期拖下去。

在N国G项目中,当地对进出境资金管理相当严格,项目实施中大规模的资金运作必须有政府配合,这更增加了管理费用与项目的收入风险。

在该项目中,用户极力要求在交接投入运行以后再给华为公司进行初验,想推迟初验、延迟终验、延长维保期的决心非常大,实际操作中找出各种借口以达到他们的目的。初验不能进行,意味着华为公司20%的初验款、20%的终验款无法按时收回甚至无法收回。

在N国G项目中,华为公司与运营商NTC的主合同付款方式为10/40/30/20,而分包采购部分基本都没有做到背对背:铁塔分包付款方式为20/45/25/10,计费分包是60%预付,40%货到;微波付款方式预付65%,货到20%,初验款15%。主合同与采购分包合同在付款方式上有很大差距,华为公司要先垫付货款,相当于为NTC提供融资。

结合案例及本章所学内容,分析华为这个项目亏损的原因是什么,项目面临的风险有哪些。

2 项目风险管理规划

本章学习目标

通过对本章内容的学习，能够了解项目风险管理规划的主要作用与意义；熟悉制订项目风险管理规划的主要过程和主要工作；能够运用所学的知识，编写项目风险管理计划文件；能够正确使用风险管理规划的技术和工具。

2.1 引导案例——航空新产品开发的风险管理

某公司开发一种航空新型号产品，是国家指令性项目。在项目论证时，就一致认为该产品开发的关键是A型探测舱。项目团队确定，对A型探测舱进行重点风险管理。下面是在这种航空产品开发初始阶段，对A型探测舱的风险管理过程。

2.1.1 项目背景

航空型号产品项目是一个复杂的系统工程，整个项目既是一个整体又相互交叉、互相影响，涉及国防高科技领域、技术创新能力、国内相关技术水平、科研试验能力、国内工业水平、项目管理水平、生产制造能力和水平，同时还包括国际环境等方方面面的影响。A型探测舱是该项目的探测系统，也是关键部件，但预研制基础薄弱，国内材料不达标，技术能力不强，经验缺乏。项目总目标是3年内航空型号产品设计定型，2年内A型探测舱达到鉴定状态。

2.1.2 风险规划

风险规划就是制订风险规避策略以及具体实施和采用手段的过程。风险规划阶段主要考虑两个问题：一是风险管理策略本身是否正确、可行；二是实施风险管理策略的手段和措施是否符合项目总目标。

项目组经过论证分析，在现有的条件下，制订了风险管理规划，主要有以下内容。

(1) 风险管理目标

围绕实现项目总目标，提出A型探测舱风险管理目标。

(2) 风险管理组织

成立以A型探测舱总工程师为负责人和A型探测舱研制相关单位人员组成的风险管理团队，指定专人进行风险管理。

(3) 风险管理计划

① A型探测舱研制风险等级为I级，风险度为H级。

② 考虑该舱段的重要性，研制方案有三种，同时展开，视发展情况确定最终方案。三种方案分别是：引进整舱段使用；对外技术合作开发；引进关键器件自主研发。开发成功后，最终都要转入自行生产。

③ 确定三种研制方案的经费、时间、技术指标和质量的目标。

④ 初步制订风险管理的WBS。

(4) 风险管理方法

识别阶段主要采用专家调查法和头脑风暴法，量化阶段统一打分标度，评价计算用层次分析法，应对策略视具体情况具体对待，每2个月为一个监控循环，阶段性里程碑也需进行重新评估。

(5) 风险管理要求

实行目标管理负责制；制订风险管理奖惩机制；制订风险管理的日常制度。

2.2 项目风险管理规划的内涵

规划是一项重要的管理职能，组织中的各项活动几乎都不能离开规划，规划工作的质量也集中体现了一个组织管理水平的高低。风险管理规划是规划和设计如何进行项目风险管理的过程。风险管理规划对于能否成功进行项目风险管理、完成项目目标至关重要。

美国的PMBOK认为，风险规划就是项目风险管理的一整套计划，主要包括定义项目组及成员，风险管理的行动方案及方式，选择合适的风险管理方法，确定风险判断的依据等，用于对风险管理活动的计划和实践形式进行决策。它的结果将是整个项目风险管理的战略性和寿命期的指导性纲领。在进行风险规划时，应主要考虑的因素有项目风险管理策略、预先定义角色和职责、雇主的风险容忍度、风险管理模板和工作分解结构等。

风险规划阶段主要考虑的问题有：

(1) 风险管理策略是否正确、可行；

(2) 实施的管理策略和手段是否符合总目标。

因此，风险管理规划主要工作包括以下两个方面：

(1) 决策者针对项目面对的形势选定行动方案。一经选定，就要执行这一行动方案的计划。为了使计划切实可行，常常还需要进行再分析，特别是要检查计划是否与其他已做出的或将要做出的决策冲突，为以后留出余地。一般只有在获得了关于将来潜在风险以及防止其他风险足够多的信息之后才能做出决策，尽量避免过早地决策。

(2) 选择适合已选定行动路线的风险应对措施。选定的风险应对措施要写入风险管理计划和风险应对策略计划中。

风险管理规划是一个迭代过程，包括评估、控制、监控和记录项目风险的各种活动，其工作成果记入风险管理计划(Risk Management Plan, RMP)和风险应对计划两个文件。通过制订风险管理规划,可以实现下列目的：① 尽可能消除风险;② 隔离风险并使之尽量降低;③ 制订若干备选行动方案;④ 建立时间和经费储备以应付不可避免的风险。

风险管理规划的目的,简单地说,就是强化有组织、有目的的风险管理思路和途径,以预防、减轻、遏止或消除不良事件的发生及产生的影响。

参加风险管理规划制订的人员应包括项目经理、团队领导者及任何与风险管理规划和实施的相关者。

风险管理规划将针对整个项目生命周期制订如何组织和进行风险识别、风险评估、风险量化、风险应对计划及风险监控的规划。单个风险应对策略及措施将在风险应对计划中制订。

2.3 项目风险管理规划的主要内容

在人类大多数活动中,风险都以不同的形式和程度出现。风险一般有下列基本特征：

① 至少是部分未知的;

② 是随时间变化的;

③ 是可管理的,即可通过人为活动来改变它的形式和程度。

风险管理规划就是为实现上述最后一项含义,通过下述工作,提出风险管理行动详细计划：

① 制订一份结构完备,内容全面且相互协调的风险管理策略;

② 确定项目实施风险管理的策略方法;

③ 规划充足的资源。

具体地说,风险管理规划的主要内容包括：

(1) 风险管理人员。明确风险管理活动中领导者、支持者及参与者的角色定位、任务分工及其各自的责任、能力要求。个人管理风险的能力各不相同,但为了有效地管理风险,项目管理人员必须具备一定管理能力和技术水平。

(2) 管理方法。确定风险管理使用的方法、工具和数据资源,这些内容可随项目阶段及风险评估情况做适当的调整。

(3) 风险管理的时间周期。界定项目生命周期中风险管理过程的各运行阶段及过程评价、控制和变更的周期或频率。

(4) 风险的类型级别及说明。定义并说明风险评估和风险量化的类型级别。明确地定义和说明对于防止决策滞后和保证过程连续是很重要的。

(5) 管理基准。明确定义是由谁以何种方式采取风险应对行动。合理的定义可作为基准,衡量项目团队实施风险应对计划的有效性,并避免发生项目业主与项目承担方对该内容理解的二义性。

(6) 风险的汇报形式。规定风险管理过程中应汇报或沟通的内容、范围、渠道及方式。汇报与沟通应包括项目团队内部之间的沟通及项目外部与投资方等项目利益相关者之间的沟通。

(7) 跟踪。规定如何以文档的方式记录项目实施过程中风险及风险管理的过程,风险管理文档可有效用于对当前项目的控制、监控、经验教训的总结及日后项目的指导等。

风险管理规划的成果主要包括风险管理计划和风险应对计划等。在制订风险管理规划时，应当避免用高层管理人员的愿望代替项目现有的实际能力。

(1) 风险管理计划。风险管理计划在风险管理规划中起控制作用。风险管理计划要说明如何把风险分析和管理步骤应用于项目之中。该文件详细地说明了风险识别、风险估计、风险评价和风险控制过程的各种方面。风险管理计划还要说明项目整体风险评价基准是什么、应当使用什么样的方法以及如何参照这些风险评价基准对项目整体风险进行评价。风险管理计划的一般格式如表 2-1 所示，可根据需要对计划的内容进行删减。

表 2-1　风险管理计划

第一部分　描述	**第四部分　应用**
1.1　任务	4.1　风险辨识
1.2　系统	4.2　风险估计
1.3　系统描述	4.3　风险评价
1.4　关键功能	4.4　风险监控
1.5　要求达到的使用特性	4.5　风险应对
1.6　要求达到的技术特性	4.6　风险预算编制
第二部分　工程项目提要	4.7　偶发事件判定为风险的规则
2.1　总要求	**第五部分　总结**
2.2　管理	5.1　风险过程总结
2.3　总体进度	5.2　技术风险总结
第三部分　风险管理方法	5.3　项目变更风险总结
3.1　定义	5.4　保障性风险总结
3.1.1　技术风险	5.5　进度风险总结
3.1.2　项目变更风险	5.6　费用风险总结
3.1.3　保障性风险	5.7　结论
3.1.4　费用风险	**第六部分　参考文献**
3.1.5　进度风险	**第七部分　批准事项**
3.2　机制	
3.3　方法综述	
3.3.1　适用的技术	
3.3.2　执行	

(2) 风险应对计划。风险应对计划是在风险分析的基础上制订的详细计划。不同的项目，风险应对计划内容不同，但是至少包含如下内容：

① 所有风险来源的识别，以及每一来源中的风险因素。

② 关键风险的识别，以及关于这些风险对于实现项目目标所产生的影响的说明。

③ 对于已识别出的关键风险因素的评估，包括从风险估计中摘录出来的发生概率以及潜在的破坏力。

④ 已经考虑过的风险应对方案及其代价。

⑤ 建议的风险应对策略，包括解决每种风险的实施计划。

⑥ 各单独风险事件的应对计划的总体综合，以及分析各个风险耦合作用可能性之后制订出的其他风险应对计划。

⑦ 实施应对策略所需资源的分配，包括关于费用、时间进度及技术考虑的说明。

⑧ 风险管理的组织及其责任，是指在项目中安排风险管理组织，以及负责实施风险应对策略的人员，使之与整个项目协调。

⑨ 开始实施风险管理的日期、时间安排和关键的里程碑。

⑩ 成功的标准，即何时可以认为风险已被完全规避，以及待使用的监控办法。

⑪ 跟踪、决策以及反馈的时间，包括不断修改、更新需优先考虑的风险一览表、计划和各自的结果。

⑫ 应急计划。应急计划就是预先计划好的，一旦风险事件发生就付诸实施的行动步骤和应急措施。

⑬ 对应急行动和应急措施提出的要求。

⑭ 项目执行组织高层领导对风险应对计划的认同和签字。

风险管理的应对计划是整个项目计划的一部分，其实施并无特殊之处。按照计划取得所需的资源，实施时要满足计划中确定的目标，事先把项目之间在取得所需资源时可能发生的冲突寻找出来，任何与原计划不同的决策都要记录在案，落实风险管理和规避计划，行动要坚决果断。如果在执行过程中发现风险目标水平上升或风险概率未像预期的那样降下来，则需重新规划。

2.4 项目风险管理规划过程

风险规划标识了与项目相关的风险，所采取的风险评估、分析手段，制订了风险规避策略以及具体实施措施和手段。可以从内部和外部两种视角来看待风险规划过程：外部视角详细说明过程控制、输入、输出和机制；内部视角详细说明用机制将输入转变为输出的过程活动。

2.4.1 风险规划过程目标

当风险规划过程满足下列目标时，就说明它是充分的：

(1) 能从中看出主要事件和风险演化为问题的条件；

(2) 采用成功的风险应对策略；

(3) 优化选择标准(如风险倍率或风险多样化)；

(4) 为每一个严重的风险采取的下一步行动；

(5) 建立自动触发机制。

2.4.2 风险规划过程定义

根据项目管理知识体系(Project Management Body of Knowledge, PMBOK)，风险规划过程的定义参见图2-1的IDEFO图。IDEFO是一个标准过程定义的符号表示法，用于为可预见的风险行动计划描述可重用的过程组件。

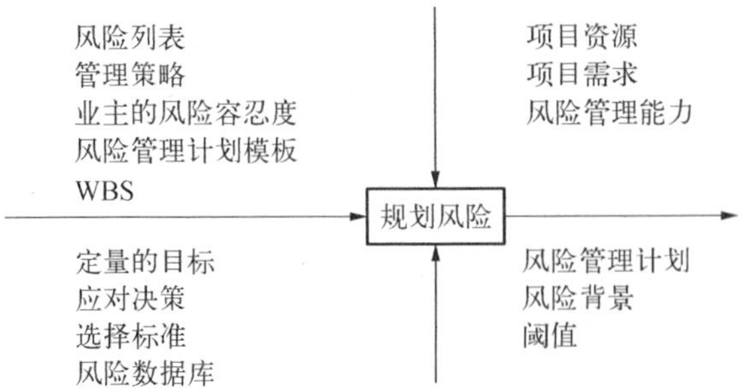

图2-1 风险规划过程

该图描述了顶级过程的控制、输入、输出和机制。风险规划包含了将输入转变为输出这一过程的所有活动。控制(位于顶部)调节过程,输入(位于左侧)进入过程,输出(位于右侧)退出过程,机制(位于底部)支持过程。

1. 过程控制

项目资源、项目需求和风险管理能力约束着风险规划过程。项目资源涉及人、财、物、时间、信息等,项目资源的有限性决定了项目风险规划的必要性,同时也给项目带来了一定的风险性。例如,时间不够时,项目管理决策人员往往倾向采用加快进度的方法。项目需求对项目风险规划也有一定的影响,如果需求不明确会使项目风险规划的有效性大打折扣。风险管理能力直接影响到风险规划的科学性和可操作性。

2. 过程输入

风险列表、风险管理策略、业主的风险容忍度、风险管理计划模板、WBS 等组成了风险规划过程的输入。风险管理规划的依据主要有:

(1) 项目规划中所包含或涉及的有关内容。如项目目标、项目规模、项目利益相关者情况、项目复杂程度、所需资源、项目时间段、约束条件及假设前提等。

(2) 项目组织及个人所经历和积累的风险管理经验及实践。

(3) 决策者、责任方及授权情况。

(4) 项目利益相关者对项目风险的敏感程度及可承受能力。

(5) 可获取的数据及管理系统情况。丰富的数据和严密的系统基础,将有助于风险识别、估计、评价及对应策略的制订。

(6) 风险管理模板。项目经理及项目组织将利用风险管理模板对项目进行管理,从而使风险管理标准化、程序化。模板应在管理应用中不断改进。

3. 过程输出

风险设想、阈值和风险管理计划是风险规划过程的输出。

风险设想是对导致不尽如人意的结果的事件和情况的估计。事件描述导致风险发生时必然导致的后果,情况描述使未来事件成为可能的环境。

阈值是风险发生的征兆,预先确定的阈值作为表明需要执行风险行动计划的警告。

风险管理计划是风险管理的导航图,可告诉项目管理组织,项目怎样从当前所处的状态到达所希望的未来状态。做好风险管理计划,关键是要掌握必要的信息,使管理组织能够了解项目目标、目的和风险管理过程。风险管理计划在本章前面的章节已经详细介绍。

4. 过程机制

机制是为风险管理过程活动提供方法、技巧、工具或其他手段。定量的目标、应对策略、选择标准和风险数据库是风险管理过程需要用到的机制。

定量的目标表示了量化的目标;应对策略(如接受、避免、保护、减少、储备和转移等)有助于确定应对风险的可选择方式;选择标准指在风险管理过程中制订策略;风险数据库包含风险行动计划等。

2.4.3 风险管理规划过程步骤

项目风险管理规划的整个过程,可以简单地概括为以下的几个步骤:

(1) 分析项目目标、外部环境、项目资源等有关资料,并利用 WBS、风险核对表等工具,从风险的角度分析项目的主要特点。

(2) 定义负责项目风险管理的机构和人员，明确各机构和人员的职责、审批权限。

(3) 定义项目风险分析所采用的主要技术、工具。

(4) 定义项目风险的类型、级别，以及判定某些事件为风险的标准。

(5) 确定项目风险的主要应对措施，以及应对风险所需的资源数量和分配预案。

(6) 确定进行项目风险监控的时间周期或开始和结束日期、跟踪手段。如果有计算机辅助的风险信息管理系统，还需要定义汇报数据的格式与接口。

(7) 编写有关文档。

从步骤上来说，这些工作完全是围绕着项目风险管理规划的主要内容来施行。然而，在具体的规划过程中，还要考虑三个问题：一是风险管理策略本身是否正确、可行；二是实施管理策略的措施和手段是否符合项目总目标；三是考虑其他客观条件对风险管理的影响。

在风险规划时，项目管理组织首先应当采取主动行动，尽量减少已知的风险，提高项目成功的概率。同时，还不应忘记，风险分析已经用掉了项目的一部分宝贵资源，其效果如何？用掉一部分资源之后会不会增加项目的风险？下一步进行风险管理会不会还要消耗更多的本应投入项目本身的宝贵资源？

其次，项目管理组织必须考虑，为了减少风险并观察、研究是否有新的风险出现，还要付出多大的努力？

在制订项目风险管理规划之前，首先需要对项目未来可能出现的风险进行早期的预测，以表格的形式列出，以便在风险规划过程中进行研究。通常可采用风险图表的形式，在很多情况下还要将这些图表写入风险管理规划报告的文档中。有关风险图表的知识，将在接下来的章节部分介绍。

风险规划的过程活动是将按优先级排列的风险列表转变为风险应对计划所需的任务，是一种系统过程活动。风险规划的早期工作是确定项目风险管理的目的和目标，明确具体区域的职责，明确需要补充的技术专业，规定评估过程和需要考虑的区域，规定选择处理方案的程序，规定评级图，确定报告和文档需求，规定报告要求和监控衡量标准等。

2.4.4 风险管理规划过程的内容

风险规划过程活动包括以下内容：

(1) 为严重风险确定风险设想；

(2) 制订风险应对备用方案；

(3) 选择风险应对途径；

(4) 制订风险管理计划；

(5) 建立风险管理模板；

(6) 确定风险数据库模式。

下面简要分析风险规划的过程活动。这些步骤可以重复使用，也可同时使用。

1. 为严重风险确定风险设想

风险设想是对可能导致风险发生的事件和情况的设想。应针对所有对项目成功有关键作用的风险来进行风险设想。确定风险设想一般有三个步骤：

(1) 假设风险已经发生,考虑如何应对；

(2) 假设风险将要发生,说明风险设想；

(3) 罗列出风险发生之前的事件和基本情况。

2. 制订风险应对备用方案

风险应对备用方案是指应对风险的一套备用方案。风险应对策略使用接受、避免、保护、减少、研究、储备和转移来制订风险应对备用方案。每种策略应包括目标、约束和备用方案。风险应对策略的定义和示例具体参见本书后面章节。

3. 选择风险应对途径

风险应对途径缩小了选择范围,并将选择集中在应对风险的最佳备用方案上。可将几种风险应对策略结合为一条综合途径。例如,通过市场调查来获得统计数据,根据调查结果,可能将风险转移到第三方,也可能使用风险储备,开发新的内部技术。选择标准有助于确定应对风险的最佳备用方案。

4. 制订风险管理计划

风险管理计划详细说明了所选择的风险应对途径,它将途径、所需的资源和批准权力编写为文档,一般应包含下列因素：

① 批准权力;② 负责人;③ 所需资源;④ 开始日期;⑤ 活动;⑥ 预计结束日期;⑦ 采取的行动;⑧ 取得结果。

详细的风险计划格式规范、内容体系可参阅本书相关案例的内容。

5. 建立风险管理模板

风险管理计划并不需要立即实施。在项目实施初期,风险评估倾向于识别至关重要的风险,由于它们并不会立即发生,在风险计划中比较容易被忽视,这些重要的问题在跟踪中也容易被遗忘,除非设置某种机制,否则这些问题会被遗忘,直至出现无法补救的后果。要做到尽早警告,可使用以定量目标和阈值为基础的触发器。

风险管理模板规定了风险管理的基本程序、风险的量化目标、风险警告级别、风险的控制标准等,从而使风险管理标准化、程序化和科学化。表 2-2 显示了美国国防部签订的软件项目合同的量化目标。

表 2-2 软件产品的量化目标

项目类别	目标	标准
去除缺陷率	>95%	<85%
进度落后或成本超出风险储备的范围	0%	10%
总需求增长	每个月<1%	每年>50%
总软件项目文档	每功能点的单词数<1 000	每功能点的单词数<2 000
员工每年的自愿流动	1%～3%	10%

6. 确定风险数据库模式

风险数据库表明了识别风险和项目的信息组织方式,它将风险信息组织起来供人们查询、跟踪状态、排序和产生报告。一个简单的电子表格可作为风险数据库的一种实现,因为它能自动完成排序、报告等。风险数据库的实际内容不是计划的一部分,因为风险是动态的,并随着时间的变化而改变。项目风险数据库应包含若干数据字段以全面描述项目风险。数据库设计一般包括数据库结构和数据文件两部分,项目风险数据库应该包括项目生命周期过程所有的相关活动。项目风险数据库模式,是从项目风险数据库结构设计的角度来介绍项目风险数据库。一个项目风险数据库至少应包括下列数据字段如表 2-3所示:

表 2-3　风险数据库字段

·存入号码	·项目	·风险应对
·日期	·阶段	·决策
·状态	·功能	·风险行动计划
·识别者	·WBS	·定量的目标
·风险类型	·风险陈述	·指标
·风险标题	·风险场景	·阈值
·可能性	·风险分析	·触发器
·后果	·现在的优先级	·成本
·时间框架	·以前的优先级	·节省的成本

2.5　风险管理规划的技术和工具

制订风险管理规划的主要手段是召开风险规划会议,参加人员包括项目经理和负责项目风险管理的团队成员。在风险管理规划的过程中,可以充分利用项目管理提供的工具和技术,为规划提供决策支持。在风险规划过程中,最为常用的项目管理工具是风险管理图表和项目工作分解结构。

2.5.1　工作风险管理图表

风险管理图表是将输入转变为输出的过程中所用的技巧和工具,它包含在项目风险管理计划中,以帮助人们能清楚地看到风险信息的组织方式。风险管理的三个重要图表是风险核对表、风险管理表格和风险数据库模式(已经在上一节详细介绍)。

1. 风险核对表

风险核对表将各个侧重点进行分类以理解风险的特点。风险核对表可帮助人们彻底识别在特定领域内的风险。风险核对表应逐项列出项目所有类型的可能风险,务必要把审议核对表作为每项项目收尾程序的一个正式步骤,以便对所列潜在风险清单以及风险描述进行改进。核对表可以包含多种内容,如以前项目成功或失败的原因,项目其他方面规划的结果(范围、成本、质量、进度、采购与合同、人力资源与沟通等计划成果),项目产品或服务的说明书,项目组织成员的技能,项目可用资源等。例如,在项目网络计划关键路径上的工作任务便可以组成一个亟待管理的进度风险核对表,可以对这些风险进行初步分类。表 2-4 将某建筑工程项目的风险进行了分类,以便日后的核对。

表 2-4　某建筑项目的风险核对

来自业主的风险	来自承包商的风险
征地 施工现场条件 及时提供完整的设计文件 现场出入道路 建设许可证和其他有关条例 政府法律规章的变化 建设资金及时到位 工程变更	工人和施工设备的生产率 施工质量 人力、材料和施工设备的及时供应 施工安全 材料质量 技术和管理水平 材料涨价 实际工程量 劳资纠纷
共同承担的风险	**其他未定的风险**
财务支出 变更谈判 保障对方不承担责任 合同延误	不可抗力 第三方延误

2. 风险管理表格

风险管理表格记录着管理风险的基本信息。风险管理表格是一种系统地记录风险信息并跟踪到底的方式。任何人在任何时候都可用风险管理识别表，也可匿名评阅。

2.5.2　项目工作分解结构

工作分解结构（Work Breakdown Structure，WBS）是将项目按照其内在结构或实施过程的顺序进行逐层分解而形成的结构示意图，它可以将项目分解到相对独立、内容单一、便于管理、易于成本核算与检查的工作单元，并能把各工作单元在项目中的地位与构成直观地表示出来。

工作分解结构广泛地应用于项目管理的各个领域中，在项目风险管理规划过程中也常常利用它进行研究，主要可应用于如下两个方面：

(1) 在项目的早期，制订项目风险管理规划之前，应及早建立项目的 WBS，为风险管理规划工作提供必要的依据。WBS 作为规划未来的系统工程管理、分配资源、经费预算、签订合同和完成工作的协调工具，可提供很多有关项目的信息，如项目复杂程度、所需资源等，它还能够将项目分解到系统、分系统、活动、任务、工作包、工作单元等不同层次，而风险管理规划的决策者可以根据这些内容来模拟项目的过程，分析可能存在的风险。

(2) 在制订项目风险管理规划过程中，需要详细描述风险管理过程如何实施。风险管理过程涉及风险管理的人员安排、资源安排、时间安排、风险跟踪和汇报任务的安排等，这些管理内容也必须通过 WBS 来进行协调。通过 WBS，可得到风险管理过程全部活动的清单，从而可以对风险管理各项工作的时间和资源进行安排；再根据风险管理的 WBS 建立责任分配矩阵，从而对项目风险管理的组织和人员进行安排。

综上所述，在项目风险管理规划过程中，WBS 是一种有效的辅助工具。

1. WBS 单元的级别

WBS 单元是指构成分解结构的每一独立组成部分。WBS 单元应按所处的层次划分级别，从顶层开始，依次为 1 级、2 级、3 级……一般可分为 6 级或更多级别。

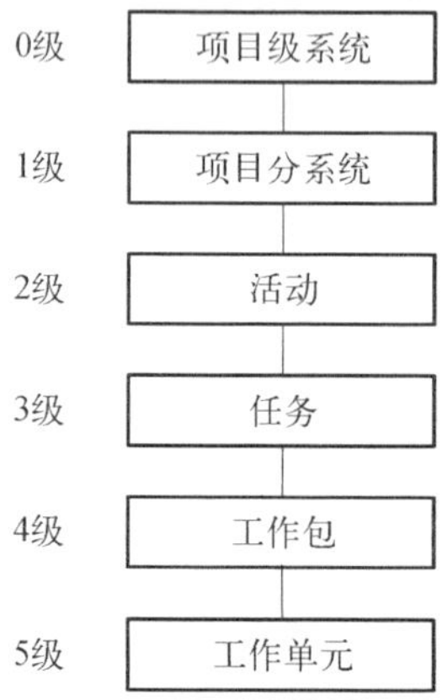

图 2-2　6 级 WBS 示意

工作分解既可按项目的内在结构，也可按项目的实施顺序进行。同时，由于项目本身复杂程度、规模大小各不相同，从而形成了 WBS 的不同层次。根据项目的相关术语定义，WBS 的基本层次如图 2-2 所示。

在实际的项目分解中，有时层次较少，有时层次较多，不同类型的项目会有不同的项目分解结构图，如房屋建筑的 WBS 图与飞机制造的 WBS 图是完全不一样的。

2. WBS 的制订

运用 WBS 对项目进行分解时，一般应遵循以下步骤：

(1) 根据项目的规模及其复杂程度，确定工作分解的详细程度。如果分解过粗，可能难以体现计划内容；分解过细，会增加计划制订的工作量。因此在工作分解时要考虑下列因素。

① 分解对象。若分解的是大而复杂的项目，则可分层次分解，对于最高层次的分解可粗略，再逐级往下，层次越低，可越详细；若需分解的是相对小而简单的项目，则可详细一些。

② 使用者。对于项目经理分解不必过细，只需让他们从总体上掌握和控制计划即可；对于计划执行者，则应分解得较细。

③ 编制者。编制者对项目的专业知识、信息、经验掌握得越多，则越可能使计划的编制粗细程度符合实际的要求；反之则有可能失当。

(2) 根据工作分解的详细程度，将项目进行分解，直至确定的、相对独立的工作单元。

(3) 根据收集的信息，对于每一个工作单元，尽可能详细地说明其性质、特点、工作内容、资源输出（人、财、物等），进行成本和时间估算，并确定负责人及相应的组织机构。

(4) 责任者对该工作单元的预算、时间进度、资源需求、人员分配等进行复核，并形成初步文件上报上级机关或管理人员。

(5) 逐级汇总以上信息，并明确各工作单元实施的先后次序，即逻辑关系。

(6) 项目最高层将各项成本汇总成项目的初步概算，并作为项目预算的基础。

(7) 时间估算及工作单元之间的逻辑关系的信息汇总为“项目总进度计划”，这是项目网络图的基础，也是项目详细工作计划的基础。

(8) 各工作单元的资源使用汇总成“资源使用计划”。

(9) 项目经理对 WBS 的输出结果进行综合评价，拟定项目的实施方案。

(10) 形成项目计划，上报审批。

(11) 严格按项目计划实施，并按实践的要求，不断修改、补充、完善项目计划。

WBS 可以由树形的层次结构图或者行首缩进的表格表示。在实际应用中，表格形式的 WBS 应用比较普遍，特别是在项目管理软件中。表 2-5 是 WBS 表格形式的示例。

表 2-5　某公司财务计费软件项目 WBS 表格

序号	工 作 事 项	工作日	开始时间	结束时间	责任人	完成时间
1	准备阶段	5	2013-03-01	2013-03-06		
1.1	项目组人员确定	4	2013-03-01	2013-03-05		
1.2	项目总体计划	1	2013-03-06	2013-03-06		
2	概念阶段	62	2013-03-07	2013-05-08		
2.1	编写 WBS	1	2013-03-07	2013-03-07		
2.2	业务调研	8	2013-03-14	2013-03-22		
2.3	业务解决方案	18	2013-03-25	2013-04-12		
2.4	需求分析	26	2013-04-12	2013-05-08		
3	方案阶段	50	2013-04-17	2013-06-06		
3.1	系统解决方案	13	2013-05-09	2013-05-22		
3.2	网络部署方案	2	2013-04-17	2013-04-19		
3.3	网络部署方案定稿	2	2013-04-22	2013-04-24		
3.4	SIT 测试案例编写	18	2013-06-18	2013-07-06		
3.5	需华为 IT 支持与业务改善方面	13	2013-06-18	2013-07-01		
3.6	系统解决方案需要华为澄清确认问题	13	2013-06-18	2013-07-01		
4	开发测试阶段	57	2013-06-17	2013-08-12		
4.1	开发工作安排	7	2013-06-17	2013-06-24		
4.2	系统开发	36	2013-06-25	2013-07-31		
4.3	SIT 测试	12	2013-07-31	2013-08-12		
4.4	系统培训	29	2013-07-18	2013-08-16		
5	验证阶段	39	2013-08-19	2013-09-27		
5.1	UAT 测试	39	2013-08-19	2013-09-27		
6	上线准备	14	2013-10-07	2013-10-18		
6.1	制订上线计划	2	2013-10-07	2013-10-08		
6.2	员工操作培训	8	2013-10-09	2013-10-17		
6.3	生产环境部署	5	2013-10-10	2013-10-15		
6.4	硬件设备调试	1	2013-10-10	2013-10-11		
6.5	初始化盘点	6	2013-10-14	2013-10-20		
7	试运行阶段	74	2013-10-18	2013-12-31		
7.1	系统运行监控	53	2013-10-21	2013-12-13		

续 表

序号	工 作 事 项	工作日	开始时间	结束时间	责任人	完成时间
7.2	系统上线公告	1	2013-10-21	2013-10-21		
7.3	运行问题解决	53	2013-10-21	2013-12-13		
7.4	运行阶段总结	1	2013-12-13	2013-12-13		
8	系统运维阶段		2013-10-21	……		
8.1	运维问题管理		2013-10-21	……		

(资料来源：http://wenku.baidu.com/)

本章小结

(1) 风险规划(Risk Planning)就是项目风险管理的一整套计划，主要包括定义项目组及成员、风险管理的行动方案及方式、选择合适的风险管理方法、确定风险判断的依据等，用于对风险管理活动的计划和实践形式进行决策。它的结果将是整个项目风险管理的战略性的和寿命期的指导性纲领。

(2) 风险管理规划的主要内容包括：① 风险管理人员；② 管理方法；③ 风险管理的时间周期；④ 风险的类型级别及说明；⑤ 管理基准；⑥ 风险的汇报形式；⑦ 跟踪。

(3) 风险管理规划的步骤分为7步。

(4) 风险管理规划的工具包括：风险核对表、风险管理表格、风险数据库、项目工作分解结构。

练习思考题

1. 描述风险规划的目标，说明为什么每个目标都很重要。
2. 结合自己的实际工作，对一个项目制作WBS表格。
3. 风险管理计划和风险应对计划有何区别？
4. 风险管理规划的步骤和内容有哪些？
5. 案例分析——某型号飞机研制技术风险管理规划

在我国某型号飞机研制中，为了处理技术风险，贯彻了可靠性工程，飞机的质量与可靠性得到了显著提高，为高风险型号工程的安全试飞试用及研制成功奠定了必要的基础。

为保证对技术风险的有效控制，保证可靠性工作在产品的研制过程中得到落实，在型号研制工程中开展了可靠性工程管理，制订了可认为是风险管理规划一部分的可靠性工作规划，主要包括以下内容：

(1) 将可靠性工作纳入合同管理。在签订新研配套设备的技术经济合同时，签订技术协议书和工作说明作为与合同正文具有同等法律效力的合同附件，在技术协议书中明确规定该设备的可靠性、维修性和测试性指标，在工作说明中规定应完成的可靠性、维修性、测试性和保障性工作，从而将可靠性工程纳入新研配套产品合同管理的范畴。

(2) 制订可靠性和维修性工作大纲。总体设计单位的全机可靠性、维修性大纲是依据型号战技指标、国家军用标准 GJB 450—88、国家军用标准 GJB 368 以及《航空装备可靠性维修性工程管理暂行规定》的要求，结合型号工程的具体情况和国内可靠性技术水平而编制的，两个大纲经订购方评审通过，批准后下发工程全线参研单位贯彻执行。可靠性大纲内容包括可靠性指标论证、可靠性预计和分配、可靠性设计准则、元器件可靠性控制、失效模式及后果分析、故障树分析、可靠性试验、可靠性验证与评估、软件质量与可靠性控制等。维修性大纲包括维修性指标分配维修性设计、维修性验证等。

(3) 建立可靠性工作组织机构。在型号设计系统内部成立可靠性工作系统，与型号质量系统密切配合，围绕型号工程的研制工作在参研单位全线组织与可靠性有关的各项活动。可靠性工作系统设可靠性总设计师、副总设计师、主任设计师和主管设计师，使可靠性工作在组织上得到了落实。

(4) 可靠性工程新技术培训。组织相关人员学习可靠性工程技术，如可靠性预计和分配、失效模式、后果及危害分析、故障树分析、元器件选用和筛选等技术，以提高研制队伍的可靠性工程技术水平。

(资料来源：参考文献[12])

请结合以上材料分析案例中的风险管理规划的成功之处和不足之处，并结合你做过的项目，为这个项目做一份风险管理规划。

3 项目风险识别

本章学习目标

通过对本章的学习，了解项目风险识别的概念、特点、依据和过程等内容，掌握项目风险识别的技术、方法、工具及其应用。

3.1 引导案例——应对炸弹威胁

本案例将分析悉尼市中心一个大型多层的商业项目的风险识别的过程。这个项目从承包商项目经理的角度进行研究，他已经收到了一系列炸弹威胁。考虑到现在伊拉克战争爆发和巴厘岛的爆炸，现在这个问题出现的时间很敏感。

3.1.1 背景

这个项目是悉尼市中心大规模开发计划的一部分，包括 3 个独立的、均超过 50 层的商厦，本案例中的承包商负责其中一个商厦。当有炸弹威胁时，另一个承包商建设的相邻一座建筑几乎就要完工了，而第三座建筑的建设还没有开始。这时在几周时间内，接连发生了三起炸弹威胁事件，其中的两起不是针对这个项目，也许本来是指向旁边一所建筑的，但是最近一次炸弹威胁是直接指向该承包商项目的，并说明炸弹被放在某一楼层，但是没有说明具体地点。每一次都报告给相关部门和警方，而且已经追踪到电话是来自相邻街的一个特定的电话亭。

每起事件中，炸弹威胁都会导致人员疏散和工地检查。除了指向雇员和大众的炸弹爆炸这一明显风险外，疏散 400 多名工人的过程本身也是一种对员工和大众安全以及工地厂房和机械安全的风险。每次进行工地疏散时，同样有明显的财务和进度上的影响。

承包商面临的问题是如何以一种理性的方式来应对这些炸弹威胁，同时保护工地人员的安全和自身的商业利益。最后承包商用风险管理系统来识别清晰的目标，并建立了一个响应计划来实现目标。

3.1.2 项目干系人分析

风险管理过程中的第一步是识别那些与本过程结果有利益关系的各方项目干系人，并对他们进行分类。这样能够做出一个合理的项目干系人咨询计划，让他们参与进来。在一次项目经理和承包商的高级经理们之间进行的一个小时的会议中识别出以下项目干系人（图 3－1）。

根据公司风险管理系统中提供的指导，项目干系人咨询计划中包括：

（1）核心项目干系人——通过会议方式被逐个咨询，来识别他们对于这个计划的目标。

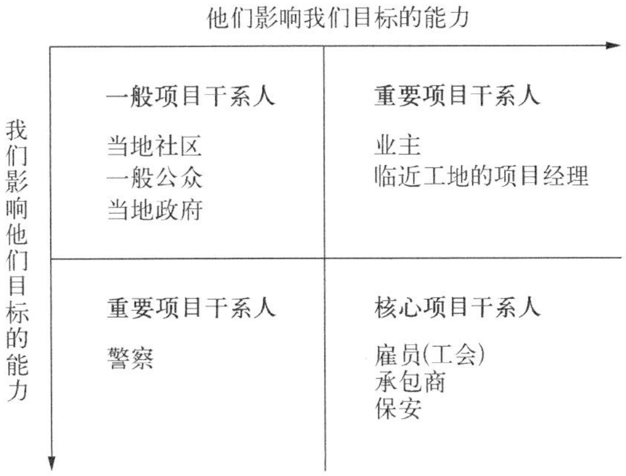

图 3－1　项目干系人分析

（2）重要项目干系人——持续保持对风险与机会管理系统（ROMS）过程的知情权。

（3）一般项目干系人——如果需要的话，可告知其 ROMS 的过程。

3.1.3　风险识别

为了更好地理解与炸弹威胁相关的风险，对核心项目干系人安排了一次为时一天的头脑风暴研讨会。研讨会的目的是识别并评估与这一问题有关的风险与机会。一名外部人员主持该研讨会，主持人通过咨询承包商的劳资关系经理和项目经理来实施研讨会。在会议之前，项目干系人被要求提供所有相关的信息。然后这些信息被分发给所有的项目干系人来考虑，确保人们有时间提前思考并评论这些问题和文件。核心项目干系人还被要求提前列出任何风险与机会，并把他们的想法带到会议上讨论。

头脑风暴研讨会在现场的一间会议室里进行。这个会场能使每个人舒服地围坐在一张桌子旁，以便讨论和辩论。在会议前，提前将议程安排发给与会者，还重申了此次研讨会的目的，提供足够的灵活性和时间以使每一个人能够做出有意义的贡献。在头脑风暴研讨会当天，会议室被布置出一种轻松的氛围，以利于形成自由开放的讨论。会议期间有预定的休息时间以恢复精力，并提供食物和饮料，所有的商议和决定都按照标准格式进行记录，并用活动挂图和幻灯片展示给大家，以得到所有人的认同和批准。会议期间移动电话要关机，除非是紧急情况，否则不允许对会议有任何干扰。

会议开始由一位专业主持人解释会议的意图和每位参与者的角色。另外还有项目经理作开场白，来告知每一位与会者目前面临的问题、近期的进展以及他对会议的期望。由于和现场工会的关系不断发展而且良好，这就拥有了一个积极的氛围和意愿去解决问题，从而使每一个人都满意。

头脑风暴研讨会开始后，先由各个项目干系人阐明他们对解决这个问题的目标。为了集中精力，每位项目干系人被限制提出 5 个目标。所有这些目标记录在幻灯片展示中，然后列出共同的目标。最终，这一列表被限制为 5 个共同目标。在稍后进行的风险识别过程中，需要对每个共同目标进一步分解。因此，超过 5 个共同目标会使风险识别过程太长。

识别共同目标是一个富于挑战性和揭示性的过程。这是必然且可以预期的，因为不同的项目干系人一定会有不同的期望，他们看待风险管理过程的角度也不尽相同。然而通过讨论，很明显识别 5 个共同目标并同意一个优先顺序是可能的。然后这些目标成为接下来的风险识别过程的焦点，为问题的解决创造一种共同的责任感。团队协作对有效的风险管理至关重要，在风险管理过程之初对一系列共同目标达成协议的重要性也不言而喻。

当就共同目标及它们的相对优先顺序列表达成一致之后，要识别出每个目标的关键绩效指标。这有助于明确绩效标准，因为这些标准是希望要实现的；这也有助于进一步找出不同的项目干系人对问题的理解及对解决问题的期望之间的微妙区别。接下来，这些关键绩效指标成为头脑风暴研讨会下一阶段的焦点，这一阶段涉及识别与每个关键绩效指标有关的风险与机会。它们被记录在表 3－1 所提供的目标识别表中，并在会议中通过签字以确认每个人认同这一系列共同目标和关键绩效指标。识别并同意共同目标和关键绩效指标的过程大约需要 1 小时。识别风险与机会的会议开始时，每个项目干系人列出他们预先识别的风险与机会。这些风险与机会被记录在一张活动挂图中，然后列出共同的风险与机会。接下来是一场由主持人控制的自由开放的讨论，以便进一步识别出风险与机会。会议不限制任何想法，鼓励坦诚和率真的发言。参与者需要明确的是，他们或者他们的公司可能已经被其他参与者甚至他们自己视为风险的来源（如果主持过程运行良好的话）。任何潜在的风险

表 3－1　目标识别

<table>
<tr><td colspan="3">描述决策：如何用合理的方式应对炸弹威胁，同时保护所有现场人员的安全以及××××建筑有限公司的商业利益</td><td>日期：
20××—××—××</td><td>备注：2.5.1</td></tr>
<tr><td>项目干系人列表</td><td>项目干系人目标列表</td><td>定义关键术语</td><td>共同目标等级</td><td>关键绩效指标(KPIs)列表</td></tr>
<tr><td rowspan="5">承包商</td><td>降低/排除炸弹威胁</td><td rowspan="14"></td><td>3</td><td>减少恶作剧电话</td></tr>
<tr><td>维护疏散过程中现场人员的安全</td><td>1</td><td>由炸弹谎骗造成的事故为 0</td></tr>
<tr><td>最小化疏散过程中对现场活动的干扰</td><td></td><td></td></tr>
<tr><td>避免对每一颗炸弹威胁做出的盲目反应</td><td>2</td><td>接受程序/解决方案</td></tr>
<tr><td>使安全成为每一个人的责任</td><td>3</td><td></td></tr>
<tr><td rowspan="4">工会</td><td>降低/排除炸弹威胁</td><td>1</td><td></td></tr>
<tr><td>维护现场人员安全</td><td></td><td>增加的警觉度/安全方面事故的数量</td></tr>
<tr><td>让工人参与解决过程</td><td>2</td><td>合作的水平</td></tr>
<tr><td>使安全成为每一个人的责任</td><td>1</td><td></td></tr>
<tr><td rowspan="5">保安</td><td>降低/排除炸弹威胁</td><td>3</td><td></td></tr>
<tr><td>维护疏散过程中现场人员的安全</td><td></td><td></td></tr>
<tr><td>减少安全缺口</td><td>2</td><td></td></tr>
<tr><td>保证高效的疏散</td><td></td><td></td></tr>
<tr><td>使安全成为每一个人的责任</td><td></td><td></td></tr>
<tr><td>编制人：</td><td colspan="3"></td><td>日期：2003－09－02</td></tr>
<tr><td>审核人：</td><td colspan="3"></td><td>日期：2003－09－02</td></tr>
</table>

与机会都要被记录，无论它们看起来多么匪夷所思，都要添加到列表中。这一过程大约需要2小时。15分钟的休息之后，这些想法随即被精简成一个简短的列表，这一列表成为风险管理过程的下一阶段——风险分析的焦点。它们被记录在风险与机会识别表格(表3-2)中，通过在会议中签字，以确认每个人认同这一系列风险与机会，接下来会更详细地分析这些风险与机会。潜在的机会用斜体字记录。识别并认同这一系列风险与机会的过程大约需2小时。

表3-2 风险与机会识别

<table>
<tr><td colspan="2">描述决策：如何用合理的方式应对炸弹威胁，同时保护所有现场人员的安全以及××××建筑有限公司的商业利益</td><td>日期：
20××—××—××</td><td>备注：2.5.1</td></tr>
<tr><td>KPIs列表</td><td>针对KPIs的风险与机会列表</td><td colspan="2">风险与机会是如何产生的？(描述事件的起因和顺序)</td></tr>
<tr><td rowspan="6">炸弹恶作剧带来的事故数为0</td><td>炸弹威胁</td><td colspan="2">与警察、项目或邻近工地交流威胁情况。当前，在威胁中没有可辨别的迹象显示动机。可能的动机——员工想要停工(因为针对炸弹威胁的确定的/惯例的反应是疏散)，疏散过程中的偷窃，当地商业或许会从疏散中获益，将来可能的为停止威胁进行的敲诈勒索</td></tr>
<tr><td>破坏活动(模仿威胁)</td><td colspan="2">员工没有意识到严重的惩罚/影响、时间压力、疲劳、引爆喷雾铁罐。引爆炸药量</td></tr>
<tr><td>现场的开放入口——产生威胁的能力</td><td colspan="2">安全性差(不适当的探测技术，太多人口，不严格的入口安全检查，流动的保安人员，未经训练的保安人员，漠不关心的保安人员)</td></tr>
<tr><td>疏散</td><td colspan="2">不整齐的现场、混乱的通道、缺乏整理的房间、微弱的照明、拙劣的标志、对疏散程序的理解贫乏</td></tr>
<tr><td>过度反应(慌乱)</td><td colspan="2">对恶作剧未能充分理解，谣言，贫乏的/迟缓的疏散程序，未对威胁划分等级(所有的威胁都被认为很严重)</td></tr>
<tr><td>反应不足(自满)</td><td colspan="2">以频繁疏散来应对每一次假的恶作剧，没有意识到威胁的严重性，未对威胁划分等级</td></tr>
<tr><td rowspan="5">对程序/解决方案的接受</td><td>缺乏沟通</td><td colspan="2">孤立地做决定，低水平的管理行为，没有明确的权威</td></tr>
<tr><td>对薄弱动机的感知</td><td colspan="2">安全投资的严重缺乏，时间压力，缺乏同情心的管理者，领导力(管理者不严肃对待威胁/程序)</td></tr>
<tr><td>对工作的干涉</td><td colspan="2">官僚主义的反应，频繁的疏散</td></tr>
<tr><td>信任/可信性的缺乏</td><td colspan="2">没有磋商，感觉管理者冷漠，员工认为成本成为是否做出反应的首要考虑因素，管理者不切实际的期望(官僚式的反应)</td></tr>
<tr><td>奖励(金钱的/非金钱的)</td><td colspan="2">汇报带来的潜在的外部或内部奖励/收益的通告</td></tr>
<tr><td rowspan="2">提高的警觉性/安全方面事故的数量</td><td>低劣的领导力</td><td colspan="2">管理者不严肃对待炸弹恶作剧，管理者不听取工人意见</td></tr>
<tr><td>对不同水平威胁下的风险没有认识</td><td colspan="2">低劣的教育/培训/沟通，频繁的、假的恶作剧，低劣地当局反应，教育缺乏，错误警报的窘迫感</td></tr>
</table>

3.2 项目风险识别概述

项目不同阶段会有不同的风险。风险在大多数情况下是潜在的,随着项目的进展而变化。

项目风险识别过程是描述发现项目风险、确认项目风险的主要活动和方法。项目风险识别过程可以看作是一个系统,我们可以从两个视角来描述风险识别过程:外部视角详细说明过程控制、输入、输出和机制;内部视角详细说明用机制将输入转变为输出的过程活动。

3.2.1 项目风险识别的含义

项目风险识别是项目风险管理的基础和重要组成内容。项目风险识别就是确定何种风险事件可能会影响项目,并将这些风险的特性整理成文档。

风险识别是项目管理者识别风险来源、确定风险发生条件、描述风险特征并评价风险影响的过程。项目风险识别需要确定三个相互关联的因素:

(1) 项目风险来源,主要包括时间、费用、技术、法律等。

(2) 项目风险事件,指给项目带来积极或消极影响的事件。

(3) 项目风险征兆,又称为触发器,它是指实际的风险事件的间接表现。

从理论上来讲,风险识别可以从原因查结果,也可以从结果反过来找原因。所谓从原因查结果,就是要先确定本项目会有哪些事件发生,这些事件发生后会引起什么样的结果。例如,项目进行过程中,用户的需求会不会发生变化,需求变更会引起什么样的后果等。所谓从结果找原因,就是要根据事情的结果找出其对应的原因。例如,网络设备的涨价将会引起项目超支,哪些因素会引起网络设备涨价呢?又如,项目进度拖延会造成诸多不利后果,那么造成进度拖延的常见因素有哪些呢?是项目执行组织最高管理层犹豫不决?是政府有关部门审批程序烦琐复杂?是开发单位没有经验?还是手头的项目太多?

3.2.2 项目风险识别的特点

项目风险的最大不确定性存在于项目的前期,这是由于在前期阶段,决策者对项目的了解和认知还很缺乏,决策的依据建立在不够精确的预测和分析评估的基础上,决策者的知识水平及价值观也容易产生决策结果极大的不确定性,这都必然使项目今后的开展和项目目标的实现受到较大的影响。当项目逐步向前推进时,许多原来的不确定性因素日益明朗,结合项目建设经验的总结与积累,旧的风险随之消失或降低,项目面临的不确定性大大降低,新的风险因素在管理的难度和强度上都趋于衰减。因此,项目的风险源随时间延续和决策问题的减少呈递减规律。

项目风险识别具有如下一些特点。

(1) 系统性。项目风险无处不在,无时不有,决定了风险识别的系统性,即项目寿命期过程中的风险都属于风险识别的范围。

(2) 动态性。风险识别并不是一次性的,而是在项目计划、实施甚至收尾阶段都要进行风险识别。根据项目的内部条件、外部环境以及项目范围的变化情况,适时、定期地进行项目风险识别是非常必要和重要的。因此,风险识别在项目开始、每个项目阶段中间、主要范围变更批准之前进行，它必须贯穿于项目的全过程。

(3) 全员性。项目风险的识别不仅是项目经理或项目组个别人的工作，而是项目组全体成员参与并共同完成的任务。因为每个项目组成员的工作都会有风险。每个项目组成员都有各自的项目经历和项目风险管理经验。

(4) 信息性。风险识别需要做许多基础性工作，其中重要的一项工作是收集相关的项目信息。信息的全面性、及时性、准确性和动态性决定了项目风险识别工作的质量和结果的可靠性和精确性，项目风险识别具有信息依赖性。

(5) 综合性。风险识别是一项综合性较强的工作，除了在人员参与、信息收集和范围等方面具有综合性特点外。风险识别过程中还要综合应用各种风险识别的技术和工具。

3.2.3 项目风险识别的依据

项目风险识别的依据主要包括：项目定义与规划、项目风险管理计划、风险种类、历史资料、制约因素和假设条件。

1. 风险管理计划

项目风险管理计划是规划和设计如何进行项目风险管理的活动过程，它定义了项目组织及其成员风险管理的行动方案及方式，是指导项目组织选择风险管理的主要方法。项目风险管理计划针对整个项目生命周期制订如何组织和进行项目风险识别、项目风险评估、项目风险量化、项目风险应对及项目风险监控的规划。

从项目风险管理计划中通常可以确定以下信息：

(1) 项目风险识别的范围；

(2) 信息获取的渠道和方式；

(3) 项目组成员在项目风险识别中的任务分工和责任分配；

(4) 需要重点调查的项目相关方面；

(5) 项目组在识别风险过程中可以应用的方法及其规范；

(6) 在项目风险管理过程中风险重新识别的时间、人员和内容；

(7) 项目风险识别结果的形式、信息通报和处理程序。

从管理上讲，项目风险管理计划是项目组进行风险识别的首要依据。

2. 项目规划

项目规划包括项目目标、任务、范围、进度计划、费用计划、资源计划、采购计划及项目承包商、业主方和其他利益相关方对项目的期望值等内容，这些都是项目风险识别的重要依据。

3. 历史资料

历史资料是项目风险识别的重要依据之一，即从本项目或其他相似项目的档案文件中，从公共信息渠道中获取对本项目有借鉴作用的风险信息。

以往完成的或同本项目类似的项目及其经验教训对于识别本项目的风险是非常有用的。项目管理人员可以翻阅过去的项目档案，向曾参与该项目的有关各方征集相关资料。在项目管理比较规范的组织中，项目记录是一项重要的基础管理业务，这些资料档案中常常有较详细的记录，记载着一些风险或事故的来龙去脉，这些信息对本项目的风险识别有极大的帮助。此外，任何可能显示潜在问题的资料或信息都可用于项目风险的识别，这些资料主要包括：工程系统的文件记录；生命周期成本分析；计划或工作结构的分解；进度计划；文件规定；文件记录的事件教训；假想分析；产业分析或研究；技术绩效测评计划或分析；模型（影响图）；决策驱动者；专家判断；估计成本底线。

4. 风险种类

风险种类是指那些可能对项目产生正面或负面影响的风险源。常见的风险类型有技术风险、质量风险、过程风险、管理风险、组织风险、市场风险及法律法规变更等。项目的风险种类需反映出项目所在行业及应用领域的特征，学习和掌握各类风险的特征规律，是了解和掌握风险识别的关键。

5. 制约因素与假设条件

任何项目都存在于特定的制约因素和假设条件之下。项目建议书、可行性研究报告、设计等项目计划和规划性文件一般都是在若干假设、前提条件下估计或预测出来的。这些前提和假设在项目实施期间可能成立，也可能不成立。因此，项目的前提和假设之中隐藏着不同的风险。

项目存在于一定的环境之中，受到许多内外环境因素的制约，其中，国家的法律、法规和规章等因素是项目活动主体无法控制的。这些构成了项目的制约因素，这些制约因素中隐藏着较大的风险。为了明确项目计划和规划的前提、假设和限制，应当对项目的所有管理计划进行有效性审查。例如：

（1）审查范围管理计划中的范围说明书，可能揭示出项目的成本、进度目标是否定得太高。而审查其中的工作分解结构，则可能会发现以前未曾注意到的机会或潜在威胁。

（2）审查人力资源与沟通管理计划中的人员安排计划，可能发现对项目的顺利进展有重大影响的人员，判断这些人员是否能够在项目过程中发挥其应有的作用，这样就会发现该项目潜在的机会或威胁。

（3）审查项目采购与合同管理计划中有关合同类型的规定和说明。可能发现不同形式的合同所规定的项目各方承担不同的风险。再如，外汇汇率对项目预算的影响，项目相关方的各种改革、并购及战略调整给项目带来直接和间接的影响。

3.2.4 项目风险识别的类型

风险识别就是企图采用系统化的方法，识别某特定项目已知的和可预测的风险。“风险条目检查表”可以按照不同的方式组织，通过判定分析或假设分析，给出这些问题确定的回答，就可以帮助管理或计划人员估算风险的影响。

以软件项目风险识别为例，说明项目风险识别的类型。软件项目一般有如下五类风险。

1. 产品规模风险

项目的风险是直接与产品的规模成正比的。例如与软件规模相关的常见风险因素有：

（1）估算产品规模的方法（LOC或代码行、FP或功能点、程序或文件的数目）；

（2）产品规模估算的信任度；

（3）产品规模与之前产品规模平均值的偏差；

（4）产品的用户数；

（5）复用的软件数；

（6）产品的需求改变量。

2. 需求风险

很多项目在确定需求时都面临着一些不确定性和混乱。若在项目早期容忍了这些不确定性，并且在项目进展过程中得不到解决，这些问题就会对项目的成功造成很大威胁。如果不控制与需求相关的风险因素，那么就很有可能生产出错误的产品或者拙劣地制造正确的产品。

与客户相关的风险因素有：

(1) 对产品缺少清晰的认识；

(2) 对产品需求缺少认同；

(3) 在做需求调查中客户参与度不够；

(4) 没有优先需求；

(5) 由于不确定的需求导致新的市场不断变化需求；

(6) 缺少有效的需求变化管理过程；

(7) 对需求的变化缺少相关分析。

3. 相关性风险

许多风险都是因为项目的外部环境或因素的相关性产生的。我们通常不能很好地控制外部的相关性，因此缓解策略应该包括可能性计划，以便从第二资源或协同工作资源中取得必要的组成部分，并且发现潜在的问题。

与外部环境相关的因素有：

(1) 客户供应条目或信息；

(2) 内部或外部转包商的关系；

(3) 交互成员或交互团体依赖性；

(4) 经验丰富人员的可得性；

(5) 项目的复用性。

4. 管理风险

虽然管理问题制约了很多项目的成功，但是风险管理计划中通常无法完全包括所有管理活动。在大部分项目里，项目经理一般是制订项目风险管理计划的人，但通常无法做到尽善尽美。然而这些风险问题可能会使项目的成功变得更加困难。如果不正视这些棘手的问题，它们就很有可能在项目进行的某个阶段影响项目。当我们定义了项目追踪过程并且明晰项目角色和责任时，就能处理这些风险因素：

(1) 计划和任务定义不够充分；

(2) 实际项目状态；

(3) 项目所有者和决策者区分不清晰；

(4) 不切实际的承诺；

(5) 员工之间的冲突。

5. 技术风险

软件技术的飞速发展和经验丰富员工的缺乏，意味着项目团队可能会因为技术的原因影响项目的成功。在早期，识别风险从而采取合适的预防措施是解决风险领域问题的关键，比如：培训、雇佣顾问以及为项目团队招聘合适的人才等。主要有以下风险因素：

(1) 缺乏培训；

(2) 对方法、工具和技术理解得不够；

(3) 应用领域的经验缺乏；

(4) 新技术和新开发方法；

(5) 不正确工作的方法。

3.3 项目风险识别的管理过程体系

3.3.1 项目风险识别的过程

项目风险识别活动是一项活动过程，在这项活动过程中需要明确任务和采用专门的技术或工具。

项目风险识别过程活动的基本任务是将项目的不确定性转变为可理解的风险描述。作为一种系统过程，风险识别有其自身的过程活动。

项目风险识别过程一般分为五个步骤：

(1) 确定目标；

(2) 明确最重要的参与者；

(3) 收集资料；

(4) 估计项目风险形式；

(5) 根据直接或间接的症状将潜在的项目风险识别出来。

项目风险识别过程可以归纳为如图 3－2 所示的项目风险识别过程图。项目风险识别不是一次性的工作，它需要更多系统的、横向的思考。此外，质量管理工具和沟通工具都可以有效应用在风险识别过程中。

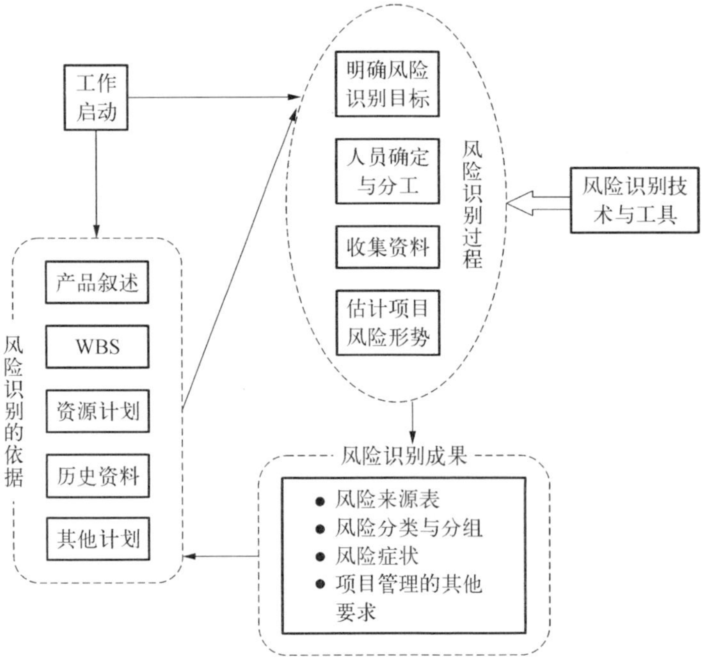

图 3－2 项目风险识别过程

3.3.2 项目风险识别的资料分析

项目风险识别过程中的风险识别依据是我们要收集的相关信息，收集了足够的信息之后，就需要对这些信息进行分析，从而找出潜在的风险源，一般来说，可以按照表 3－3 所示的内容来分析已有的资料，从而得出风险源。

表 3－3 项目风险识别的分析内容

分析的对象：项目相关材料、项目外部环境信息、历史上类似项目的风险资料等

1. 项目分析

(1) 项目来源和项目的积极性来源是否存在不确定性；

(2) 项目经济的和非经济的目标是否合理；

(3) 项目的主要约束和机会是否客观存在；

(4) 在项目计划中的有关假设条件是否合理

2. 项目执行方案的外部环境分析

(1) 项目执行方案的政治环境不确定性分析；

(2) 项目执行方案的经济环境不确定性分析；

(3) 项目执行方案的组织环境不确定性分析；

(4) 项目执行方案所需的各种资源是否能够满足要求；

(5) 项目执行方案是否缺乏信息资料

3. 分析项目计划执行过程中可能存在的风险源

(1) 分析妨碍项目成功以及使项目计划执行发生偏差的各种主要风险源和风险事件；

(2) 类比历史同类项目的风险发生情况，分析历史上曾发生过的风险源和风险事件是否会在本项目中发生

3.3.3 项目风险识别的结果

如图 3－2 所示，在风险识别之后要把结果整理出来，写成书面文件，为风险分析的其他步骤和风险管理做准备。风险识别的成果应包含下列内容。

1. 风险来源表

表中应列出所有的风险。罗列应尽可能全面，不管风险事件发生的频率和可能性、收益或损失、损害或伤害有多大，都要一一列出。对于每一种风险来源，都要有文字说明。说明中一般要包括风险事件的可能后果、对预期发生时间的估计、对该来源产生的风险事件预期发生次数的估计。

2. 风险的分类或分组

风险识别之后，应该将风险进行分组或分类。分类结果应便于进行风险分析的其他步骤和风险管理。例如，对于常见的建设项目可将风险按项目建议书、可行性研究、融资、设计、设备订货和施工以及运营阶段分组。

3. 风险症状

风险症状就是风险事件的各种外在表现，如苗头和征兆等。项目管理班子成员不及时交换彼此间的看法，就是项目进度出现拖延的一种症状；施工现场混乱，材料、工具随便乱丢，无人及时回收整理就是安全事故和项目质量、成本超支风险的症状。

4. 对项目管理其他方面的要求

在风险识别的过程中可能会发现项目管理中其他方面的问题，需要不断完善和改进。例如，利用项目工作分解结构识别风险时，可能会发现工作分解结构做得不够详细。因此，应该要求负责工作分解结构的成员进一步完善。又如，当发现项目有超支的风险，但是又无人制订防止超支的措施，就必须向有关人员提出要求，让他们采取措施防止项目超支。

3.4 项目风险识别的分析工具和技术

在具体的分析资料、识别风险时，还可以利用一些具体的工具和技术。例如，可以采用德尔菲法、头脑风暴法或者专家面谈法等信息收集技术来获取新的项目风险信息资源；或采用SWTO技术、风险核对表、工作分解结构、故障树分析法、敏感性分析等从已有的资料中识别出风险事件。下面介绍几种常用的分析工具和技术。

3.4.1 德尔菲法

德尔菲法(Delphi method)，是采用背对背的通信方式征询专家小组成员的预测意见，经过几轮征询，使专家小组的预测意见趋于集中，最后做出符合市场未来发展趋势的预测结论。德尔菲法又名专家意见法或专家函询调查法，是依据系统的程序，采用匿名发表意见的方式，即团队成员之间不得互相讨论，不发生横向联系，只能与调查人员发生关系，反复地填写问卷的方式，来集结问卷填写人的共识及搜集各方意见，从而用来构造团队沟通流程，应对复杂任务难题的管理技术。德尔菲法利用专家的智慧和经验来预测“可能出现的结果”，这对于项目的风险识别、判断风险可能产生的后果有很大帮助。德尔菲法在项目风险识别和估计中都有广泛应用，特别适合无前人经验可供借鉴和参考的高技术开发项目。

1. 德尔菲法的基本特征

德尔菲法本质上是一种反馈匿名函询法。其大致流程是：在对所要预测的问题征得专家的意见之后，进行整理、归纳、统计，再匿名反馈给各专家，再次征求意见，再集中，再反馈，直至得到一致的意见。其过程可简单表示如下：

匿名征求专家意见——归纳、统计——匿名反馈——归纳、统计，进行若干轮后停止。

由此可见，德尔菲法是一种利用函询形式进行的集体匿名思想交流过程。它有三个明显区别于其他专家预测方法的特点，即匿名性、多次反馈、小组的统计回答。

(1) 匿名性

因为采用这种方法时所有专家组成员不直接见面，只是通过函件交流，这样就可以消除权威的影响。这是该方法的主要特征。匿名是德尔菲法极其重要的特点，从事预测的专家彼此不知道还有哪些人参加预测，他们是在完全匿名的情况下交流思想的。后来改进的德尔菲法允许专家开会进行专题讨论。

(2) 反馈性

该方法需要经过3～4轮的信息反馈，在每次反馈中调查组和专家组都可以进行深入研究，使得最终结果能够基本反映专家的想法和对信息的认识，所以结果较为客观、可信。小组成员的交流是通过回答组织者的问题来实现的，一般要经过若干轮反馈才能完成预测。

(3) 统计性

最典型的小组预测结果是反映多数人的观点，少数派的观点最多概括地提及，但是这并没有表示出小组的不同意见的状况。而统计回答却并非如此，统计结果报告1个中位数和2个四分点，其中一半落在2个四分点之内，一半落在2个四分点之外。这样，每种观点都包括在这样的统计中，避免了专家会议法只反映多数人观点的缺点。

2. 德尔菲法的程序

在德尔菲法的实施过程中，始终有两方面的人在参与，一是预测的组织者，二是被选出来的专家。

首先应注意的是，德尔菲法中的调查表与通常的调查表有所不同，它除了有通常调查表向被调查者提出问题并要求回答的内容外，还兼有向被调查者提供信息的责任，它是专家们交流思想的工具。德尔菲法的工作流程大致可以分为四个步骤，在每一步中，组织者与专家都有各自不同的任务。

(1) 开放式的首轮调研

① 由组织者发给专家的第一轮调查表是开放式的，不带任何框框，只提出预测问题，请专家围绕预测问题提出预测事件。因为，如果限制太多，会漏掉一些重要事件。

② 组织者汇总整理专家调查表，归并同类事件，排除次要事件，用准确术语提出一个预测事件一览表，并作为第二步的调查表发给专家。

(2) 评价式的第二轮调研

① 专家对第二步调查表所列的每个事件做出评价。例如，说明事件发生的时间、争论问题和事件或迟或早发生的理由。

② 组织者统计处理第二步专家意见，整理出第三张调查表。第三张调查表包括事件、事件发生的中位数和上下四分点，以及事件发生时间在四分点外侧的理由。

(3) 重审式的第三轮调研

① 发放第三张调查表，请专家重审争论；

② 对上下四分点外的对立意见作一个评价；

③ 给出自己新的评价(尤其是在上下四分点外的专家，应重述自己的理由)；

④ 如果修正自己的观点，也应叙述改变理由；

⑤ 组织者回收专家们的新评论和新争论，与第二步类似地统计中位数和上下四分点；

⑥ 总结专家观点，形成第四张调查表。其重点在争论双方的意见。

(4) 复核式的第四轮调研

① 发放第四张调查表，专家再次进行评价和权衡，作出新的预测。是否要求做出新的论证与评价，取决于组织者的要求。

② 回收第四张调查表，计算每个事件的中位数和上下四分点，归纳总结各种意见的理由以及争论点。

值得注意的是，并不是所有被预测的事件都要经过这四个步骤。有的事件可能在第二步就达到意见统一，而不必在第三步中出现；有的事件可能在第四步结束后，专家对各事件的预测也不一定都是达到统一。不统一也可以用中位数与上下四分点来做结论。事实上，总会有许多事件的预测结果是不统一的。

3. 案例分析——浙江省1990年手扶拖拉机市场需求变化趋势预测

(1) 确定预测主题

根据历年农机产品的销售成绩，手扶拖拉机是该公司的拳头产品，因此，按照“ABC分析法”的原理，把手扶拖拉机作为主要预测对象。

(2) 选择专家

对1990年手扶拖拉机需求趋势做出预测，这要求预测参与者必须具有丰富的业务经验，掌握大量的市场信息，同时要有一定的表达能力。另一方面，为了取得比较全面的信息，确定以全省87个地区、县农机公司的业务经理组成预测专家小组。

(3) 准备背景材料

为了使专家在预测过程中能全面了解有关手扶拖拉机的历史和现状，使预测更加准确，预测组织者准备了有关的北京材料，主要有：

(1) 1980—1989年全省手扶拖拉机的历史销量和逐年增长率，并把各年的销量用表格和曲线图两种形式直观表达出来，使预测者一目了然。

(2) 根据组织者掌握的信息，列出了1990年对手扶拖拉机的销售有利的影响因素（四个方面）和不利的影响因素（五个方面）。

接下来设计调查表，根据预测对象的要求设计咨询表。因预测主题比较单一，调查表较为简单，如表3-4所示：

表3-4　调查问卷

表1：1990年全省手扶拖拉机需求量调查表　单位：%	
根据全省的资料，请在下面栏目中填写全省所有手扶拖拉机需求量，估计1990年比1989年上升或下降的百分比	
上升：　　　　%	下降：　　　　%
请简要分析手扶拖拉机需求量1990年同1989年相比可能上升或下降的原因（可以从有利因素和不利因素两个方面进行分析）	

按照德尔菲法的步骤，开始进行第一轮征询。在1990年初，预测组织者把背景材料和调查表寄给了87位预测专家，在规定的时间内有59位专家寄回了调查表，回收率为68%。预测组织者将调查表进行了汇总统计分析（表3-5），又将影响因素进行了综合（有利因素七个方面，不利因素九个方面）。

表3-5　第一轮征询结果

1990年全省手扶拖拉机需求量升降幅度专家预测统计（第一轮）												
需求变化情况	下降幅度						不变	增长幅度				不能确定	合计
	50%以上	41%～50%	31%～40%	21%～30%	11%～20%	1%～10%		1%～10%	11%～20%	21%～30%	30%以上		
专家人数	5	2	2	9	8	7	2	11	1	1	0	11	59
所占比例/%	8.43	3.39	3.39	15.25	13.56	11.86	3.39	18.64	1.69	1.69	0	18.64	100

下面进行第二轮征询，预测组织者把上一轮的预测结果的综合资料以及第二轮的调查表寄给了专家（第一轮参与的59位）。第二轮调查咨询表的内容和形式与第一轮的完全相同。在回答的时间内，有44位专家寄回了第二轮调查表，回收率为75%。预测组织者将第二轮的调查表汇总统计（表3-6）。考虑到专家的意见已基本趋于一致，结果比较明朗，就不再进行第三轮征询，至此结束这次预测工作。同时，预测组织者又将专家提出的有关影响手扶拖拉机需求的因素进行了综合概括（此处略）。

表3-6　第二轮征询结果

1990年全省手扶拖拉机需求量升降幅度专家预测统计（第二轮）											
需求变化情况	下降幅度						不变	增长幅度		不能确定	合计
	50%以上	41%～50%	31%～40%	21%～30%	11%～20%	1%～10%		1%～10%	11%～20%		
专家人数	2	3	5	11	8	5	0	4	1	5	44
所占比例/%	4.5	6.2	11.4	25	18.1	11.4	0	9.1	2.3	11.4	100

下面给出最终的预测结果，因轮番征询仅进行了两轮，故第二轮的专家意见即作为预测的最终结果。该预测对象属数量预测，在此采用算术平均法进行处理。取各组距的中值为各组的代表值（如31%～40%的中值为35%），则：

$$
\begin{aligned}
\text{平均升降幅度} &= \frac{\sum \text{升降幅度中值} \times \text{专家人数}}{\text{总人数（剔除不能确定数值专家人数）}} \\
&= [5\% \times 4 + 15\% \times 1 - (55\% \times 2 + 45\% \times 3 + 35\% \\
&\quad \times 5 + 25\% \times 11 + 15\% \times 8 + 5\% \times 5)] \div 39 \\
&= -20.64\%
\end{aligned}
$$

上述结果表明：1990年手扶拖拉机市场需求量可能比1989年下降20.64%。

3.4.2　头脑风暴法

头脑风暴法是在解决问题时常用的一种方法，具体来说就是团队的全体成员自发地提出主张和想法。团队成员在选择问题的方案之前，一定要得出尽可能多的方案和意见。利用头脑风暴法可以得出许多想法，能产生热情的、富有创造性的更好的方案。

在项目风险管理中可使用头脑风暴法来识别项目可能存在的风险并集思广益地收集风险应对措施，以得到最优的风险应对方案等。

头脑风暴法更注重的是得到想法方案的数量，而不是质量。这样做的目的是使团队拥有尽可能多的想法方案，鼓励成员有新奇或突破常规的想法方案。

头脑风暴法的做法是：当讨论某个问题时，由一个协助的记录人员在翻动的记录卡或黑板前做记录。首先，由某个成员提出一个想法方案，接着依次进行，这个过程循环进行，每人每次提出一个想法方案。如果轮到某位成员时他没有想法，就说一声“通过”。有些人会根据前面其他人的思路提出想法方案。这包括把几个方案合并成一个或改进其他人的方案。协助的记录人员会把这些方案记录在翻动的记录卡或黑板上。这一循环过程一直进行，直到想出了各种方案或限定时间已到。

应用头脑风暴法时，要遵循两个主要的规则：不进行讨论，没有判断性的评论。一名成员提出他的想法后，紧接着下一名成员说。大家只需要说出一个想法方案，不要讨论、评判，更不要试图宣扬。其他参加人员不允许做出任何支持或判断的评论，也不能向提出方案的人进行提问。类似"那绝不会起作用""这是一个愚蠢的做法"或"老板不会那么做"等这类扼杀性的评论是绝对不允许的。同时，也要明确参加人员不要使用身体语言，例如皱眉、咳嗽、冷笑或叹气来表达评判意见。头脑风暴法在帮助解决问题，使团队获得最佳可能方案时，是很有效的。

3.4.3 风险核对表

风险核对表是基于之前的类比项目信息及其他相关信息编制的风险识别核对图表。核对表一般按照风险来源排列。利用核对表进行风险识别的主要优点是快而简单，缺点是受到项目可比性限制。

通常人们考虑问题时有联想的习惯。在过去经验的启示下，思想常常变得很活跃，浮想联翩，风险识别实际是关于将来风险事件的设想，是一种预测。如果把人们经历过的风险事件及其来源罗列出来，组成一张核对表，那么项目管理人员看了就容易开阔思路、联想到本项目会有哪些潜在的风险。核对表可以包含多种内容，例如，以前项目成功或失败的原因；项目产品或服务的说明书；项目班子成员的技能；项目可用的资源；项目其他方面规划的结果，如范围、成本、质量、进度、采购与合同、人力资源与沟通等计划成果，等等。还可以到保险公司去索取资料，认真研究其中的保险例外，这些资料能够有效地提醒风险管理者还有哪些风险尚未考虑到。

例如，近些年来，项目融资作为建设基础产业、基础设施项目筹集资金的方式越来越受到人们的重视。但是项目融资是一项风险很大的活动。因此，项目融资的风险管理也变得越来越重要。国际上一些有项目融资经验的专家和金融机构从以往这类业务活动中总结出了丰富的经验和教训(表 3－7)。显然，这些经验和教训对于识别今后项目融资以及其他活动中的风险将发挥重要作用，具有难以估量的价值。

表 3－7　项目融资风险核对

项目失败原因(潜在的威胁)
工期延误，因而利息增加，收益推迟 成本、费用超支 技术失败 承包商财务失败 政府过多干涉 未向保险公司投保人身伤害险 原材料涨价或供应短缺，供应不及时 项目技术陈旧 项目产品或服务在市场上没有竞争力 项目管理经营不善 对于担保物，例如，油、气储量和价值的估计过于乐观 项目所在国政府无财务清偿能力

续　表

项目成功的必要条件
项目融资只涉及信贷风险，不涉及资本金 切实地进行了可行性研究，编制了财务计划 项目要使用的产品或材料的成本要有保障 价格合理的能源供应要有保障 项目产品或服务要有市场 能够以合理的运输成本将项目产品运往市场 要有便捷、通畅的通信手段 能够以预想的价格买到建筑材料 承包商富有经验，诚实可靠 项目管理人员富有经验，诚实可靠 不需要未经实际检验过的新技术 合营各方签有令各方都满意的协议书 稳定、友善的政治环境，已办妥有关的执照和许可证 不会有政府没收的风险 国家风险令人满意 主权风险令人满意 对于货币、外汇风险事先已有考虑 主要的项目发起者已投入足够的资本金 项目本身的价值足以充当担保物 对资源和资产已进行了满意的评估 向保险公司缴纳了足够的保险费，取得了保险单 不可抗力已采取了应对措施 成本超支的问题已经考虑过 投资者可以获得足够高的资金收益率、投资收益率和资产收益率 对通货膨胀已进行了预测 利率变化预测现实可靠

3.4.4　SWOT 技术

SWOT 是英文 Strength(优势)、Weakness(劣势)、Opportunity(机遇)和 Threat(威胁)的缩写。SWOT 分析法是一种环境分析方法，作为一种系统分析工具，其主要目的是对项目的优势与劣势、机会与威胁各方面，从多角度对项目风险进行分析识别。

从管理的角度来说，风险是与机遇并存的，SWOT 技术能够辩证地分析项目潜在的机遇与风险，主要在项目的立项时进行风险分析时使用。

项目环境中面临的劣势和威胁都是潜在的风险源，通过 SWOT 技术可将它们识别出来，在项目前期分析它们的危害性和可能的后果。

SWOT 分析的作用在于：

(1) 把外界的条件和约束同组织自身的优缺点结合起来，分析项目或企业所处的位置；

(2) 可随环境变化做动态分析；

(3) 是一种定性分析工具，可操作性强；

(4) 可以针对机遇、威胁、优势、劣势为各战略决策打分。

SWOT 一般分为五步进行：

（1）列出项目的优势和劣势，可能的机会与威胁，填入道斯矩阵的Ⅰ、Ⅱ、Ⅲ和Ⅳ区，如表3－8所示。

表3－8　道斯矩阵

优势与劣势 / 策略选择 / 计划与威胁	Ⅲ 优势（S） （列出自身优势）	Ⅳ 劣势（W） （列出自身劣势）
Ⅰ 机会（O） （列出现有的机会）	Ⅴ SO 策略 抓住机遇，发挥优势策略	Ⅵ WO 策略 利用机会，克服劣势策略
Ⅱ 威胁（T） （列出正面临的威胁）	Ⅶ ST 策略 利用优势，减少威胁策略	Ⅷ WT 策略 弥补缺点，规避威胁策略

（2）将内部优势与外部优势组合，形成SO策略，制订抓住机会、发挥优势的战略，填入道斯矩阵的Ⅴ区。

（3）将内部劣势与外部优势组合，形成WO策略，制订利用机会克服劣势的战略，填入道斯矩阵的Ⅵ区。

（4）将内部优势与外部威胁相结合，形成ST策略，制订利用优势减少威胁的战略，填入道斯矩阵的Ⅶ区。

（5）将内部劣势与外部威胁相结合，形成WT策略，制订弥补缺点规避威胁的战略，填入道斯矩阵的Ⅷ区。

例3－1　表3－9是某公司进行SWOT分析的实例。该公司为境外的一家电子产品生产厂家，主要生产显示器、电子监控设备等产品。该公司为投产某种视频监控系统并打入中国市场的项目而进行战略分析，以识别出该项目的风险。

表3－9　某公司的SWOT分析

优势与劣势 / 策略选择 / 机会与威胁	**优势** · 资金充足 · 进入中国市场较早 · 有比较完整的销售网络 · 统计技术比较先进 · 居于市场领先地位，占有投资咨讯业相当的份额 · 知名度比较高	**劣势（项目本身存在的缺陷）** · 监控系统是模拟式的 · 成本较高 · 一次性投入大
机会 · 中国市场化进程向纵深延伸 · 电视台商业化进程不断提高 · 其他市场需求也在扩大	**SO 策略** 应该以市场主导者的地位力争扩大市场供给，以满足日益增大的市场需求	**WO 策略** 应该努力降低成本，以便以较低的价格抢占市场
威胁（潜在的风险） · 由于地方保护主义，致使有些细分市场难以进入 · 竞争者的实力相对较强 · 日记形式的检测系统因为成本低将依然占有一定的市场空间	**ST 策略** · 应该首先进入市场化程度比较高的沿海大城市 · 应该用较快的速度抢占市场，使得我们在竞争中处于更加有利的地位	**WT 策略** 应该先用模拟式的监控设备抢占市场，然后再根据电视数字化的进程逐步更新设备

SWOT 分析的要点在于：

(1) SWOT 分析重在比较，特别是项目(或企业)的优势、劣势要着重比较竞争对手的情况，另外，与行业平均水平的比较也非常重要。

(2) SWOT 分析形式上很简单，但实际上是一个长期积累的过程，只有准确地认识项目自身和所处行业才能对项目(或企业)的优劣势和外部环境的机会与威胁有一个准确的把握。

(3) SWOT 分析必须要承认现实、尊重现实，特别对项目(或企业)自身的优势和劣势的分析要基于实施的基础之上，分析结果要量化考虑，而不是靠个别人的主观臆断。

3.4.5 情景分析法

1. 情景分析法的基本含义

情景分析法就是通过有关数字、图表和曲线等，对项目未来的某个状态或某种情况进行详细的描绘和分析，从而识别引起项目风险的关键因素及其影响程度的一种风险识别方法。它注重说明某些事件出现风险的条件和因素，并且要说明当某些因素发生变化时，又会出现什么样的风险，产生什么样的后果等。

2. 情景分析法的主要功能

情景分析法在识别项目风险时主要表现为以下四个方面的功能：

(1) 识别项目可能引起的风险性后果，并报告提醒决策者；

(2) 对项目风险的范围提出合理的建议；

(3) 就某些主要风险因素对项目的影响进行分析研究；

(4) 对各种情况进行比较分析，选择最佳结果。

3. 情景分析法的主要过程

情景分析法可以通过筛选、监测和诊断，给出某些关键因素对于项目风险的影响。

(1) 筛选。筛选是按一定的程序将具有潜在风险的产品过程、事件、现象和人员进行分类选择的风险识别过程。

(2) 监测。监测是在风险出现后对事件、过程、现象、后果进行观测、记录和分析的过程。

(3) 诊断。诊断是对项目风险及损失的前兆、风险后果与各种起因进行评价与判断，找出主要原因并进行仔细检查。

图 3－3 是一个描述筛选、监测和诊断关系的风险识别元素图。该图表明，风险因素识别的情景分析法中的三个过程使用了相似的工作元素，即疑因估计、仔细检查和征兆鉴别三种工作，只是在筛选、监测和诊断这三种过程中，三项工作的顺序不同。具体顺序如下：

筛选：仔细检查—征兆鉴别—疑因估计；

监测：疑因估计—仔细检查—征兆鉴别；

诊断：征兆鉴别—疑因估计—仔细检查。

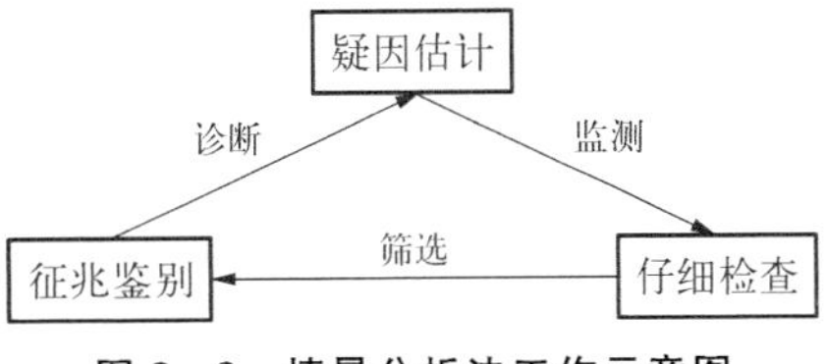

图 3－3 情景分析法工作示意图

4. 案例分析

(1) 案例背景

A 公司是一个总部在英国的消费品制造企业，在最近几年全球化浪潮的影响下，致力于建立一个全球化的供应链系统，以达到降低成本、提高效率的目的。然而2003年的SARS事件让公司意识到，全球化的供应链背后隐藏的巨大风险，特别是在发展中国家和地区，政策环境的不稳定性、各种突发事件的爆发等，都会对供应链造成破坏，甚至造成供应链中断。因此，公司决定采用情景分析方法来检测当前供应链中的薄弱环节。假设一种严重的传染病再次在亚洲地区爆发，考虑A公司的供应链系统中以下3方面的变化：① 客户对货物运送的新要求；② 运营环境改变带来的新要求；③ 现有供应链中需要改进的环节(甚至部分流程的重组)，以适应环境变化。

首先要了解供应链的流程。以A公司供应北美一大型零售商B的供应链为例，这条供应链只涉及一个很小的产品组合、2个原材料供货商、1个第三方物流服务提供者和1个客户(零售商)。A制造商进行库存补充的供应链流程如下：A制造商的原材料订单首先送至C供货商(中国)和D供货商(泰国)处，C供货商接到订单后进行原材料收集、原材料提炼和原材料质量检验，然后原材料被装载并由XY物流服务进行运输；D的供货过程也是一样，原材料由XY物流公司运到目的地(阿根廷)后由当地分支接收、卸载并运输到A在当地的外包工厂E处，E接收并先储存，然后进行生产、包装、成品检验，并仍由XY物流公司负责装载运输到B零售商的配送中心，最后由配送中心分发到各门店销售。

(2) A公司供应链风险识别流程

首先，将一般供应链中可能出现的风险全部罗列出来。大致有4个方面：① 供货商风险，包括单一供货商风险、连贯性计划覆盖范围、供货商运营风险、合同责任风险等；② 产品风险，包括质量控制过程风险、产品缺陷风险、产品回收风险等；③ 生产风险，包括外包风险、工人风险(如旷工、误操作等)、独特工艺风险(知识产权)等；④ 运输风险，包括海关风险、运输商财力、单一运输商风险、储存要求等。之后，对该条目标供应链整体流程逐项判断，确定是否隐藏着上述风险因子。比如，由于A在全球范围内指定XY为独家物流服务提供商，所以具有单一运输商风险；又如，从原材料到成品，中间要在多个国家转运，因此在运输环节中具有海关风险。我们可以借助风险图来进行判断，风险图类似一个矩阵，横轴为所有可能的风险因子，纵轴为目标供应链流程对应，通过分析该条供应链所隐藏的风险则绘于相应点处。

第二步是开发相应情景。该案例的假设背景是亚洲地区出现了一种非常强的传播性疾病的症状，这一背景的蓝本正是2003年4～5月间的SARS事件，SARS对于供应链的影响主要在于限制了货物和人员的流动，参考SARS后的媒体关于这方面的报道，可以列出以下3个供应链风险关键维度：① 旅行限制，影响产品开发周期和全球采购；② 隔离范围，影响工厂生产和库存水平；③ 贸易障碍——美国等地可能对来自疫区的货物加强卫生及防疫检查，导致过关手续更为繁琐、检查范围更广、标准更严格，可能使得货物通关时间被拉长。

尽管对这三个关键维度通过排列组合可以形成8种不同的组合(表3-10)，但实际上可能出现的情景并没有8种。由于3个关键维度之间存在某种内在的逻辑性，比如出现大范围隔离的话，不太可能出现WHO不颁布地区旅行警告的情况出现。而如情景分析法的原则所述，开发出的情景之间在逻辑上必须协调。同时希望开发出的情景之间有比较明显的差别。根据这些原则，最终挑选了如表3-10所示的3个典型情景，并且对每个情景在三个维度上进行具体描述(表 3-11),这些描述有助于接下来供应链薄弱环节的识别和判断。值得注意的是,在上述开发和选择情景的过程都是可能对供应链指标产生影响的因素,如贸易障碍可能影响生产周期指标。

表 3-10　3 个典型情景分析矩阵

	旅行限制		隔离范围		贸易障碍	
	无	有	有限的	大规模的	低	高
情景 1	√		√		√	
	√		√			√
	√			√	√	
	√			√		√
		√	√		√	
		√	√			√
情景 2		√		√	√	
情景 3		√		√		√

表 3-11　各情景的具体描述

情景 1	情景 2	情景 3
旅行限制并未出现	旅行不便	旅行严重不便,人员不愿前往亚洲地区旅行,亚洲地区人员无法进入其他地区
国际航运恢复正常	亚洲地区航运部分受到严重影响	由于人员短缺和卫生措施严格,亚洲地区部分航运停运
工厂维持正常生产	部分工厂或者工厂部分部门停工	工厂停工,工人旷工
货物过关并未受到很大拖延,生产周期并未拉长	货物过关时间拉长,导致生产周期拉长	货物过关时间大大拉长,甚至部分货物需要进行隔离

接下来我们就可以在开发出的 3 个情景下鉴别供应链的薄弱环节。现以情景 2 为例进行说明。主要判断在该种情景下,每个风险因子可能造成的破坏性大小。虽然 C、D 都为独家供货商,但 C、D 本身都在所在国范围内有多家工厂,而且 C 还具有完善的业务可持续性计划。因此,在情景 2 中,部分工厂不得不停工时,还有其他地方的工厂可以继续生产、保持供货。因此,在情景 2 下,C 和 D 都不足以构成供应链的薄弱环节;反之,A 在全球范围内采用 XY 一家作为 3PL 服务提供商,在情景 2 下,显示出极大的不稳定性。如果有疾病的蔓延导致 XY 在某地的工人罢工,或者未能达到疾病暴发后美国更严格的运输服务卫生检疫标准,就会造成整条供应链的中断。因此,在情景 2 下,单一运输商风险成为目标供应链风险很大的一个薄弱环节。

表 3-12　在设定情景 2 下目标供应链风险排序

A 公司对客户零售商 B 的供应链流程		供货商风险			产品风险			生产风险			运输风险		
		单一供货商风险	连贯性(计划覆盖)范围	供货商运营风险	质量控制过程风险	产品缺陷风险	产品回收过程	外包风险	工人风险	独特工艺风险	海关风险	运输商财务状况	单一运输商风险
C 供货商(中国)	定购												
	提炼	■	■	■					■				
	质检				■								
D 供货商(泰国)	定购												
	提炼	■	■	■					■				
	质检				■								
XY 运输商	原材料运输									■	■		■
E 外包工厂(阿根廷)	生产						■	■	■				
	成品检验				■								
XY 运输商	运输成品									■	■		■

结合表 3-11 情景 2 和表 3-12 风险排序，我们可以得到最优风险组合为：① 对单一物流服务提供商的依赖；② 对工人旷工没有应对措施；③ 日益严格的通关政策。

本章小结

（1）项目风险识别(Risk Identification)是项目风险管理的基础和重要组成内容。项目风险识别就是确定何种风险事件可能会影响项目，并将这些风险的特性整理成文档。

（2）项目风险识别需要确定三个相互关联的因素：① 项目风险来源；② 项目风险事件；③ 项目风险征兆。

（3）项目风险识别的依据主要包括：项目定义与规划、项目风险管理计划、风险种类、历史资料、制约因素和假设条件。

（4）项目风险识别过程一般分为五个步骤：① 确定目标；② 明确最重要的参与者；③ 收集资料；④ 估计项目风险形式；⑤ 根据直接或间接的症状将潜在的项目风险识别出来。

（5）在具体的分析资料、识别风险时，还可以利用一些具体的工具和技术。例如，可以采用德尔菲法、头脑风暴法或者专家面谈等信息收集技术来获取新的项目风险信息资源，或采用 SWOT 技术、风险核对表、工作分解结构、故障树分析法、敏感性分析等方法从已有的资料中识别出风险事件。

练习思考题

1. 风险识别的过程是什么？
2. 项目风险识别的依据是什么？
3. 项目风险识别的工具都有哪些？
4. 结合你所做的实际项目，使用头脑风暴法对该项目进行风险识别。

4 项目风险估计

本章学习目标

通过对本章的学习，了解项目风险估计的概念、特点、过程等内容，掌握项目风险估计的技术、方法、工具及其应用。

4.1 引导案例——NASA的风险管理

2004年1月4日，美国"勇气"号火星车在火星表面成功着陆，并向地球发回了第一条信息，标志着美国国家航空航天局(National Aeronautics and Space Administration, NASA)的火星登陆计划取得成功，也标志着人类太空科技发展的又一重大成就。火星登陆工程与当年的阿波罗登月工程一样，都是以大量航天高技术项目(也称为"高技术项目群")的成功研发为支撑，而高技术项目研发成功的背后体现了NASA高技术项目的风险管理水平。

现代高科技科研开发项目一般具有技术复杂性和管理复杂性，其研发费用巨大。高技术项目的失败将带来比一般项目大得多的政治、社会、经济损失。因此，高技术项目的风险管理一直是项目管理的重要研究领域。

NASA"更快、更好、更便宜"的任务管理理念着眼于利用有限的资金完成更多的发射任务，但这一理念却使NASA在1999年的火星登陆任务中遭遇了失败的困境。两项针对火星探测任务的失败不仅使NASA遭受了巨额的财产损失，而且使NASA在公众面前声名狼藉，同时也促使NASA的专家开始对当前的风险管理质疑。为此，NASA委托弗吉尼亚大学风险管理与系统工程研究中心等单位，组织风险管理专家对NASA承担的高技术项目展开风险管理构架的研究，评估各种风险管理方法对于制订风险管理规划的可行性。1998年，NASA开始引入持续风险管理的理论与方法；1999年，NASA的管理专家在应用持续风险管理的基础上，引入概率风险评估(Probabilistic Risk Assessment, PRA)的理论与方法，并于2002年3月发行针对各项目经理的PRA手册；自2001年起，NASA的研究人员又开始加强风险量化分析研究，并倾向于采取一体化、定量化风险管理理论分析来管理高技术项目研发过程中的风险。

NASA认为，风险是一个需要用两个维度，即风险概率和风险后果来表征的变量，在数学上的含义是单位时间所遭受的损害，用数学公式可以表示为：

$$风险＝概率×损害程度$$

对于风险特征的刻画，NASA 用风险发生的概率、风险影响等级和风险造成的进度滞后三个维度来描述。由此，NASA 的管理专家提出了风险过滤、排序和管理(Risk Filtering, Ranking and Management, RFRM)框架，这非常适合 NASA 开展项目管理的需要。RFRM 方法可以隔离 NASA 的一项任务所面临的所有风险。该方法首先识别出任务所包含的各种形式的风险状态，然后过滤出对任务成功有着重要影响的风险状态。这些被过滤剩下的风险往往具有高概率发生的特性，并且一旦发生将造成非常严重的后果。针对每一种发生概率较高的风险提供多种可供选择的风险管理方法，最后形成的风险管理规划就可以用来开展有效的风险管理。通常，RFRM 框架可分为风险识别、风险初选、双准则风险过滤、风险排序、风险再过滤、风险降低规划(风险应对计划)、风险系统评估和风险管理及反馈八个步骤。NASA 还应用 RFRM 框架对近几年的发射任务进行了深入的案例研究。他们挑选的任务包括火星极地着陆者计划项目、火星气候探测器计划项目等。

NASA 应用较广的风险管理理论与方法还有持续风险管理理论和概率风险评估方法。持续风险管理理论和方法最早是由卡耐基·梅隆大学软件工程研究所提出的，NASA 将该理论的应用领域从软件项目管理扩展到硬件项目和其他复杂系统管理领域。持续风险管理是一种将定性和定量相结合的风险动态管理理论，共包含五大模块，其中风险规划、风险识别、风险分析、风险跟踪和风险控制模块在风险管理过程上首尾相连，风险文档记录模块贯穿以上五大模块，共同构成了风险管理的基本内容。这一动态思想也是对风险进行全寿命分析与管理的思想方法。持续风险管理现已经成为 NASA 项目管理培训的核心课程。

NASA 一体化风险管理的另一个重要方法是概率风险评估(PRA)。PRA 早期多用在核反应堆的风险管理领域，但是在 NASA 项目管理中，PRA 一直是最典型、应用最广的定量风险评价方法。PRA 主要针对复杂系统进行风险评价，在核工业、化工、航天领域的安全性工作中有着重要的地位。PRA 是一个综合的过程，是各种安全性分析方法的集成运用，它的主要工作包括风险模型建立和风险模型的定量化。风险模型包括描述危险事件发生可能性的模型和描述危险事件造成损失的模型，通常采用事件树分析与故障树分析相结合的方法建立模型。风险模型定量化主要是计算基本事件、危险事件发生概率的点估计和区间估计以及不确定性，在概率的意义上区分各种不同因素对风险影响的重要程度。PRA 常用的分析工具还有故障模式与影响分析、事件序列图、主逻辑图、可靠性框图。

当前，NASA 风险管理的思路是将持续风险管理和 PRA 结合起来，利用 PRA 估计风险发生的概率，估算风险等级和风险影响，力求用定性和定量化的手段把握高技术项目风险发生规律及其可能造成的影响；利用持续风险管理对高技术项目管理进行机构职能上的改造，构建动态风险管理的程序和组织。

4.2 项目风险估计的概念

项目风险估计是在风险规划和识别之后，通过对项目所有不确定性和风险要素全面系统地分析，从而确定风险发生的概率和对项目的影响程度。风险估计的对象是项目的单个风险,而非项目的整体风险,以加深对风险以及风险后果的认识,进一步帮助人们管理不确定性因素。

4.2.1 风险估计的含义

风险估计又称风险测定、测试、衡量和估算等,因为在一个项目中存在着各种各样的风险,风险估计可以说明风险的实质,但这种估计是在有效辨识项目风险的基础上,根据项目风险的特点,对已确认的风险,通过定性和定量分析方法测量其发生的可能性和破坏程度的大小,风险估计对风险按潜在危险大小进行优先排序和评价、制订风险对策和选择风险控制方案有重要的作用。项目风险估计较多采用统计、分析和推断法,一般需要一系列可信的历史统计资料和相关数据以及足以说明被估计对象特性和状态的资料作为保证;当资料不全时往往依靠主观推断来弥补,此时,项目管理人员掌握科学的项目风险估计方法、技巧和工具就显得格外重要。根据项目风险和项目风险估计的含义,风险估计的主要内容包括:

(1) 风险事件发生的可能性大小;

(2) 风险事件发生可能的结果范围和危害程度;

(3) 风险事件发生预期的时间;

(4) 风险事件发生的频率等。

4.2.2 风险估计与概率分布

风险是指损失发生的不确定性(或可能性),所以风险是不利事件发生的概率及其后果的函数,而风险估计就是估计风险的性质,估算风险事件发生的概率及其后果的严重程度,以降低其不确定。

概率是度量某一事件发生的可能性大小的量,它是随机事件的函数。必然发生的事件,其概率为1,记为 $P(U)=1$,其中 U 代表必然事件;不可能事件,其概率为零,记为 $P(V)=0$,其中 V 代表不可能事件;一般的随机事件,其概率在0与1之间,记为 $0\leqslant P(A)\leqslant 1$,$A$ 代表任一随机事件。

使用概率分析方法衡量风险大小,需要知道风险事件的发生概率和后果。例如,修建核电站和火电站,哪一种环境风险大呢?核电站事故的后果虽然严重,但发生严重事故的概率很小;火电站排放烟尘和污水虽然短时间不会成灾,但是每天都排放,污染环境的概率却是百分之百的。因此,衡量风险的大小,必须综合考虑风险事件发生的概率和后果严重性。风险事件的发生概率和后果严重程度的乘积可叫作风险事件状态。因此,风险的大小可由风险事件状态来计量。

概率分布是概率论的基本概念之一,用以表述随机变量取值的概率规律。为了使用的方便,根据随机变量所属类型的不同,概率分布取不同的表现形式。简单地说,概率分布是显示各种结果发生概率的函数。风险估计中常用的概率分布有离散分布、等概率分布、泊松分布、二项分布、威布尔分布、正态分布和对数正态分布等。风险事件发生的概率和概率分布是风险估计的基础,因此,风险估计的一个重要方面是确定风险事件的概率分布。在风险估计中,概率分布用来描述各种损失发生可能性大小的分布情况。研究概率分布时,需要注意充分利用已获得的各种信息进行估测和计算,在获得的信息不够充分的条件下则需要根据主观判断和近似的方法来确定概率分布,具体采用何种分布应根据项目风险的特点而定。

风险估计的首要工作是确定风险事件的概率分布。在对风险事件进行历史统计时，常常会遇到两种不同类型的随机变量。当某随机变量全部可能取到的值是有限或无限个时，称其为离散型随机变量。例如，在相同条件下抛掷同一枚硬币，其结果要么是硬币正面朝上，要么是反面朝上，只能有这两种结果。又如，统计一个驾驶员在某一年中发生交通事故的次数的概率，0 次的概率是 0.65，1 次的概率是 0.20，2 次的概率是 0.05，一年内所发生的交通事故次数总是有限的。这些事件发生的结果都是可数的，都是离散型随机变量。

当某随机变量全部可能取到的值是一个区间，是无法按一定次序一一列举出来的时候，称其为连续型随机变量。例如，某种电器产品的使用寿命就是一个随机变量，它的使用寿命在 1 000～1 500 小时范围内连续变化，也就是说，随机变量可以是在[1 000，1 500]这样一个区间内的任何值，可能出现的结果是不可数的。这一类随机变量，通常被称为连续型随机变量。

总之，可用随机变量来表示风险所致损失的结果，该随机变量的概率分布就是风险事件的概率分布。从风险事件的概率分布可以得到期望值、标准差、差异系数等统计信息，这些信息对于衡量风险大小是非常有用的。

确定风险事件的概率分布一般有三种方法：根据历史资料确定风险事件的历史概率分布法、理论概率分布法和主观概率分布法。一般来讲，风险事件的概率分布应当根据历史资料来确定，但当项目管理人员没有足够的资料来确定风险事件概率分布时，也可以利用理论概率分布进行风险估计。

在实际工作中，可假设某个风险事件发生的概率满足某种分布，并通过历史数据进行分析，得到其概率分布的表达式，最终求出风险事件发生的概率。下面通过一个例子来说明如何采用历史统计资料来确定一个风险事件的概率分布。

例 4－1 假设建设项目实际要用的时间是一个服从正态分布的随机变量。例如，某建筑公司在过去 8 年中完成了 72 项工程施工任务。有些项目提前完成，而另一些则由于种种原因而拖延工期。为了估计今后承包工程时工期拖延的风险，公司管理人员将这些工程拖延的情况整理了出来并列在表 4－1 中。工期拖延的情况用拖延的时间占计划工期的百分比表示，负值表示任务提前完成。

表 4－1　工程拖延情况统计

工程拖延情况/%	组平均值 t_i/%	频数，即工程数目	频数/样本个数＝频率	概率
－34～－30	－32.5	0	0	0
－29～－25	－27.5	2	2/72＝0.027 8	0.027 8
－24～－20	－22.5	1	1/72＝0.013 9	0.013 9
－19～－15	－17.5	3	3/72＝0.041 7	0.041 7
－14～－10	－12.5	7	7/72＝0.097 2	0.097 2
－9～－5	－7.5	10	10/72＝0.138 9	0.138 9
－4～0	－2.5	15	15/72＝0.208 3	0.208 3
1～5	2.5	12	12/72＝0.166 7	0.166 7
6～10	7.5	9	9/72＝0.125 0	0.125 0

续 表

工程拖延情况/%	组平均值 t_i/%	频数,即工程数目	频数/样本个数=频率	概率
11～15	12.5	8	8/72=0.111 1	0.111 1
16～20	17.5	4	4772=0.055 6	0.055 6
21～25	22.5	0	0	0
26～30	27.5	1	1/72=0.013 9	0.013 9
31～35	32.5	0	0	0
合计		72	72/72=1	1

若把表 4-1 中的样本分布用条形图表示出来,可得图 4-1。图 4-1 叫作直方图。纵坐标表示工期拖延的频率,横坐标表示拖延的时间占计划工期的百分比。根据直方图,可以大致画出拖延时间的概率密度曲线,如图 4-1 中实线所示。

当样本个数足够多时,例如,把与该公司情况类似的其他公司过去 8 年中完成的工期数据也拿来比较分析,工期拖延时间的概率密度曲线的形状就接近于图 4-1 中的虚线。这条虚线表示的即为正态分布。

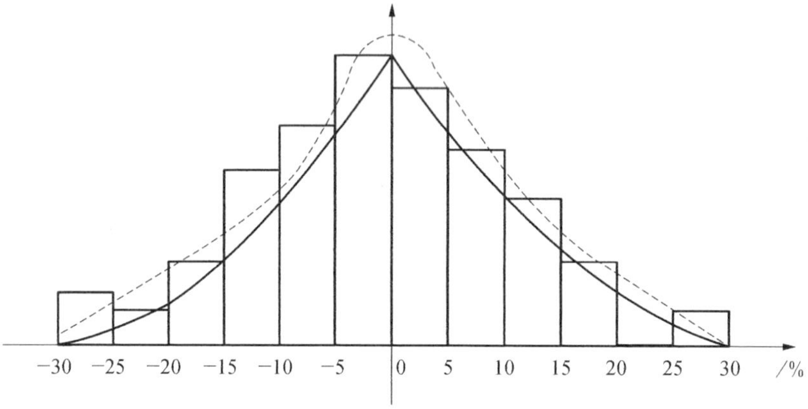

图 4-1　工期拖延的直方图

假设公司有一个新工程要承包,计划工期是 16 个月,项目管理人员要了解工期拖延超过 4 个月的概率,则可先算出工期拖延的随机变量取值为 4/16×100%=25%。采用这些数据,可分别通过直方图和近似的正态分布曲线进行分析。

若采用直方图分析,则可根据表 4-1 中的数据,计算工期拖延大于 25%的概率,即为拖延工期 26%～35%的概率。于是得到:

$$(0.013\,9+0)\times 100\%=1.39\%$$

于是可得,工期拖延超过 4 个月的概率是 1.39%。

4.2.3　风险估计的计量标度

项目风险后果的多样性,要求根据风险性质对风险后果采取多种计量标度。计量是为了取得有关数值或排列顺序。目前计量一般使用标识、序数、基数和比率四种标度。

标识标度是标识对象或事件的，可以用来区分不同的风险，但不涉及数量。不同的颜色和符号都可以作为标识标度。例如，项目管理组如果感到项目进度拖延的后果非常严重时，可用紫色表示进度拖延；如果感到很严重，用红色表示；如果感到比较严重，则用橘红色表示。序数标度是事先确定的一个基准，然后按照与这个基准的差距大小将风险排出先后顺序，可以区别出各风险之间的相对大小和重要程度。但序数标度无法判断各风险之间的具体差别大小，只能给出一个相对的先后排列顺序。例如，将风险分为已知风险、可预测风险和不可预测风险就是一种序数标度。基数标度是指项目风险也像其他物质一样可以计算出其大小，虽然其计量单位是相对的或抽象的。基数标度不仅可以把项目各个风险彼此区别开来，而且还可以表示它们彼此之间差别的大小。比率标度不但可以确定风险彼此之间差别的大小，还可以确定一个计量起点，风险事件发生的概率就是一种比率标度。

4.2.4 风险估计与效用

1. 效用与效用函数

有些风险事件后果，即收益和损失大小是很难计算的，即使能够计算出来，但同一数额的收益或损失对于不同的人或组织其承受能力或感受也不一样，这就需要引入效用这个概念。

(1) 效用。效用是一个在经济学、管理学以及日常生活中广泛使用的一个概念。所谓效用，是指人们对风险的满足或感受程度。个体不同，对风险的评价也不同。因此，效用是一个相对概念，其数值也是一个相对值。效用的度量一般有两种：序数效用和基数效用。序数效用只是给出效用的先后排列顺序，基数效用则给出效用的量化计量值。

(2) 效用函数。人们的风险信念、对风险后果的承受力也是随着风险后果的大小、环境的变化而有所变化，这种变化关系可用效用函数 $u(x)$ 来表示。如不同数额的收益或损失在同一个人中有不同的感受，描述收益或损失大小 x 的函数就是效用函数。效用函数在经济学、管理学中具有广泛的应用，可用于衡量人们对风险以及其他事物的主观评价和倾向等。在项目风险管理中，效用常被用来量化项目管理人员的风险观念。项目管理人员对待风险的态度或主观认识也可以用效用曲线来直观地描述。

2. 效用曲线

在直角坐标系里，以横坐标表示收益或损失的大小，纵坐标表示效用值，将项目管理人员对风险所抱态度的变化关系用曲线来反映，这种曲线就是该项目管理人员的效用曲线。图 4-2 给出了三种常用的效用曲线，反映了人们对待风险的不同态度。

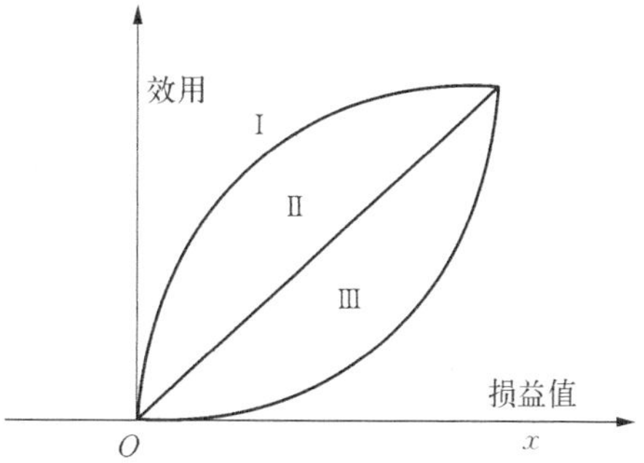

图 4-2 典型效用曲线类型

曲线Ⅰ称为保守型效用曲线，属于这种类型的项目管理人员对收益的反映比较迟缓，而对损失比较敏感，这是一种谨慎小心、规避风险、不求大利的保守型决策者。

曲线Ⅱ称为中间型效用曲线，属于这种类型的项目管理人员，他们将能够取得收益期望值本身与效用大小看成是比例关系，这是一种愿意承担一定风险，完全按期望值大小选择行动方案的决策者。

曲线Ⅲ称为冒险型效用曲线，属于这种类型的项目管理人员的风险观念与曲线Ⅰ相对立，他们对损失的反映比较迟缓，而对收益则比较敏感，这是一种不怕风险、谋求大利的进取型决策者。

效用、效用函数和效用曲线在项目风险管理中考虑项目管理人员的主观因素时很有用。不同的人员有不同的效用曲线，如何确定项目管理人员的效用函数（曲线）可参考相关的文献资料。

4.3 项目风险估计的过程

风险估计是在项目风险识别的基础上，运用定性和定量的分析方法估计项目中各个风险发生的可能性和破坏程度的大小，并按潜在危险大小进行优先排序的过程。可以从内部和外部两种视角来看待项目风险估计过程：外部视角详细说明过程控制、输入、输出和机制；内部视角详细说明用机制将输入转变为输出的过程活动。

4.3.1 风险估计过程的目标

当风险估计过程满足下列目标时，就说明它是充分的：

① 能用成本效益的方式估计项目中的各个风险；

② 确定风险发生的可能性；

③ 确定风险的影响；

④ 确定风险的优先排列排序。

4.3.2 风险估计过程的定义

根据 PMBOK 风险处理框架，风险估计过程的定义参见图 4－3 的 IDEFO 图。图 4－3 通过控制、输入、输出和机制描述了风险估计的顶级过程。风险估计概括了将输入转变为输出这一过程的所有活动。控制（位于顶部）调节过程，输入（位于左侧）进入过程，输出（位于右侧）退出过程，机制（位于底部）支持过程。

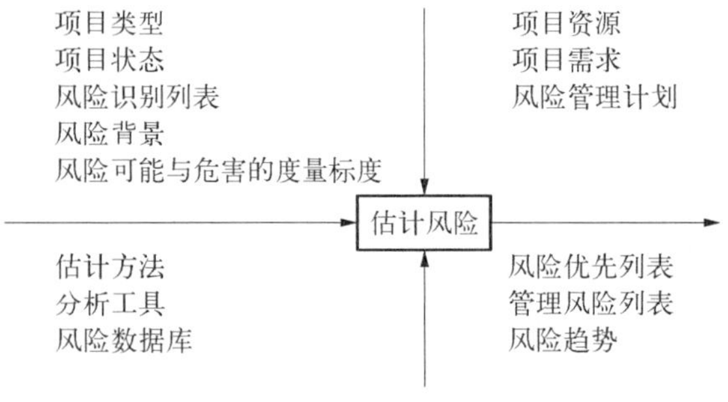

图 4－3 项目风险估计过程

1. 过程控制

项目资源、项目需求和风险管理计划调节风险估计过程，类似于控制风险规划过程。

2. 过程输入

风险估计是对项目中的风险进行定性或定量分析，并依据风险对项目目标的影响程度而对项目风险进行分级排序的过程。风险估计的依据主要有：

（1）风险管理计划。

（2）风险识别的成果。已识别的项目风险及风险对项目的潜在影响需进行估计。

（3）项目进展状况。风险的不确定性常常与项目所处生命周期的阶段有关。在项目初期，项目风险症状往往表现的不明显，随着项目的进程，项目风险及发现风险的可能性会增加。

（4）项目类型。一般来说，普通项目或重复率较高项目的风险程度比较低。技术含量高或复杂性强的项目的风险程度比较高。

（5）数据的准确性和可靠性。用于风险识别的数据或信息的准确性和可靠性应进行估计。

（6）概率和影响的程度。用于估计风险的两个关键方面。

3. 过程输出

按优先等级排列的风险列表及其趋势分析是风险估计过程的输出。一个按优先等级排列的风险列表是一个详细的项目风险目录，其中包含了所有已识别风险的相对排序及其影响分析。

4. 过程机制

估计方法、分析工具和风险数据库是风险估计过程的机制。机制可以是方法、技巧、工具或为过程活动提供结果的其他手段。分析风险发生的可能性、风险后果的危害程度和风险发生的概率均有助于衡量风险的影响和风险的排序。

4.3.3 风险估计过程的活动

风险估计过程活动是将识别的项目风险转变为按优先顺序排列的风险列表所需的活动。风险估计过程活动主要包括以下内容：

（1）系统研究项目风险背景信息；

（2）详细研究已辨识项目中的关键风险；

（3）使用风险估计分析方法和工具；

（4）确定风险的发生概率及其后果；

（5）做出主观判断；

（6）排列风险优先顺序。

4.4 项目风险估计的方法

风险可定义为不希望事件的发生概率以及发生后果的严重性，它与不确定性有区别，不确定性仅考虑事件发生的肯定程度，而从项目管理的角度来看，要真正判断一个项目是否危险，应全面了解事件发生/不发生所包含的潜在影响。因此，项目风险估计至少要涉及以下三个方面：

（1）事件发生的概率。这个变量一般可以根据历史资料用统计参考数据进行估算。

（2）后果的严重性。这个变量要求项目管理人员明确有哪些后果及其影响程度。

（3）主观判断。这个变量是前两个方面的综合，综合反映了风险的主观色彩，即不同的人员或组织对风险有不同的感受和承受能力。

风险估计应综合考虑上述三个方面的综合影响。同时，由于项目风险的独特性、变动性和复杂性，风险估计、评价的方法往往因项目的情况不同而不同，通常可分为定性估算法和定量估算法。根据项目风险管理人员掌握信息资料的不同，有确定型、风险型和不确定型三种不同类型的风险估计。这里重点讨论这三种类型项目风险的估计方法。

4.4.1 确定型风险估计

确定型风险是指那些项目风险出现的概率为1，其后果是完全可以预测的，由精确、可靠的信息资料支持的项目风险估计问题，即当风险环境仅有一个数值且可以确切预测某种风险后果时，称为确定性风险估计。确定型风险估计有许多方法，这里重点讨论项目经济评价使用的盈亏平衡分析、敏感性分析等方法。

1. 盈亏平衡分析

盈亏平衡分析侧重研究项目风险管理中的盈亏平衡点分析，即对项目的产量、成本和利润三者之间的平衡关系进行研究分析，确定项目在产量、价格、成本等方面的盈亏界限，据此判断在各种不确定因素(如投资、成本、销售量、产品价格、项目寿命期等)的共同作用下，项目的适应能力和对风险的承受能力。盈亏平衡点是指项目方案既不盈利又不亏损，营业收入等于生产经营成本的点。盈亏平衡点越低，表明项目适应变化的能力越强，承受风险的能力越大。

盈亏平衡分析一般是根据项目正常生产年份的产量或销售量、可变成本、固定成本、产品价格和销售税金等资料数据计算盈亏平衡点。其隐含的一个假设是销售收入等于销售成本，认为销售收入和销售成本是产品销售量的函数，在盈亏平衡图上表现为销售收入与销售成本函数曲线的交汇点，表示该项目不盈不亏的生产经营水平，从另一个侧面也表示为项目在一定生产水平时收益与支出的平衡关系，所以，也称之为收支平衡点。由于销售收入与销售量、销售成本与销售量之间存在着线性和非线性两种可能的关系，因此，盈亏平衡分析也分为线性盈亏平衡分析和非线性盈亏平衡分析，此外还有优劣盈亏分析。这里我们重点介绍线性盈亏平衡分析。

线性盈亏平衡分析是指项目的销售收入与销售量、成本之间的关系为线性关系的盈亏平衡分析。进行分析的前提是，如果按销售量组织生产，产品销售量等于产品产量。在这里，我们假定市场条件不变，产品价格为一常数。这时，营业收入与销售量之间呈线性关系，即：

$$T_R = PQ \tag{4-1}$$

式中，T_R 为营业收入；P 为单位产品的价格(不含税)；Q 为产品销售量。

项目投产后，其总成本费用可分为固定成本和变动成本两部分。固定成本是指在一定的生产规模限度内不随产量的变动而变动的费用；变动成本是指随产品产量的变动而变动的费用。在项目风险分析中一般可近似认为，当产量变化时，变动成本与产品产量成正比例，即单位可变成本不变。

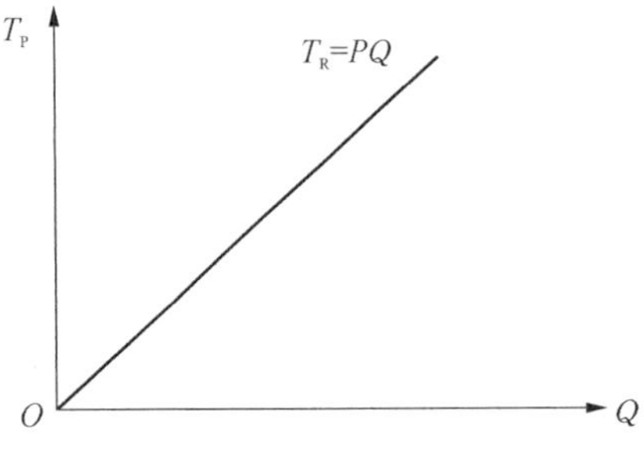

图4-4 收入与产量的关系

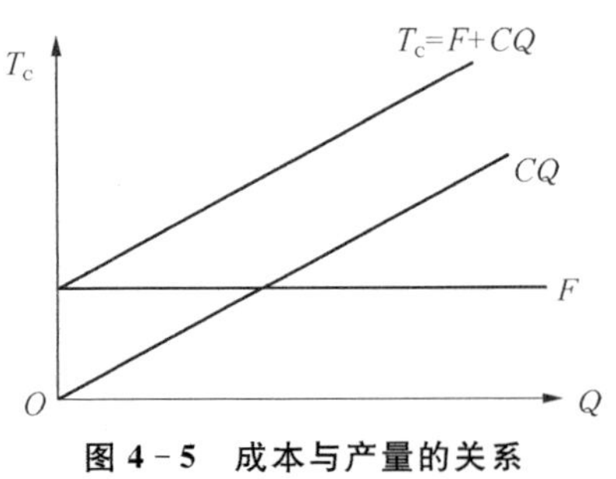

图4-5 成本与产量的关系

总成本费用是固定成本与变动成本之和，它与产品产量的关系也可以近似地认为是线性关系，即

$$T_C = F + CQ \tag{4-2}$$

式中，T_C 为总成本费用；F 为固定成本；C 为单位产品变动成本。

线性盈亏平衡点的确定方法一般有两种：图表法和解析法。

(1) 图表法。图表法是将项目销售收入函数和总成本函数在同一坐标图上表达出来，从而得到盈亏平衡图，图中销售收入和总成本两条直线的交点就是盈亏平衡点(Break Even Point，BEP)，如图 4-6 所示。

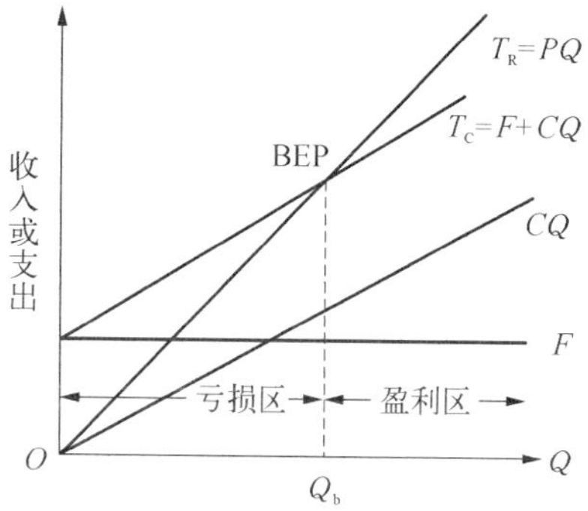

图 4-6　盈亏平衡

图 4-6 中，纵坐标表示销售收入和总成本，横坐标表示销量，Q_b 为盈亏平衡点 BEP 所对应的盈亏平衡销售量(或称盈亏界限)。在盈亏平衡点 BEP 右边，销售量大于盈亏界限 Q_b，销售收入大于销售成本，项目盈利；在盈亏平衡点 BEP 左边，销售量小于盈亏界限 Q_b，销售收入小于销售成本，项目亏损；在盈亏平衡点 BEP 上，销售收入等于销售成本，项目不亏不盈。因此，盈亏平衡点 BEP 就构成了项目盈利和亏损的临界点，该临界点越低，项目盈利的机会就越大，亏损的风险就越小。从风险管理的角度来看，项目管理组应设法确保项目的产出达到甚至超过产量盈亏界限。由于盈亏平衡点是由项目收入和成本共同作用的结果，因此，要改善项目的盈利机会，还必须尽量降低项目的固定成本和可变成本。

(2) 解析法。解析法是指通过求解方程来确定盈亏平衡点。根据盈亏平衡原理，在盈亏平衡点上，销售收入与总成本相等。由式(4-1)和式(4-2)有：

$$T_R = T_C$$

$$PQ_b = F + CQ_b$$

$$Q_b = \frac{F}{P - C} \tag{4-3}$$

式(4-3)即为用解析法求解盈亏平衡点产量的计算公式。

如果价格是含营业税率及附加的，可用式(4-4)计算盈亏平衡点产量，即：

$$pQ_b(1-r) = F + CQ_b$$

$$Q_b = \frac{F}{(1-r)p - C} \tag{4-4}$$

式中，r 为产品销售税率；p 为单位产品的含税价格，$P=(1-r)p$。

【例 4-2】 某化工项目总产量 3 万吨，产品单价为 630.24 元/吨，年生产成本为 1 352.18 万元，其中固定成本为 112.94 万元，单位可变成本为 413.08 元/吨，销售税率为 3%，求项目投产后的盈亏平衡产量。

解　$p=630.24$(万元)，$F=112.94$(万元)，$r=3\%$，$C=413.08$(元/吨)

$$Q_b = \frac{F}{(1-r)p-C} = \frac{112.94}{(1-3\%)\times 630.24 - 413.08} = 0.5697(万吨)$$

计算结果表明，项目投产后只要有 0.5697 万吨的订货量，就可以保本。

盈亏平衡点除了可以用产量表示外，还可用营业收入、生产能力利用率、销售价格以及单位产品变动成本等来表示。

生产能力利用率的盈亏平衡点是指项目不发生亏损时生产能力利用率的最低限度，可用下式表示：

$$q^* = \left(\frac{Q_b}{Q_c}\right)\times 100\% = \frac{F}{Q_{c(P-C)}}\times 100\% \tag{4-5}$$

式中，q^* 为盈亏平衡点的生产能力利用率；Q_c 为设计年产量；q^* 值越低，项目的投资风险就越小。

若按设计能力进行生产和销售，则盈亏平衡销售价格为：

$$P^* = \frac{T_R}{Q_c} = (F + CQ_c)/Q_c \tag{4-6}$$

若按设计能力进行生产和销售，且销售价格已定，则盈亏平衡单位产品变动成本为：

$$C^* = P - (F/Q_c) \tag{4-7}$$

利用上述各式计算得到的结果与对项目的预测值进行比较，即可判断项目各风险的承受能力。同时我们还可以发现，固定成本越高，盈亏平衡产量越高，盈亏平衡单位变动成本越低；高的盈亏平衡产量和低的盈亏平衡变动成本意味着项目的经营风险较大，因此，固定成本有扩大项目风险的效应，因而在实际的管理决策以及设备、工艺等的选择中应给予足够的重视。

【例 4-3】 一个生产项目有两个方案可供选择。两个方案的年设计生产能力、产品单价、变动成本、税率和年固定成本分别为：

方案 1：$Q_c = 90\,000$ 件，$p = 45$ 元，$C = 18$ 元，$r = 20\%$，$F = 810\,000$ 元

方案 2：$Q_c = 85\,000$ 件，$p = 45$ 元，$C = 16$ 元，$r = 20\%$，$F = 960\,000$ 元

试比较这两个方案的年最大利润、产量盈亏界限和生产负荷率。当产品价格下跌为 $p = 37$ 元时，这两个方案的年最大利润、产量盈亏界限和生产负荷率将会发生怎样的变化？

解

方案 1： 设利润为 S，年最大利润为：$S = pQ_c(1-r) - (F + CQ_c) = 45\times 90\,000\times(1-20\%) - (810\,000 + 18\times 90\,000) = 810\,000$(元)

产量盈亏界限为：$Q_b = \dfrac{F}{(1-r)p-C} = 810\,000/[(1-20\%)\times 45 - 18] = 45\,000$(件)

这就是说，当年产量达到 45 000 件时，该方案就能使项目不亏损；当年产量超过 45 000 件时就能使项目盈利。

生产负荷率为：$q^* = \dfrac{Q_b}{Q_c} = 45\,000/90\,000 = 0.5$

即该方案的产量盈亏界限仅达到设计生产能力的一半，项目有很大的盈利余地，该方案可使项目有很大的风险承受能力。

方案 2：年最大利润为：$S = pQ_c(1-r) - (F + CQ_c) = 45 \times 85\,000 \times (1-20\%) - (960\,000 + 16 \times 85\,000) = 740\,000$(元)

产量盈亏界限为：$Q_b = \dfrac{F}{(1-r)p - C} = 960\,000/[(1-20\%) \times 45 - 16] = 48\,000$(件)

即当年产量达到 48 000 件时，该方案才能使项目不亏损，只有当年产量超过 48 000 件时才能使项目盈利。

生产负荷率为：$q^* = \dfrac{Q_b}{Q_c} = 48\,000/85\,000 = 0.565$

这就是说，方案 2 的产量盈亏界限已达到设计生产能力的 56.5%。

对比以上计算结果可知，无论是在盈利额还是在产量盈亏界限与生产负荷率方面，方案 2 的风险承受能力都不如方案 1。

当产品价格下跌为 $p=37$ 元时两方案的年最大利润、产量盈亏界限和生产负荷率计算如下。

方案 1：年最大利润为：$S = pQ_c(1-r) - (F + CQ_c) = 37 \times 90\,000 \times (1-20\%) - (810\,000 + 18 \times 90\,000) = 90\,000$(元)

产量盈亏界限为：$Q_b = \dfrac{F}{(1-r)p - C} = 810\,000/[(1-20\%) \times 37 - 18] = 81\,000$(件)

即当年产量达到 81 000 件时，该方案才能使项目不亏损。

生产负荷率为：$q^* = \dfrac{Q_b}{Q_c} = 81\,000/90\,000 = 0.9$

可见，产品价格下跌为 $p=37$ 元时，项目的风险承受能力大大降低。

方案 2：年最大利润为：$S = pQ_c(1-r) - (F + CQ_c) = 37 \times 85\,000 \times (1-20\%) - (960\,000 + 16 \times 85\,000) = 60\,000$(元)

产量盈亏界限为：$Q_b = \dfrac{F}{(1-r)p - C} = 960\,000/[(1-20\%) \times 37 - 16] = 80\,000$(件)

即当年产量达到 80 000 件时，该方案才能使项目不亏损。

生产负荷率为：$q^* = \dfrac{Q_b}{Q_c} = 80\,000/85\,000 = 0.941$

可见，产品价格下跌为 $p=37$ 元时，方案 2 的风险承受能力要比方案 1 降低得多。因此，项目管理组应避免采用方案 2。

在以上盈亏平衡分析中，项目年总收入和年总成本都是产量的线性函数，所以又叫线性盈亏平衡分析。有些项目的年总收入和年总成本可以是产量 Q 的非线性函数。这时盈亏平衡分析可以类似的方式进行。

2. 敏感性分析

项目管理活动一般处在一种动态的复杂环境中，所以一般要进行敏感性分析。敏感性分析是指通过分析、预算项目的主要制约因素发生变化时引起项目评价指标变化的幅度，以及各种因素的变化对实现预期目标的影响程度，从而确认项目对各种风险的承受能力。在项目的整个寿命周期内，存在着各种不确定性因素(包括投资、成本、价格、折现率、建设工期等)，而且这些因素对项目的影响程度也是不一样的，有些因素很小的变化就会引起项目指标较大的变化，甚至于变化超过了临界点(临界点是指在该点处，所分析的因素使某项目备选方案从被接受转向被否决)，直接影响到原来的项目管理决策，这些因素被称为敏感性因素；有些因素即使在较大的数值范围内变化，但只引起项目评价指标很小的变化甚至“无动于衷”，这些因素被称为不敏感性因素。敏感性分析的目的就是要在项目诸多的不确定性因素中，确定敏感性因素和不敏感性因素，并分析敏感性因素对项目活动的影响程度，从而使项目管理人员掌握项目风险水平，明确进一步的项目风险管理途径和技术方法。

敏感性分析是经济决策中常用的一种不确定分析方法，其目的是了解各种不确定因素，为项目的正确决策提供依据。具体而言，其作用主要体现在以下几个方面：

(1) 了解项目的风险水平；

(2) 找出影响项目效果的主宰因素；

(3) 揭示敏感性因素可承受的变动幅度；

(4) 比较分析各备选方案的风险水平，实现方案选优；

(5) 预测项目变化的临界条件或临界数值，确定控制措施或寻求可替代方案。

敏感性分析可以是对项目中单一因素进行分析，即假设项目活动其他因素不变，只分析一个敏感性因素的变化对项目活动的影响，这称之为单因素敏感性分析；敏感性分析也可以是对项目中多个因素进行分析，即同时分析多个因素变化对项目活动的影响，这称为多因素敏感性分析。由于多因素敏感性分析需要综合考虑多种敏感性因素可能的变化对项目活动的影响，分析起来比较复杂。

4.4.2 随机型风险估计

随机型风险是指那些出现的各种状态已知，而且这些状态发生的概率(可能性大小)也已知的风险，这种情况下的项目风险估计被称为随机型风险估计。随机型风险估计一般按照期望收益值最大或期望效用值最大来估计。

下面举例说明期望收益估计方法在随机型项目风险估计中的应用。

【例 4-4】 某制药厂计划投产 A、B 两种新药，但受到资金和销路的限制，只能投产其中之一。若两种新产品销路好的概率均为 0.7，销路差的概率均为 0.3。两种产品的年收益值如表 4-2 所示。问：究竟投产哪种新药为宜？假定两者生产期为 10 年，新药 A 需投资 30 万元，新药 B 需投资 16 万元。

表 4-2 两种新产品的年收益情况

收益值 / 状态 / 概率 / 方案	销路好	销路差
	0.7	0.3
A	10	−2
B	4	1

解：根据已知信息，计算出两种新药在 10 年内的收益情况：

新产品 A：销路好 $S_{ag}=10\times10-30=70$(万元)

销路差 $S_{ab}=-2\times10-30=-50$(万元)

新产品 B：销路好 $S_{bg}=4\times10-16=24$(万元)

销路差 $S_{bb}=1\times10-16=-6$(万元)

则新产品 A 的期望收益 $E_a=70\times0.7+(-50\times0.3)=34$(万元)

则新产品 B 的期望收益 $E_b=24\times0.7+(-6\times0.3)=15$(万元)

根据期望收益最大原则，选择新产品 A。

4.4.3 不确定型风险估计

不确定型风险是指那些出现的各种状态发生的概率未知，而且究竟会出现哪些状态也不能完全确定的风险，这种情况下的项目风险估计被称为不确定型风险估计。在实际项目管理活动中，一般需要通过信息的获取把不确定型决策转化为风险性决策。由于掌握的有关项目风险的情况极少，可供借鉴参考的数据资料又少，人们在长期的管理实践中，总结归纳了一些公认的原则供参考，如等概率准则、乐观准则、悲观准则、最小后悔值准则等，下面举例说明这些准则。

【例 4－5】 为生产某种高新科技产品，有三种建设方案：建大型厂、建中型厂或小型厂。产品利润不仅和生产规模有关，而且还和产品销售量有关，产品可能畅销、滞销，也可能销售情况一般，上述三种方案的获利情况、如表 4－3 所示。现在的问题是，如何有效估计项目风险以实现科学决策。

表 4－3 项目方案的损益矩阵

损益/万元 销售状况 项目方案	C_1(畅销)	C_2(销售一般)	C_3(滞销)
a1：大型厂	100	50	－20
a2：中型厂	75	35	10
a3：小型厂	40	20	5

产品的销售量受到诸多不确定性因素的影响，而这也不是生产方所能决定的，三种状况出现的概率也不确定，因此项目管理人员对项目情况的了解相当有限，因此，本项目可界定为一种不确定型风险估计问题类型。

(1) 等概率准则

等概率准则是项目管理人员认为，既然无法判定各自然状态出现的概率，那么假定某一状态比其他状态更可能出现是没有意义的，因此，可视每个状态出现的概率相等。则有：

$$S(a1)=(100+50-20)/3=43.33\text{(万元)}$$

$$S(a2)=(70+35+10)/3=38.33\text{(万元)}$$

$$S(a3)=(40+20+5)/3=21.67\text{(万元)}$$

按照期望效用值最大的决策准则，应选择项目方案 a1。

(2) 乐观准则(又称大中取大)

选择该准则的项目管理人员对项目前景比较乐观，愿争取一切获得最好结果的机会。也就是在找出每个方案所有情况下的最大收益值，然后比较每个方案的最大收益值，选最大的就是最后要选择的方案。所以 a1 方案最大收益值是 100，a2 方案最大收益值是 70，a3 方案最大收益值是 40，根据乐观准则，应该选择 a1 方案。

(3) 悲观准则(又称小中取大)

选择该准则的项目管理人员对项目前景比较悲观，小心谨慎，从最坏处着想。一般从各备选项目方案中选择最坏的结局，然后再从各结局中择优作为最佳方案。也就是在找出每个方案所有情况下的最小收益值，然后比较每个方案的最小收益值，选择收益值最大的那个方案，就是最后要选择的方案。所以 a1 方案的最小收益值是－20，a2 方案的最小收益值是 10，a3 方案的最小收益值是 5，三个最小收益值里选最大的那个作为最后选择的方案，应该选 a2 方案。

(4) 折中准则(又称悲观/乐观混合准则)

选择该准则的项目管理人员对项目前景的态度介于乐观(最大收益值)和悲观(最小收益值)之间，主张折中平衡，因此引入一个折中系数 a。设 $a=0.7$，则

$$S(a1)=0.7\times100+0.3\times(-20)=64(万元)$$
$$S(a2)=0.7\times75+0.3\times10=55.5(万元)$$
$$S(a3)=0.7\times40+0.3\times5=29.5(万元)$$

根据计算分析结果，应选择经过折中系数计算出来的期望收益最大的项目方案，所以应该选择 a1。

(5) 遗憾原则(又称最小后悔值准则)

由于项目的复杂性和动态性，以及项目管理人员风险观念的不同，其最终选择的项目备选方案不一定是最优的，即最后的项目收益不一定是最好的，项目各方案收益与项目理想收益之间存在着一个差值，这个差值就为后悔值，一般用 $R(a_i)$ 表示，后悔值最小的那个方案是最终要选择的方案(后悔值最小说明实际收益与理想收益存在的差值小，也就是实际收益最接近理想收益，因此风险就小)。$R(a_i)$ 的计算公式这里不再详细介绍。

上面讨论了不确定型项目风险估计的几种方法，这些方法的角度和侧重点各有不同，反映了项目管理人员的风险意识和对项目、项目风险的基本认识，“小中取大”表示项目管理人员保守的风险观，害怕承担较大风险；“大中取大”表示项目管理人员冒险的风险观，敢于承担较大风险，且决策环境十分有利；遗憾原则，主要表示项目管理人员对风险后果看得比较重。

上面所讨论的虽然只是一种比较简单的不确定型项目风险估计准则和方法，但其方法也适用于多种后果、多种方案的复杂情况。在实际项目管理活动中，不确定型项目风险的估计方法，应以项目问题所处的客观条件为基础，可同时应用多种方法和决策准则，以保障估计的有效性。

4.5 项目风险估计的技术和工具

4.5.1 风险可能和危害分析

风险的大小是由两个方面决定的：一个是风险发生的可能性，另一个是风险发生后对项目目标所造成的危害程度，对这两方面，可以做一些定性的描述，如“非常高的”“高的”“适度的”“低的”和“非常低的”等。表 4-4 就是对风险危害程度分级的一个例子。由

此可以得到一个可能/危害等级矩阵，对发生可能性大且危害程度大的风险要特别加以注意。

表 4-4　风险危害程度分级

项目目标	0.05(很低)	0.1(低)	0.2(适度)	0.4(高)	0.8(很高)
费用	不明显的费用增加	<5%的费用增加	5%～10%的费用增加	10%～20%的费用增加	>20%的费用增加
进度	不明显的进度推迟	<5%的进度推迟	5%～10%的进度推迟	10%～20%的进度推迟	>20%的进度推迟
范围	不明显的范围更改	<5%的范围更改	5%～10%的范围更改	10%～20%的范围更改	>20%的范围更改
质量	不明显的质量下降	不得不进行质量下降	经客户同意的质量下降	客户不能接受的质量下降	结束时项目已不能使用

4.5.2　风险坐标图

风险坐标图是把风险发生可能性的高低、风险发生后对目标的影响程度，作为两个维度绘制在同一个平面上(即绘制成直角坐标系)。对风险发生可能性的高低、风险对目标影响程度的评估有定性、定量等方法。定性方法是直接用文字描述风险发生可能性的高低、风险对目标的影响程度，如“极低”“低”“中等”“高”“极高”等。定量方法是对风险发生可能性的高低、风险对目标影响程度用具有现实意义的数量描述，如对风险发生可能性的高低用概率来表示，对目标的影响程度用损失金额来表示。对风险发生可能性的高低和风险对目标影响程度进行定性或定量评估后，依据评估结果绘制风险坐标图。例如，某公司对 9 项风险进行了定性评估，风险①发生的可能性为“高”，风险发生后对目标的影响程度为“极低”；以此类推，风险⑨发生的可能性为“极高”，对目标的影响程度为“高”。则绘制风险坐标如图 4-7 所示。

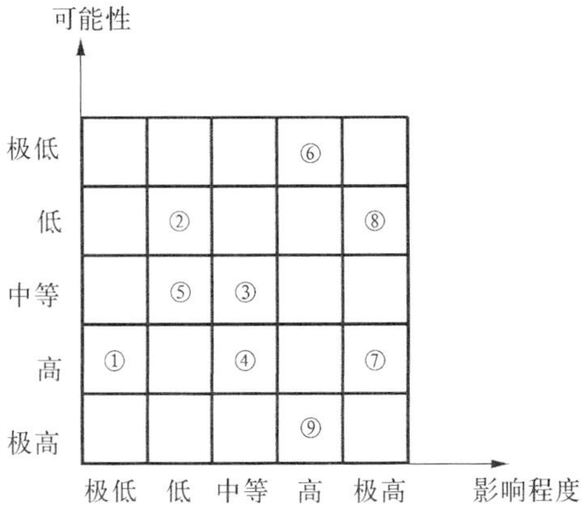

图 4-7　某公司项目风险坐标图

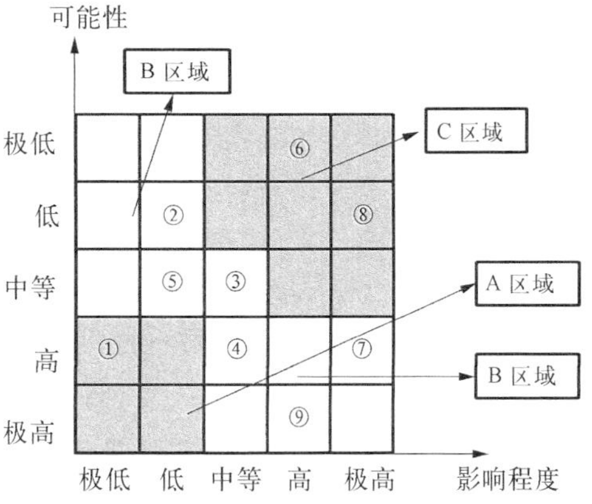

图 4-8　风险管理坐标示意图

坐标图中的横轴“影响程度”可以用损失的金额来表示，纵轴“可能性”可以用风险发生的概率来表示。

绘制风险坐标图的目的在于对多项目风险进行直观比较，从而确定各种风险管理的优先顺序和策略。例如，图 4－7 的风险坐标图可以划分为 A、B、C 三个区域（图 4－8），公司决定承担 A 区域中的各项风险且不再增加控制措施；严格控制 B 区域中的各项风险且专门补充制订各项控制措施；确保规避和转移 C 区域中的各项风险且优先安排实施各项防范措施。

本章小结

（1）风险估计是在风险规划和识别之后，通过对项目所有不确定性和风险要素全面系统地分析风险发生的概率和对项目的影响程度。风险估计的对象是项目的单个风险，而非项目的整体风险。

（2）风险估计的主要内容包括：

① 风险事件发生的可能性大小；

② 风险事件发生可能的结果范围和危害程度；

③ 风险事件发生预期的时间；

④ 风险事件发生的频率等。

（3）风险估计过程活动主要包括以下内容：

① 系统研究项目风险背景信息；

② 详细研究已辨识项目中的关键风险；

③ 使用风险估计分析方法和工具；

④ 确定风险的发生概率及其后果；

⑤ 做出主观判断；

⑥ 排列风险优先顺序。

（4）根据项目风险管理人员掌握信息资料的不同，有确定型、风险型和不确定型三种不同类型的风险估计。使用不同的方法进行不同类型的风险估计。

练习思考题

1. 什么是风险估计？风险估计的主要内容有哪些？

2. 描述风险估计的基本过程。

3. 什么是盈亏平衡分析？为什么要进行盈亏平衡分析？

4. 什么是敏感性分析？为什么要进行敏感性分析？

5. 结合你的工作，用风险坐标图估计风险，并给出管理对策。

6. 案例分析：绿盟科技风险评估案例

××公司拥有 YY 系统等大型的网络核心业务系统，这些关键业务系统使得××公司长期为客户提供优质服务。由于网络安全的动态性特点，通过专业、持续的安全服务来解决应用系统日常运行维护中的安全问题，改善企业的信息安全状态，成为降低安全风险、提高网络系统安全水平的一个重要手段。

信息系统的安全风险，是由来自人为的与自然的威胁通过系统存在的脆弱性所造成的安全事件发生的可能性及其可能造成的影响。信息安全风险评估（本文以下简称“风险评估”)，则是指依据国家有关信息技术标准，对信息系统及由其处理、传输和存储的信息的保密性、完整性和可用性等安全属性进行科学、公正的综合评估的活动过程，它要评估信息系统的脆弱性、信息系统面临的威胁以及脆弱性被威胁源利用后所产生的实际负面影响，并根据安全事件发生的可能性和负面影响的程度来识别信息系统的安全风险。

信息安全是一个动态的复杂过程，它贯穿于信息资源和信息系统的整个生命周期。信息安全的威胁来自内部破坏、外部攻击、内外勾结进行的破坏以及自然危害。必须按照风险管理的思想，对可能的威胁、脆弱性和需要保护的信息资源进行分析，依据风险评估的结果为信息系统选择适当的安全措施，妥善应对可能发生的风险。

风险评估的目的是全面、准确地了解组织机构的网络安全现状，发现系统的安全问题及其可能产生的危害，为系统最终安全需求提供依据。分析网络信息系统的安全需求，找出目前的安全策略和实际需求的差距，为保护信息系统的安全提供科学依据。通过合理步骤制订适合系统具体情况的安全策略及其管理和实施规范，为安全体系的设计提供参考。

风险评估是一个组织机构实现信息系统安全的必要的、重要的步骤，可以使决策者对其业务信息系统的安全建设或安全改造思路有更深刻的认识。通过风险评估，他们将清楚业务信息系统包含的重要资产、面临的主要威胁、本身的弱点；哪些威胁出现的可能性较大，造成的影响也较大；哪些威胁出现的可能性较小，造成的影响可以忽略不计；通过保护哪些资产，防止哪些威胁出现，如何保护和防止才能保证系统达到一定的安全级别；提出的安全方案需要多少技术和费用的消耗；更进一步，还会分析出信息系统的风险是如何随时间变化的，将来应如何面对这些风险。

风险评估为后期进一步安全防护措施的实施提供了严谨的安全理论依据，为决策者制订网络安全策略、构架安全体系以及确定有效的安全措施、选择可靠的安全产品、建立全面的安全防护层次提供了一套完整、规范的指导模型。为了及时、准确地掌握信息系统的安全现状，绿盟科技对××系统进行全面的风险评估，以便下一步对存在的风险进行有效的管理，对信息系统当前的某些安全问题（如普遍存在的问题、突出的问题、需紧急解决问题等）进行实际的解决。同时，根据信息系统的安全现状报告，提出相应的系统安全方案建议。

风险评估的工作流程如下。

(1) 第一阶段为确定风险评估范围阶段。调查并了解客户信息系统业务流程和运行环境，确定风险评估范围的边界以及范围内的所有信息系统，明确如下内容：

① 评估的业务或应用；

② 信息资产（如硬件、软件、数据）；

③ 人员；

④ 环境（如建筑、设备位置）；

⑤ 活动（如对资产进行的操作、相关的权限等）；

⑥ IP 地址信息（如 IP 范围、网段信息等）。

此阶段成果为《××系统风险评估资产列表》。

(2) 第二阶段为资产的识别与估计阶段。对风险评估范围内的所有资产进行识别，并调查资产可用性、完整性和保密性破坏后分别可能造成的影响大小，根据影响的大小为资产进行相对赋值。将资产的权值分为 0～4 五个级别，由低到高代表资产的重要等级。资产估价是一个主观的过程，考虑资产对于组织的商务的重要性，即根据资产损失所引发的潜在的商务影响来决定。

此阶段成果为《××系统风险评估资产价值列表》。

(3) 第三阶段为安全威胁评估阶段。即评估资产所面临的每种威胁发生的严重性和可能性，并计算威胁值。严重性和可能性，两者取值均为相对等级 0～4,4 为最严重或最可能。

此阶段成果为《××系统威胁严重性评估结果》《××系统威胁可能性评估结果》。

(4) 第四阶段是脆弱性评估阶段。包括从技术、管理、策略方面进行的脆弱程度检查，最终综合计算脆弱性值。在资产脆弱性调查中，首先进行管理脆弱性问卷的调查，发现整个系统在管理方面的弱点，然后对评估的所有主机和网络设备进行工具扫描和手动检查，对各资产的系统漏洞和安全策略缺陷进行调查。最后对收集到的各资产的管理和技术脆弱性数据进行综合分析，根据每种脆弱性所应考虑的因素是否符合，确定每种资产可能被威胁利用的脆弱性的权值。参照国际通行作法和专家经验，将资产存在的脆弱性分为 5 个等级，分别是很高(VH)、高(H)、中(M)、低(L)、可忽略(N)，并且从高到低分别赋值 4～0。

此阶段成果为《××系统脆弱性评估结果》，包含《××系统工具扫描报告》《××系统手工检查报告》《××系统渗透测试报告》等。

(5) 第五阶段为风险的分析阶段。即通过分析上述阶段所获得的数据，进行风险值计算，区分、确认高风险因素。

此阶段成果为《××系统风险评估结果》《××系统安全现状分析》。

(6) 第六阶段是风险的管理阶段。这一阶段主要根据风险分析的结果，制订相关风险控制策略，实施风险控制措施。风险评估的结果就是为风险管理提供依据，因此在风险管理阶段要明确风险的处理方式(避免、降低、接受、转移)，并且采取什么样的技术和管理措施来对风险进行处理，如何把安全措施与风险等级进行联系。此阶段成果为《××系统风险安全方案建议》。

按照本案例的风险评估流程，对一般科技发展公司面临的风险进行估计。

(资料来源：http://doc.mbalib.com/view/7a8d1a79e32b35e6647889c7e70f2fa4.html)

5 项目风险评价

本章学习目标

通过对本章的学习，了解项目风险评价的概念、特点、过程等内容，掌握项目风险评价的技术、方法、工具及其应用。

5.1 引导案例——工程建设项目进度的不确定性

大型工程建设项目具有高复杂、高协同以及并行工作等特征，需要耗费巨额资金和人力、物力，因此需要事先对整个建设流程进行组织和协调。工程建设项目一般具有以下特点：施工工艺复杂多样；各工序之间有严格确定的因果衔接和时间先后关系；项目执行过程中影响工作时间的因素复杂，有些影响因素具有未知的属性，因此不能得到确定的工作时间，进而不能通过网络计划准确地估算系统的费用。

大型工程建设项目通常受到技术、设备、材料、施工组织、管理、水文、地质、气象、国民经济与政治环境等方面的影响，导致工程进度和费用存在一定的不确定性。例如，2000 年 9 月 3 日下午，三峡工程位于三峡大坝泄洪坝段的三号美国产罗泰克塔带机，在检修状态下突然发生坍塌事故，造成 34 人伤亡(其中 3 人死亡)的重大事故。于是在三峡工地运转的所有塔带机、顶带机全部停产并进行检修和加固，直至 10 月中旬才陆续恢复正常生产。因塔带机停产，仅施工单位葛洲坝集团一家，每天损失 2 000 立方米的混凝土浇筑进度，整个工程在停产期间损失 20 万～30 万立方米的混凝土浇筑产量，使得施工单位在事后不得不采取紧急措施来保证项目进度按计划完工。

又如，我国某工程集团公司在非洲某国承建一项由世界银行贷款的公路建设项目，合同总额为 981 万美元，工期 24 个月。在实施过程中，项目所在国与邻国在贸易协定上突发争端，邻国因此单方面关闭了两国边境，停止向该内陆国家提供燃油，造成主体工程停工 9 个半月，拖延时间占整个合同工期的 39.58%，属于重大风险，造成进度拖延和施工经费的损失。之后该公司依据合同有关条款，据理力争，最终获得了索赔，但是其工期却不得不顺延。

作为项目的决策者，必须对诸如此类的风险事件进行预估和处理。通常认为实际工期具有随机性，而网络计划中的进度风险通常定义为实际工期超过规定工期的概率。通过随机模拟的办法，可以计算这种风险的大小。

（资料来源：http://news.sohu.com/feature/sanxia_dam0903.html）

5.2 项目风险评价概述

项目风险评价就是系统分析和权衡项目风险的各种因素，综合评估项目风险的整体水平。风险估计的重点是对项目各阶段的单个风险进行估计或量化，而没有从系统的角度来考虑项目风险影响，也没有系统考虑这些风险能否被项目主体所接受。

5.2.1 风险评价的含义

风险评价是对项目风险进行综合分析，并依据风险对项目目标的影响程度进行项目风险分级排序的过程。它是在项目风险规划、识别和估计的基础上，通过建立项目风险的系统评价模型，对项目风险因素的影响进行综合分析，并估算出各种风险发生的概率及其可能导致的损失大小，从而找到该项目的关键风险，确定项目的整体风险水平，为如何处置这些风险提供科学依据，以保障项目的顺利进行。

在风险评价过程中，项目管理人员应详细研究决策者所作决策产生的各种可能后果，并将决策者作出的决策同自己单独预测的后果相比较，进而判断这些预测能否被决策者所接受。由于各种风险的可接受或危害程度互不相同，因此就产生了哪些风险应该首先或者是否需要采取措施的问题。风险评价一般有定量和定性两种。进行风险评价时，还要提出预防、减少、转移或消除风险损失的初步方法，并将其列入风险管理阶段要进一步考虑的各种方法之中。

5.2.2 风险评价的依据

风险评价的依据主要有：

（1）风险管理计划。

（2）风险识别的成果。已识别的项目风险及风险对项目的潜在影响需要进行评估。

（3）项目进展状况。风险的不确定性常常与项目所处的生命周期阶段有关。在项目初期，项目风险症状往往表现得不明显，随着项目的实施，项目风险及发现风险的可能性会增加。

（4）项目类型。一般来说，普通项目或重复率较高项目的风险程度比较低；技术含量高或复杂性强的项目的风险程度比较高。

（5）数据的准确性和可靠性。用于风险评价的数据或信息的准确性和可靠性应进行评估。

（6）概率和影响程度。用于评估风险的两个关键方面。

5.2.3 风险评价的目的

风险评价的目的主要包括：

（1）对项目的各类风险进行比较分析和综合评价，确定它们的先后顺序。

（2）挖掘项目风险间的相互联系。虽然项目风险因素众多，但这些因素之间往往存在着内在的联系，表面上看起来毫不相干的多个风险因素，有时是由一个共同的风险源所造成的。例如，若遇上未曾预料到的技术难题，则会造成费用超支、进度拖延、产品质量不合要求等多种后果。风险评价就是要从项目整体出发，挖掘项目各风险之间的因果关系，保障项目风险的科学管理。

(3) 综合考虑各种不同风险之间相互转化的条件，研究如何才能化威胁为机会，明确项目风险的客观基础。

(4) 进行项目风险量化研究，进一步量化已识别风险的发生概率和后果，减少风险发生概率和后果估计中的不确定性，为风险应对和监控提供依据和管理策略。

5.2.4 风险评价的准则

项目风险评价是评价风险存在的影响、意义以及应采取何种对策处理风险等问题。为了解决好上述问题，风险评价应遵循一些基本的准则。

1. 风险回避准则

风险回避是最基本的风险评价准则。根据该准则，项目管理人员应采取措施有效控制或完全回避项目中的各类风险，特别是对项目整体目标有重要影响的那些风险因素。

2. 风险权衡准则

风险权衡的前提是项目中存在着一些可接受的、不可避免的风险，风险权衡原则需要确定可接受风险的限度。

3. 风险处理成本最小原则

风险权衡准则的前提是假设项目中存在一些可接受的风险。这里有两种含义：一是小概率或小损失风险，二是付出较小的代价即可避免风险。对于第二类当然希望风险处理成本越小越好，并且希望找到风险处理的最小值。风险处理的最小成本是理想状态，同时也是难于计算的。因此，人们定性地归纳为：若此风险的处理成本足够小，人们是可以接受此风险的。

4. 风险成本/效益比准则

开展项目风险管理的基本动力是以最经济的资源消耗来高效地保障项目预定目标的达成。项目管理人员只有在收益大于支出的条件下，才愿意进行风险处置。在实际的项目活动中，项目风险水平一般与风险收益成正比，只有风险处理成本与风险收益相匹配，项目风险管理活动才是有效的。生活中有大量风险投资活动成功后获得高回报的例子。

5. 社会费用最小准则

在进行风险评价时还应遵循社会费用最小准则。这一指标体现了一个组织对社会应承担的道义责任。当一个组织实施某种项目活动，如企业的经营活动时，组织本身将承担一定的风险，并为此付出了一定的代价，同时企业也能从中获得风险经营回报。同样，社会在承担风险的同时也将获得回报。因此在考虑风险的社会费用时，也应与风险带来的社会效益一同考虑。

5.3 项目风险评价过程

风险评价是在项目风险识别、估计的基础上进一步对项目进行综合分析，确定项目风险整体水平和风险等级。可以从内部和外部两种视角来看待风险评价过程：外部视角详细说明过程控制、输入、输出和机制；内部视角详细说明用机制将输入转变为输出的过程活动。

5.3.1 风险评价过程目标

当风险评价过程满足下列目标时，就说明它是充分的：

（1）能用有效的系统分析方法综合分析项目整体风险水平；

（2）确定项目风险的关键因素；

（3）确定项目风险管理的有效途径；

（4）确定项目风险的优先等级。

5.3.2 风险评价过程定义

根据 PMBOK 风险处理框架，风险评价过程定义参见图 5－1 的 IDEFO 图。图 5－1 概括了将输入转变为输出这一过程的所有风险评价活动。控制（位于顶部）调节过程，输入（位于左侧）进入过程，输出（位于右侧）退出过程，机制（位于底部）支持过程。

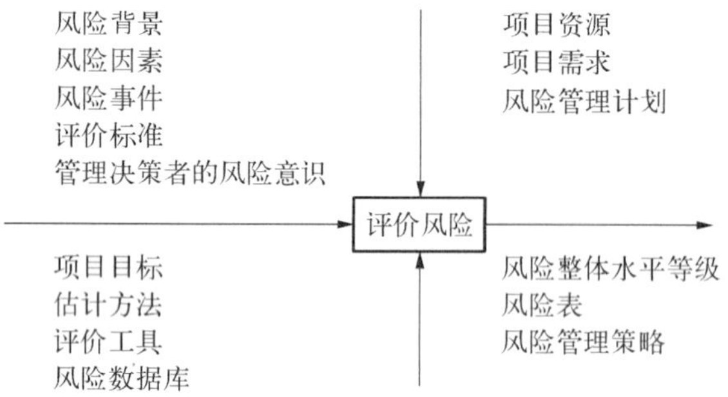

图 5－1 项目风险评价过程

1. 过程控制

项目资源、项目需求和风险管理计划调节风险评价过程，其方式类似于控制风险规划过程。

2. 过程输入

风险评价是对项目中的风险进行定性或定量分析，并依据风险对项目目标的影响程度、对项目整体风险水平和风险等级进行综合分析的过程。

3. 过程输出

项目风险的整体水平、风险表、风险管理策略等是风险评价过程的输出。

（1）项目整体风险等级水平。通过比较项目风险间的风险等级，对该项目的整体风险程度作出评价。项目的整体风险等级将用于支持各项目资源的投入策略及项目继续进行或取消的决策。

（2）风险表。风险表将按照高、中、低类别的方式对风险和风险状况作出详细的表述，风险表可以表述到 WBS 的最底层。风险表还可以按照项目风险的紧迫程度、项目的费用风险、进度风险、功能风险和质量风险等类别单独作出风险排序和评估，对重要风险的发生概率和影响程度要有单独的评估结果并作出详细说明。

（3）风险管理策略。应将高度或中等重要程度的风险列为重点并作出更详细的分析和评价，制订附加分析计划表，其中应包括下一步的风险定量评价和风险应对计划。

4. 过程机制

项目目标、评价方法、分析工具和风险数据库是风险评价过程的机制。

机制可以是方法、技巧、工具或为过程活动提供的其他手段。风险发生的可能性、风险后果的危害程度和风险发生的概率均有助于衡量风险整体影响。

5.3.3 风险评价过程活动

风险评价过程活动是依据项目目标和评价标准，将识别和估计的结果进行系统分析，明确项目风险之间的因果联系，确定项目风险整体水平和风险等级等。风险评价过程活动主要包括以下内容：

(1) 系统研究项目风险背景信息。

(2) 确定风险评价基准。风险评价基准是针对项目主体每一种风险后果确定的可接受水平。风险的可接受水平是绝对的，也是相对的。

(3) 使用风险评价方法确定项目整体风险水平。项目风险整体水平是综合了所有单个风险之后确定的。

(4) 使用风险评价工具挖掘项目各风险因素之间的因果联系，确定关键因素。

(5) 作出项目风险的综合评价，确定项目风险状态及风险管理策略。

5.4 项目风险评价方法

风险评价方法一般可分为定性、定量、定性与定量相结合三类，有效的项目风险评价方法一般采用定性与定量相结合的系统方法。对项目进行风险评价的方法很多，常用的有主观评分法、决策树法、层次分析法、模糊风险综合评价法、故障树分析法，外推法和蒙托卡罗模拟法等。

5.4.1 主观评分法

主观评分法是利用专家的经验等隐性知识，直观判断项目每种单一风险并赋予相应的权重，如 0～10 之间的整数。0 代表没有风险，10 代表风险最大，然后把各个风险的权重相加，再与风险评价基准进行分析比较。

例 5－1 某项目要经过 5 个工序，表 5－1 列出了已识别出该项目的前 5 个风险，试进行该项目的风险评价。

表 5－1 主观评分法

风险类别 / 工序	费用风险	工期风险	质量风险	组织风险	技术风险	各工序权重风险
可行性研究	5	6	3	8	7	29
设计	4	5	7	2	8	26
试验	6	3	2	3	8	22
施工	9	7	5	2	2	25
试运行	2	2	3	1	4	12
各类别权重风险	26	31	20	16	29	114

解：(1) 利用专家的经验、知识对该项目风险进行评分，结果见表 5－1。

(2) 对项目风险进行评价

将该项目每一工序的各个风险的权重从左至右加起来，其和值放在表5－1最右边一列；将表5－1中各类别的风险评分再从上到下加起来，其和值放在表各列对应的最下一行；将表5－1中各工序的风险评分再从左至右累加，其和值放在最下一行的最右一列。

计算最大风险权重值。用表的行数乘以列数，再乘以表中的最大风险权重，即得到最大风险权重值。表中的最大风险权重为9，因此最大风险权重值＝5×5×9＝225。

计算项目整体风险水平。项目全部风险权重和除以最大风险权重值就是该项目整体风险水平。该项目的全部风险权重值和等于114，则该项目整体风险水平＝114/225＝0.5067。

设项目整体评价基准为0.6。将项目整体风险水平同项目整体评价基准相比较。由计算结果可知，该项目的整体风险水平为0.5067，小于项目整体风险评价标准，则该项目整体风险水平可以接受，项目可以继续实施。各个工序的风险水平，或各单个风险水平也可进行类似的比较。

5.4.2 决策树法

根据项目风险问题的基本特点，项目风险的评价既要能反映项目风险背景环境，同时又要能描述项目风险发生的概率、后果以及项目风险的发展动态。决策树这种结构模型既简明又符合上述两项要求。采用决策树法来评价项目风险，往往比其他评价方法更直观、清晰，便于项目管理人员思考和集体探讨，因而是一种形象化和有效的项目风险评价方法。

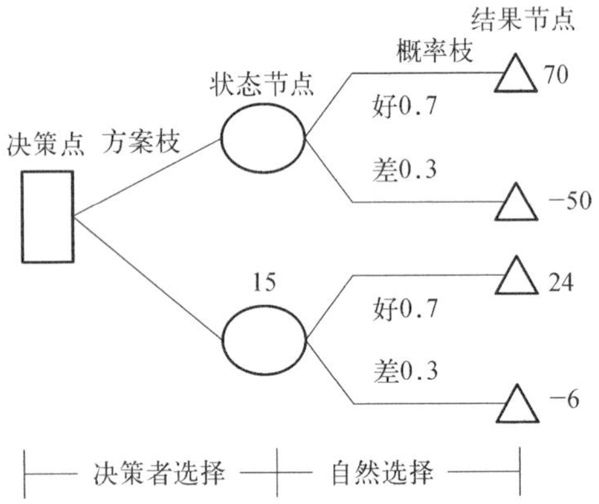

图5－2　典型决策树结构

1. 决策树的结构

树，是图论中的一种图的形式，因而决策树又叫决策图。它是以方框和圆圈为节点，由直线连接而成的一种树枝形状的结构，图5－2是一个典型的决策树图。

决策树图一般包括以下几个部分：

(1) □——决策节点，从这里引出的分枝叫方案分枝，分枝数量与方案数量相同。决策节点表明，从它引出的方案要进行分析和决策，在分枝上要注明方案名称。

(2) ○——状态节点，也称之为机会节点。从它引出的分枝叫状态分枝或概率分枝，在每一分枝上注明自然状态名称及其出现的主观概率。状态数量与自然状态数量相同。

(3) △——结果节点，将不同方案在各种自然状态下所取得的结果(如收益值)标注在结果节点的右端。

2. 决策树法应用分析

决策树法是利用树枝形状的图像模型来表述项目风险评价问题，项目风险评价可直接在决策树上进行，其评价准则可以是收益期望值、效用期望值或其他指标值。下面举例说明决策树法的应用。

例5－2　某光学仪器厂生产照相机，现有两种方案可供选择：一种方案是继续生产原有的全自动型老产品，另一种方案是生产一种新产品。据分析测算，如果市场需求量大，生产老产品可获利30万元，生产新产品可获利50万元。如果市场需求量小，生产老产品仍可获利10万元，生产新产品将亏损5万元(以上损益值均指一年的情况)。另据市场分析可知，市场需求量大的概率为0.8，需求量小的概率为0.2。试分析确定哪一种生产方案可使企业年度获利最多？

解(1) 绘制决策树，如图5-3所示。

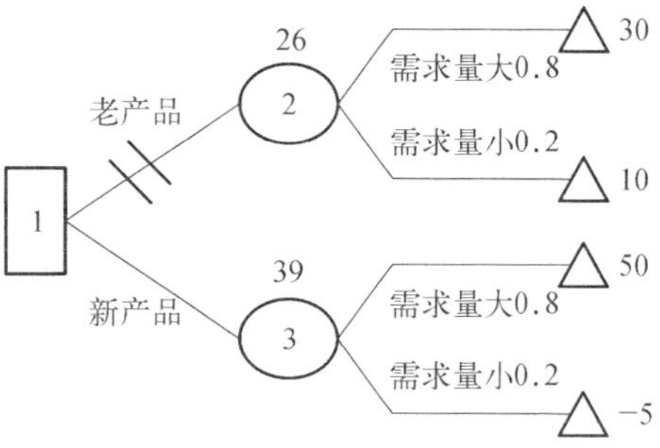

图5-3 某光学仪器厂建设项目决策树

(2) 计算各节点的期望损益值，期望损益值的计算从右向左进行。

节点2：30×0.8+10×0.2=26(万元)

节点3：50×0.8+(−5)×0.2=39(万元)

决策点1的期望损益值为：max{26,39}=39(万元)

(3) 剪枝。决策点的剪枝从左向右进行。因为决策点的期望损益值为39万元，即生产新产品方案的期望损益值，因此剪掉生产老产品这一方案分枝，保留生产新产品这一方案分枝。根据年度获利最多这一评价准则，合理的生产方案应为生产新产品。

5.4.3 层次分析法

层次分析法(Analytic Hierarchy Process, AHP)是将与决策有关的元素分解成目标、准则、方案等层次，在此基础上进行定性和定量分析的决策方法。该方法是美国匹茨堡大学运筹学家萨蒂教授于20世纪70年代初，在为美国国防部研究“根据各个工业部门对国家福利的贡献大小而进行电力分配”课题时，应用网络系统理论和多目标综合评价方法，提出的一种层次权重决策分析方法。

具体来说，层次分析法是将一个复杂的多目标决策问题作为一个系统，将目标分解为多个目标或准则，进而分解为多指标(或准则、约束)的若干层次，通过定性指标模糊量化方法计算出层次单排序(权数)和总排序，以作为目标(多指标)、多方案优化决策的系统方法。层次分析法可以将无法量化的风险按照大小排出顺序，把它们彼此区分开来。

5.4.4 模糊风险综合评价

1. 模糊与项目风险评价

在项目风险评价中，有些现象或活动界限是清晰的，而有些则是模糊的。前者可以用普通集合来表示，而后者则只能用模糊集合来描述。这里简单介绍模糊数学在项目风险评价中的应用。

模糊数学是美国加利福尼亚大学的查德教授于1965年提出来的。30多年来，模糊数学得到了迅速发展，已被广泛应用于自然科学、社会科学和管理科学的各个领域，其有效性已得到了充分的验证。事实上，在风险评估实践中，有许多事件的风险程度是不可能精确描述的，如风险水平高、技术先进、资源充分等，“高”“先进”“充分”等均属于边界不清晰的概念，即模糊概念。诸如此类的概念或事件，既没有物质上的确切含义，也无法用数字准确地表述出来，这类事件就属于模糊事件。对于这些模糊事件的综合评价，可以根据模糊数学原理来进行。

2. **模糊综合评价**

模糊综合评价法是模糊数学在实际工作中的一种应用方式。其中，评价就是指按照指定的评价条件对评价对象的优劣进行评比、判断，综合是指评价条件包含多个因素。综合评价就是对受到多个因素影响的评价对象作出全面的评价。采用模糊综合评价法进行风险评价的基本思路是：综合考虑所有风险因素的影响程度，并设置权重区别各因素的重要性，通过构建数学模型，推算出风险的各种可能性程度，其中，可能性程度值高的为风险水平的最终确定值。其具体步骤是：

(1) 选定评价因素，构成评价因素集；

(2) 根据评价的目标要求，划分等级，建立备选集；

(3) 对各风险要素进行独立评价，建立判断矩阵；

(4) 根据各风险要素影响程度，确定其相应的权重；

(5) 运用模糊数学运算方法，确定综合评价结果；

(6) 根据计算分析结果，确定项目风险水平。

5.4.5 故障树分析法

故障树分析法(Fault Tree Analysis, FTA)是1961—1962年间，美国贝尔(BELL)电话实验室的Watson和Mearns等在分析和预测民兵式导弹发射控制系统安全性时首先提出并采用的故障分析方法。此后，有很多部门和人员都对该方法产生兴趣，并开展了卓有成效的研究和应用。波音飞机公司的Hassl、Schroder和Jackson等研制出了FTA计算程序，从而使FTA进入了以波音公司为中心的宇航领域。1974年，美国核研究委员会发表了麻省理工学院(MIT)以Resmusen教授为首的安全小组在采用了事件树分析和FTA方法对核电站安全性进行研究的基础上所编写的"商用轻水堆核电站事件危险性评价"报告，肯定了核电站的运行安全性，并得出核能是一种非常安全的能源的结论。该报告引起了很大的反响，并很快使故障树分析法从宇航、核能领域推广到了电子、化工和机械等工业部门，以及社会问题、经济管理和军事行动决策等领域。目前，国际上已公认故障树分析方法是可靠性分析和故障诊断的一种简单、有效的方法。

FTA是一种演绎的逻辑分析方法，它在风险分析中的应用主要是遵循从结果找原因的原则，将项目风险形成的原因由总体到部分按树枝形状逐级细化，分析项目风险及其产生原因之间的因果关系，即在前期预测和识别各种潜在风险因素的基础上，运用逻辑推理的方法，沿着风险产生的路径，求出风险发生的概率，并能提供各种控制风险因素的方案。这方面的研究，我国是从1976年开始进行的，并把它应用到了许多项目中，取得了不少成果。

FTA是一种具有广阔应用范围和发展前途的风险分析方法，尤其对较复杂系统的风险分析和评价非常有效。它具有应用广泛、逻辑性强、形象化等特点，其分析结果具有系统性、准确性和预测性。同时，它有固定的分析流程，可以用计算机来辅助建树和分析，大大提高了风险管理的效率。

5.4.6 外推法

外推法(Extrapolation)是进行项目风险评估和分析的一种十分有效的方法，可分为前推、后推和旁推三种类型。前推就是根据历史的经验和数据推断出未来事件发生的概率及其后果。如果历史数据具有明显的周期性，就可据此直接对风险作出周期性的评估和分析，如果从历史记录中看不出明显的周期性，就可用曲线或分布函数来拟合这些数据再进行外推，此外，还需注意历史数据的不完整性和主观性。后推是在没有历史数据可供使用时所采取的一种方法，由于工程项目的一次性和不可重复性，所以在项目风险评估和分析时常用后推法。后推是把未知的、想象的事件及后果与已知事件及其后果联系起来，把未来风险事件归结到有数据可查的，造成这一风险事件的初始事件上，从而对风险作出评估和分析。旁推就是利用类似项目的数据进行外推，用某一项目的历史记录对新的类似项目可能遇到的风险进行评估和分析，当然这还要充分考虑新环境的各种变化。这三种外推法在项目风险评价中都得到了广泛的应用。

5.4.7　蒙托卡罗模拟法

蒙托卡罗模拟法(Monte Carlo Simulation)是随机地从每个不确定因素中抽取样本，进行一次整个项目计算，重复进行模拟各式各样的不确定性组合，获得各种组合下的成百上千个结果。通过统计和处理这些结果数据，找出项目变化的规律。例如，把这些结果值从大到小按序排列，统计各个值出现的次数，用这些次数值形成频数分布曲线，就能够知道每种结果出现的可能性。然后，根据统计学原理，对这些结果数据进行分析，确定最大值、最小值、平均值、标准差、方差、偏度等，通过这些信息就可以更深入地定量分析项目，为决策提供依据。

项目中常用蒙托卡罗模拟法来模拟仿真项目的日程。这种技术往往被全局管理所采用，通过对项目的多次"预演"，得出项目进度日程的统计结果。蒙托卡罗模拟法也常被用来估算项目成本可能的变化范围。

本章小结

(1) 风险评价是对项目风险进行综合分析，并依据风险对项目目标的影响程度进行项目风险分级排序的过程。它是在项目风险规划、识别和估计的基础上，通过建立项目风险的系统评价模型，对项目风险因素的影响进行综合分析，并估算出各种风险发生的概率及其可能导致的损失大小，从而找到该项目的关键风险，确定项目的整体风险水平，为如何处置这些风险提供科学依据，以保障项目的顺利进行。

(2) 风险评价过程活动主要包括以下内容：

① 系统研究项目风险背景信息。

② 确定风险评价基准。风险评价基准是针对项目主体每一种风险后果确定的可接受水平。风险的可接受水平是绝对的，也是相对的。

③ 使用风险评价方法确定项目整体风险水平。项目风险整体水平是综合了所有单个风险之后确定的。

④ 使用风险评价工具挖掘项目各风险因素之间的因果联系，确定关键因素。

⑤ 作出项目风险的综合评价，确定项目风险状态及风险管理策略。

(3) 项目风险评价方法重点介绍了主观评分法及决策树法。

练习思考题

1. 什么是风险评价,风险评价的主要内容有哪些?

2. 风险评价的准则有哪些?

3. 结合自己做过的项目,对该项目应用决策树法进行风险评价。

4. 综合分析:特洛克塞工程(公司)的风险评估。

特洛克塞工程(公司)得到一份一次性合同,设计和生产某种新产品10 000件。在建议阶段,管理层认为可以以较低的成本完成这份合同。生产该产品需要一种小部件,该小部件可在市场上享受数量折扣之后以60元购得,因此购买和加工这一部件的预算为650 000元,其中考虑到可能有一些部件不能使用。

在设计阶段,工程设计组发现,最后的设计对这种部件的要求比原计划高,因而购买所需的部件在享受数量折扣之后价格为72元,新价格比预算高出许多,成本也因此超支。

在和制造组商量是否能够用比购买价格低的成本自己制造这种部件时,制造组认为,他们最多可以生产10 000件,恰好满足合同需要,生产用的设备成本为100 000元,每个部件的原材料费是40元。由于特洛克塞以前从未制造过这种产品,专家预计制造会有以下缺陷:

缺陷率/%	0	10	20	30	40
发生概率/%	10	20	30	25	15

所有有缺陷的部件必须去除并以每个120元的成本修理。

问题:(1) 按照期望值,制造或购买这种部件哪种办法更经济?

(2) 从长远来看,管理层基于哪种考虑可能不选择最经济的方法?

6 项目风险应对

本章学习目标

通过对本章的学习，掌握项目风险应对的基本概念和过程；掌握项目风险应对的各种策略和使用条件。

6.1 引导案例——神舟飞船的风险应对

2003年10月15日9时，神舟五号飞船发射升空，在轨运行21小时23分后按预定计划安全着陆，我国首次载人航天飞行取得圆满成功。中国人第一次乘坐自行研制的宇宙飞船遨游太空，实现了中华民族的千年飞天梦想。神舟飞船的成功研制、发射、运行和回收，使我国成为继前苏联和美国之后第三个独立自主掌握载人航天技术的国家。

这项1992年开始的载人航天工程，是我国航天领域规模最大、系统最复杂、可靠性和安全性要求最高的一项跨世纪国家重点工程。在神舟系列飞船的研发过程中，航天人将现代项目管理理念和方法与中国航天型号研制项目的具体实践相结合，探索形成了一套独具特色且行之有效的大型复杂系统工程管理体系。

根据党中央对载人航天工程研制任务的要求，神舟系列飞船的研制面临着严峻的挑战，是一项高风险的工程研制项目，不仅技术起点高、关键技术多、系统复杂，而且还有工程研制周期和经费方面的限制。神舟飞船的研制主要存在以下几个方面的风险问题：

(1) 技术风险。飞船系统复杂，新技术多，涉及机、电、光、热、声、磁、材料、工效学、医学等众多学科，且需要突破环控生保、应急救生、仪表照明、人工控制、着陆缓冲、升力控制、温度控制等多项关键技术，技术难度和风险不言而喻。

(2) 进度和费用风险。飞船研制周期短，经费紧张，需要用有限的资金在7～8年的时间内完成第一艘无人飞船研制，10年左右完成首次载人飞行实验，势必要采取各项生产、测试、试验工作交叉并行的方案，增加了研制进度控制和经费投入的风险。

(3) 技术变更风险。飞船任务要求不断变化，且由于载人航天工程在我国是全新的领域，飞船系统自身的功能和性能也因研制的进展在不断调整。由于技术储备不足，可借鉴的经验少，随着工程进展，对飞船系统的技术要求也不断变化，增加了研制风险。

（4）安全性风险。飞船系统的可靠性、安全性要求很高。为确保航天员的安全，飞船系统研制需要很高的可靠性和安全性，必须从元器件、原材料入手，大力提高设备、分系统和整船工作的可靠性和安全性，从而增加了系统的管理难度。

（5）环境因素风险。飞船研制所受到的项目外部环境因素的影响比较多。首先，飞船研制的协作单位多，质量水平差距大，许多单位没有载人飞船工程研制经验，给技术、质量和沟通等方面都带来一定风险。其次，项目所需的很多基础设施适用性比较差，如热试验、力学试验、电磁试验等，没有适合飞船的场地和设施，必须要在技术攻关的同时，实行边攻关、边设计、边技改，这样在无形中又增加了项目的风险。

综上所述，神舟飞船的研制项目是一个逐渐细化的过程，必然存在着很多项目风险，这类风险不定时发生在飞船研制实践的全过程。飞船系统从方案论证阶段开始进行风险管理的探索，在神舟三号和神舟四号研制后，飞船系统在总结神舟一号至三号风险控制经验的基础上，形成了一套适合神舟飞船研制的风险管理方法，提出了一系列的风险应对措施，主要包括：

（1）规定项目管理人员参与总体和分系统技术方案的制订，坚持尽量采用成熟的技术，加强技术基础设施建设、不片面追求新技术和多功能的原则，使研制方案切实可行。

（2）飞船的设计和制造采用CAD/CAPP/CAM/CAT等技术，提高飞船的研制质量，减少或避免技术风险。在研制程序和研制进度上采用并行工程技术，缩短项目周期，节约经费。

（3）应用辩证观点，正确处理安全与成本的关系，把保证每次发射任务的成功作为节约经费、降低成本风险最重要的方法。因为神舟飞船首要的是保证人的安全，神舟飞船经费较无人飞船昂贵，但参研人员并不为节约资金而忽视质量和可靠性要求，在保证工作质量、保证安全性和可靠性的前提下，尽量减少成本风险。

（4）最大限度地开发利用现有的仪器设备和基础设施的潜力；严格技术改造项目的审批，避免重复投资和重复建设；充分、多次利用初样试验用产品（发挥试验工艺装备和仪器设备的继承性），减少投产数量，节约经费。

（5）设立经费管理人员，落实责任制。在承担飞船研制任务的各单位财务系统设置神舟飞船经费管理专职人员，在相应部门设总经济师和经济师。制订神舟飞船成本分解结构(CBS)方法，对每一项任务进行全过程、全系统成本核算和控制，以提高投资经济效益，降低研制经费的风险。

（6）为完成神舟飞船的安全性要求，找出影响航天员安全的各种风险事件，并重点考虑了5项降低风险的措施，即环境控制和生命保障系统、应急救生系统、仪表和照明系统、高性能的测控通信系统和着陆缓冲系统等。

（7）在正样研制过程中采取的其他措施。例如，重视操作风险，杜绝误操作；实施时间精细管理，预防进度风险；追求零缺陷，保证安全性和可靠性；采取安全性专项管理，量化故障概率等。

通过以上的应对措施，确保神舟飞船系统的风险始终控制在可以接受的范围内，为飞船项目的成功做出了贡献。

6.2 项目风险应对概述

风险应对就是对项目风险提出处理意见和办法。在对项目进行风险识别、定性定量估计和评价之后,得到项目风险发生的概率、损失严重程度。再根据项目的要求,决定应采取什么样的措施,以达到减少风险事件发生的概率和降低损失程度的目的。

风险应对的主要依据有:

(1) 风险管理计划。

(2) 风险排序。运用本书前面介绍的风险定性、定量分析方法,将风险按其发生的可能性、风险发生后造成的后果严重程度、缓急程度进行排序,明确各种风险的相对重要程度。

(3) 风险认知。对可放弃的机会和可接受的风险的认知。组织的认知程度会影响风险应对计划。

(4) 可接受风险水平。项目组织的可接受风险水平将对风险应对计划产生重要的影响,项目组织抗风险能力决定了项目风险应对措施的选择。项目组织抗风险能力包括项目经理承受风险的心理能力、项目组织能调动的资金和资源等。

6.3 项目风险应对过程

项目风险应对过程一般表现为根据风险识别和评价的结果,分析项目所处的外部和内部的政策、时间、资金、技术、人员、自然环境等各种条件,研究项目可利用的资源和能力,分析风险处理后应达到的目标,提出风险应对策略。该过程的主要环节如下:

(1) 进一步理解确认风险识别和评价的结果;

(2) 分析项目所处的外部和内部的各种条件;

(3) 研究项目可用于处理各种风险的资源和能力;

(4) 分析项目目标和风险处理后应达到的目标;

(5) 针对不同风险,研究提出相应的风险应对策略备选方案;

(6) 分析每种风险应对策略方案的必要性和可行性;

(7) 在假设采取风险应对方案的情况下,再次对项目风险进行识别和评价,分析预测风险应对策略方案的效果,判断是否达到风险处理要求;

(8) 权衡各方面的因素,优化选择确定应对方案;

(9) 执行风险应对方案。

下面我们从内部和外部两种视角来看待风险应对过程:外部视角详细说明过程控制、输入、输出和机制;内部视角详细说明用机制将输入转变为输出的过程活动。

6.3.1 风险应对过程目标

当风险应对过程满足下列目标时,就说明它是充分的:

(1) 进一步提炼项目风险背景;

(2) 为预见到的风险做好准备;

(3) 确定风险管理的成本效益;

(4) 制订风险应对的有效策略；

(5) 系统地管理项目风险。

6.3.2 风险应对过程定义

根据 PMBOK 风险处理框架，风险应对过程定义参见图 6－1 的 IDEFO 图。风险应对过程封装了将输入转变为输出的过程活动。控制（位于顶部）调节过程，输入（位于左侧）进入过程，输出（位于右侧）退出过程，机制（位于底部）支持过程。

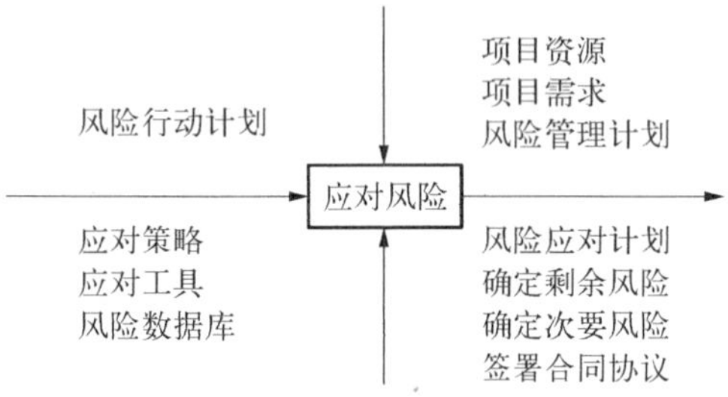

图 6－1　风险应对过程

1. 过程控制

和风险规划过程一样，项目资源、项目需求和风险管理计划同样约束着风险应对过程。

2. 过程输入

风险行动计划是风险应对过程的输入。它包括风险应对的目标、约束和决策，记录了选择的途径、需要的资源和批准权限。计划提供了高层次的指导并允许达到目标过程中的灵活性。

3. 过程输出

风险状态、可接受的风险、风险预警与防范、风险行动是风险应对过程的主要输出。

(1) 制订风险应对计划。风险应对计划应详细到可操作层次，一般应包括下面一些或全部内容：

① 风险识别，风险特征描述，风险来源及对项目目标的影响；

② 风险主体和责任分配；

③ 风险评估及风险量化结果；

④ 单一风险的应对措施，包括规避、转移、缓和或接受；

⑤ 战略实施后，预期的风险自留（风险概率和风险影响程度）；

⑥ 具体应对措施；

⑦ 应对措施的预算和时间；

⑧ 应急计划和反馈计划。

(2) 确定剩余风险。剩余风险是指在采取了规避、转移或缓和措施后仍保留的风险，也包括被接受的小风险。

(3) 确定次要风险。由于实施风险应对措施而直接导致的风险称作次要风险。它们应同主要风险一样来识别，并制订应对措施。

(4) 签署合同协议。为了避免或减轻风险，可以针对具体风险或项目签订保险、服务或其他必要的合同协议，确定各方的责任。

(5) 为其他过程提供依据。选定的或提出的各种替代策略、应急计划、预期的合同协议、需额外投入的时间、费用或资源以及其他有关的结论都必须反馈到相关领域，成为其过程计划、变更和实施的依据。

4. 过程机制

机制可以是方法、技巧、工具或其他为过程活动提供的手段。风险应对技巧、风险应对工具和风险数据库都是风险应对过程的机制。

6.3.3 风险应对过程活动

风险应对过程活动是指执行风险行动计划，以求将风险降至可接受程度所需完成的任务。一般有以下几项内容：

(1) 进一步确认风险影响；

(2) 制订风险应对策略措施；

(3) 研究风险应对技巧和工具；

(4) 执行风险行动计划；

(5) 提出风险防范和监控建议。

6.4 项目风险应对策略

规避风险，可从改变风险后果的性质、风险发生的概率或风险后果大小三个方面提出多种策略。下面介绍减轻、预防、转移、回避、接受和后备措施六种。每一种都有侧重点，具体采取哪一种或几种取决于项目的风险形势。

6.4.1 减轻风险

减轻风险策略，顾名思义，就是通过缓和或预知等手段来减轻风险，降低风险发生的可能性或减缓风险带来的不利后果，以达到风险减少的目的。减轻风险是存在风险优势时使用的一种风险决策，其有效性在很大程度上要看风险是已知风险、可预测风险还是不可预测风险。

对于已知风险，项目管理组可以在很大程度上加以控制，可以动用项目现有资源降低风险的严重后果和风险发生的频率。例如，可以通过压缩关键工序时间、加班或采取“快速跟进”来减轻项目进度风险。

对于可预测风险或不可预测风险，是项目管理组很少或根本不能够控制的风险，因此有必要采取迂回策略。例如，政府投资的公共工程，其预算不在项目管理组直接控制之中，存在项目进行中政府削减项目预算的风险。为了减轻这类风险，直接动用项目资源一般无济于事，必须进行深入细致的调查研究，降低其不确定性。例如，在决定开发一个新产品之前，应先进行市场调查（如市场容量、市场前景、现有同类或其他相关产品信息等），了解顾客使用需求、偏好以及价格倾向等，在这样的基础上提出的项目才有较大的成功机会。

在实施风险减轻策略时，最好将项目每一个具体的“风险”都减轻到可接受的水平。项目中各个风险水平降低了，项目整体风险水平在一定程度上也就降低了，项目成功的概率就会增加。

项目风险、项目风险管理在很大程度上是一个时间的函数，项目风险水平以及管理的成效与时间因素密切相关。因此，为了有效地减轻风险，必须采取措施应对未来的风险。例如，在技术引进或设备引进时，为了保证项目按时投产，降低大型装备的技术和使用风险，一般要进行考察论证，确保引进项目的可靠、高效，同时还要选派人员进行培训；在装备引进之后，可以通过精心安装、科学调试等手段和方法来降低不确定性，从而保障目标的实现。

把可预测和不可预测风险转变成已知风险的例子还有许多。这种情况出现的概率虽小，但是后果严重的风险一般列为不可预测的，也是最难减轻的一种风险。对于此类风险可以设法提高其发生的频率，把严重的后果尽早暴露出来。此类风险只要一发生就会变成已知风险，从而找出相应的减轻办法。根据帕累托的“80/20”原理，项目所有风险中只有一小部分对项目威胁最大，因此要集中力量专攻威胁最大的几类风险。

6.4.2 预防风险

风险预防是一种主动的风险管理策略，通常采取有形和无形的手段。

1. 有形手段

工程法是一种有形的手段，这种方法以工程技术为手段，消除物质性风险威胁。例如，为了防止山区区段山体滑坡危害高速公路过往车辆和公路自身，可采用岩锚技术锚住松动的山体，增加因为开挖而破坏了的山体稳定性。采用工程法预防风险有多种措施。

(1) 防止风险因素出现。在项目活动开始之前，采取一定措施，减少风险因素。例如，在山地、海岛或岸边建设，为了减少滑坡威胁，可在建筑物周围大范围内植树栽草，同排水渠网、挡土墙和护坡等措施结合起来，防止雨水破坏建筑物主体的稳定性，这样就能根除滑坡这一风险因素。

(2) 减少已存在的风险因素。施工现场若发现各种用电机械和设备日益增多，及时果断地换用大容量变压器就可以减少其烧毁的风险。

(3) 将风险因素同人、财、物在时间和空间上隔离。风险事件发生时，造成财产损毁和人员伤亡是因为人、财、物在同一时间处于破坏力作用范围之内。因此，可以把人、财、物与风险源在空间上实行隔离，在时间上错开，以达到减少损失和伤亡的目的。

工程法的特点是，每一种措施都与具体的工程技术设施相联系，但是不能过分地依赖工程法。首先，采取工程措施需要很大的投入。因此，决策时必须进行成本效益分析；第二，任何工程设施都需要有人参加，而人员的素质起决定性作用；另外，任何工程设施都不会百分之百的可靠，因此工程法要同其他措施结合起来使用。

2. 无形手段

(1) 教育法。项目管理人员和所有其他相关各方的行为不当可构成项目的风险因素。因此，要减轻与不当行为有关的风险，就必须对有关人员进行风险和风险管理教育。教育内容应该包含有关安全、投资、城市规划、土地管理及其他方面的法规、规章、规范、标准和操作规程、风险知识、安全技能及安全态度等。风险和风险管理教育的目的，是要让有关人员充分了解项目所面临的种种风险，了解和掌握控制这些风险的方法，使他们深深地认识到个人的任何疏忽或错误行为，都可能给项目造成巨大损失。

(2) 程序法。工程法和教育法处理的是物质和人员的因素，但是，项目活动的客观规律性若被破坏也会给项目造成损失。程序法指以制度化的方式从事项目活动，减少不必要损失。项目管理组织制订的各种管理计划、方针和监督检查制度一般都能反映项目活动的客观规律性。因此，项目管理人员一定要认真执行。我国长期坚持的基本建设程序反映了固定资产投资活动的基本规律。实践表明，不按此程序办事，就会犯错误，就要造成浪费和损失，所以要从战略上减轻项目风险，就必须遵循基本程序，那种图省事、走捷径、抱侥幸心理甚至弄虚作假的想法和做法都是项目风险的根源。

合理地设计项目组织形式也能有效地预防风险。项目发起单位如果在财力、经验、技术、管理、人力或其他资源方面无力完成项目，可以同其他单位组成合营体，预防自身不能克服的风险发生。

使用预防策略时需要注意的是，在项目的组成结构或组织中加入了多余的部分，同时也增加了项目或项目组织的复杂性，提高了项目成本，进而增加了风险。

6.4.3 回避风险

回避风险是指当项目风险潜在威胁发生可能性太大，不利后果也太严重，又无其他策略可用时，主动放弃项目或改变项目目标与行动方案，从而规避风险的一种策略。如果通过风险评价发现项目的实施将面临巨大的威胁，项目管理班子又没有别的办法控制风险，甚至保险公司亦认为风险太大，拒绝承保，这时就应当考虑放弃项目的实施，避免巨大的人员伤亡和财产损失。对于城市和工程建设项目，如水利枢纽工程、核电站、化工项目等都必须考虑这个问题。

回避风险包括主动预防风险和完全放弃两种。主动预防风险是指从风险源入手，将风险的来源彻底消除。例如，在修建公路时，在一些交通拥挤或事故易发地段，为了彻底消除交通事故风险，可采取扩建路面、改建人行天桥或禁止行人通行等措施。回避风险的另一种策略是完全放弃，这种做法比较少见。例如，随着网络泡沫的破灭，许多母公司关闭了网站，这就是一种完全放弃的风险应对策略。完全放弃是最彻底的回避风险的办法，但也会带来其他问题：放弃意味着失去了发展和机遇。例如核电站建设，工程项目庞大，风险高，我国又无建设核电站的经验，如果因为担心损失而放弃该项目，就要失去培养和锻炼我们自己核电建设队伍的机会，丢掉发展核电有关产业的机会，丢掉许多就业机会，丢掉促进核技术科学研究和教育发展的机会，等等。项目的复杂性、一次性和高风险等特点，要求充分发挥项目管理人员的主观能动性，创造条件促进风险因素转化，有效控制或消除项目风险，而简单的放弃，意味着不提倡创造性，意味着工作的消极观，不利于组织今后的发展。因此，在采取回避策略之前，必须要对风险有充分的认识，对威胁出现的可能性和后果的严重性有足够的把握。采取回避策略，最好在项目活动尚未实施时，放弃或改变正在进行的项目，一般都要付出高昂的代价。

6.4.4 转移风险

转移风险是将风险转移至参与该项目的其他个人或其他组织上，所以又被称为合伙分担风险。其目的不是降低风险发生的概率和减轻不利后果，而是借用合同或协议，在风险事故一旦发生时将损失的一部分转移到有能力承受或控制项目风险的个人或组织。实行这种策略要遵循两个原则：第一，必须让承担风险者得到相应的回报；第二，对于各种具体风险，谁最有能力管理就让谁分担。

采用这种策略所付出的代价大小取决于风险大小。当项目的资源有限不能实行减轻和预防策略，或风险发生频率不高，但潜在的损失或损害很大时可采用此策略。转移风险可以分为财务性风险转移和非财务性风险转移。

1. 财务性风险转移

财务性风险转移可以分为保险类风险转移和非保险类风险转移两种。

(1) 财务性保险类风险转移。财务性保险类风险转移是转移风险最常用的一种方法，是指项目组向保险公司交纳一定数额的保险费，通过签订保险合约来对冲风险，以投保的形式将风险转移到其他人身上。根据保险合约，项目风险事故一旦发生，保险公司将承担投保人由于风险所造成的损失，从而将风险转移给保险公司(实际上是所有向保险公司投保的人)。在国际上，建设项目的业主不但自己为建设项目施工中的风险向保险公司投保，同时还要求承包商也向保险公司投保。

(2) 财务性非保险类风险转移。财务性非保险类风险转移是指通过不同的中介，以不同的形式和方法，将风险转移至商业上的合作伙伴。例如通过银行以贸易信贷的形式或其他的方法将风险转移至商业上的伙伴。担保也是一种常用的财务型非保险类风险转移方式。

所谓担保，是为他人的债务、违约或失误承担间接责任的一种承诺。在项目管理上是指银行、保险公司或其他非银行金融机构为项目风险承担间接责任的一种承诺。例如，建设项目施工承包商请银行、保险公司或其他非银行金融机构向项目业主承诺为承包商在投标、履行合同、归还预付款、工程维修中的债务、违约或失误承担间接责任。当然，为了取得这种承诺，承包商也要付出一定的代价，但是这种代价最终要由项目业主承担。在得到这种承诺之后，项目业主就把由于承包商行为方面的不确定性带来的风险转移到了出具保证书或保证函的银行、保险公司或其他非银行金融机构身上。

由于在进行货物或服务交易时，卖家可能会面对买家拒绝付款的风险，为了保障双方的利益，于是便出现了信用证、银行承兑的远期信用证、汇票等以银行为担保人的贸易信贷。贸易信贷是卖家通过信贷，保证将项目风险一部分转移至银行身上。

2. 非财务性风险转移

非财务性风险转移是指将项目有关的物业或项目转移到第三方，或者以合同的形式把风险转移到其他人身上，同时也能够保留会产生风险的物业或项目。这里的第一种情况，实际上和回避风险策略有一定的关系，两者都是试图减轻项目风险及其可能造成的损失，但回避风险是不需要任何人承担风险后果的，而风险转移是将项目风险转移到第三方。外包是一种很好的非财务性风险转移策略。在信息技术领域，外包日益流行，外包可使不同国家的工程师享受不同的工资和福利待遇，同时还可以转移高昂的高技术员工管理费风险。

6.4.5 接受风险

接受风险也是应对风险的策略之一，它是指有意识地选择承担风险后果。觉得自己可以承担损失时，就可采用这种策略。例如，经理们期望员工自愿流动的百分比较低，更换一个入门级工程师的费用，可能与为留住此人而提升他或她的福利所花的费用一样，这时的策略是接受经过培训的人员调离项目的风险，付出的代价便是雇用顶替他们的人员所需的费用。

接受风险可以是主动的，也可以是被动的。由于在风险规划阶段已对一些风险有了准备，所以当风险事件发生时马上执行应急计划，这是主动接受。被动接受风险是指在风险事件造成的损失数额不大，不影响项目大局时，项目管理组将损失列为项目的一种费用。费用增加了，项目的收益自然要受影响。接受风险是最省事的风险规避方法，在许多情况下也最省钱。当采取其他风险规避方法的费用超过风险事件造成的损失数额时，可采取接受风险的方法。

6.4.6 储备风险

对于一些大型的工程项目，由于项目的复杂性，项目风险是客观存在的，因此，为了保证项目预定目标的实现，有必要制订一些项目风险应急措施，即储备风险。所谓储备风险，是指根据项目风险的规律事先制订应急措施和制订一个科学高效的项目风险计划，一旦项目实际进展情况与计划不同，就动用后备应急措施。项目风险应急措施主要有费用、进度和技术三种。

1. 预算应急费

预算应急费是一笔事先准备好的资金，用于补偿差错、疏漏及其他不确定性对项目费用估计精确性的影响。预算应急费在项目进行过程中一定会花出去，但用在何处、何时以及多少在编制项目预算时并不知道。

预算应急费在项目预算中要单独列出，不能分散到具体费用项目下，否则，项目管理组就会失去对支出的控制。另外，预算人员由于没有把握而在各个具体费用项目下盲目地预留应急费，是不能允许的。盲目地预留应急费，一方面会由于项目预算估得过高而在投标中错失机会，另一方面会使不合理预留的部分以合法的名义白白浪费。

预算应急费一般分为实施应急费和经济应急费两类。实施应急费用于补偿估价和实施过程中的不确定性；经济应急费用于应对通货膨胀和价格波动。实施应急费又可分为估价质量应急费和调整应急费；而经济应急费则可进一步分为价格保护应急费和涨价应急费。

(1) 估价质量应急费。用于弥补以下原因造成的影响：项目目标不明确；项目定义不确切、不完整；项目采用的策略模糊、不明确；工作分解结构不完全、不确切；估算时间短；估算人员缺乏经验和知识、过分乐观；估算和计算有误差。如果能够认真地了解、分析以往实施过的项目，就有可能确定以上原因对项目估算偏离项目的真正费用产生多大程度的影响。必要时，可分不同的费用项目估算出应急费用占直接费(人工、材料)、分包、其他直接费和间接费之和的百分比。

(2) 调整应急费。项目很少有一次试运行成功的，常常需要多次调整才能达到设计要求。调整应急费用于支付调整期间的各种开支。例如，系统调试，更换零部件，零部件和组装的返工，重写技术说明、操作手册和其他文件，编制竣工图等。

(3) 价格保护应急费。用于补偿估算项目费用期间询价中隐含的通货膨胀因素。当报价有效期届满时，供应单位就有可能提高价格。费用估算人员应该预测涨价幅度，把可能增加的部分作为价格保护应急费。供应单位报价的增长幅度可以根据其有效期至实际订货日的时间长短，以及这段时间内通货膨胀率逐项分别预测，不能按照一笔总金额来计算，因为各种不同费用项目的价格变化规律不同。价格保护应急费只对一部分费用项目是必要的。价格保护的第二种方法是让供应单位按延长的有效期报价，这种办法适用于购买少量的货物。

例 6-1 有一项目需要购置空气压缩机，向若干厂家询价，报价最低者为 80 万元，有效期为 60 天。项目班子从收到报价，编制出项目费用估算到预期购买这种空气压缩机有 7 个月时间。届时，厂家报价失效，价格可能上涨，尤其是在通货膨胀时期。假设这段时间年通货膨胀率为10%(每月为0.83%)、厂家报价延长期为6个月,试估算空气压缩机的价格保护应急费。

解 空气压缩机价格保护应急费为:

$$0.83\% \times (7-60/30) \times 80 = 3.33(\text{万元})$$

(4) 涨价应急费。在通货膨胀严重或价格波动厉害时期,供应单位无法或不愿意为未来的订货报固定价,遇到这种情况,就要考虑涨价应急费。与价格保护应急费一样,涨价应急费也要一项一项地分别计算,不能作为一笔总金额加在项目费用估算上,因为各种不同货物的价格变化规律不同,也并非所有的货物都会涨价。

2. 进度后备措施

对于项目进度方面的不确定因素,项目各相关方一般不希望以延长时间的方式来解决。因此,项目管理班子就要设法制订一个较紧凑的进度计划,争取在各相关方规定完成的日期前提早完成。从网络计划的观点来看,进度的后备措施就是在关键路线上设置一段时差或浮动时间。

压缩关键路线各工序时间有两大类办法:减少工序(活动)时间或改变工序间逻辑关系。一般来说,这两种办法都要增加资源的投入,甚至带来新的风险。

3. 技术后备措施

技术后备措施专门用于应对项目的技术风险,它是一段预先准备好的时间或一笔资金。当预想的情况未出现,并需要采取补救行动时才动用这笔资金或这段时间。预算和进度后备措施很可能被用上,而技术后备措施有可能用不上。只有当不大可能发生的事件发生,需要采取补救行动时,才会动用技术后备措施。技术后备措施分为两种情况:技术应急费和技术后备时间。

(1) 技术应急费。单从项目经理的立场来看,最好在项目预算中留出足够的资金以备不时之需。但是,项目执行组织的高层领导却不愿意为不大可能用得上的措施投入资金。由于采取补救行动的可能性不大,所以技术应急费应当以预计的补救行动费用与它发生的概率之积来计算。

技术应急费不列入项目预算而单独提出来,放到公司管理备用金账上,由项目执行组织的高层领导掌握。公司管理备用金账上还有从其他项目提取来的各种风险基金,就好像是各个项目向公司交纳的保险费。

由高层领导统一掌握技术应急费还有下述好处:① 公司高层领导可以由此全面了解全公司各项目班子总共承担了多大风险;② 一旦出现技术风险,公司高层领导容易批准动用这笔从各项目集中上来的资金;③ 可以避免技术应急费被挪作他用。

(2) 技术应急时间。为了应对技术风险造成的进度拖延,应该先准备好一段备用时间。不过,确定备用时间要比确定技术应急费复杂。一般可以在进度计划中专设一个里程碑,提醒项目管理组应当注意技术风险。

在设计和制订风险处置策略时一定要针对项目中不同风险的转折点分别采用这六种风险处置方式,而且应尽可能准确而合理地采用。在实施风险策略和计划时应随时将变化了的情况反馈给风险管理人员,以便能及时地结合新的情况对项目风险处理策略进行调整,使之能适应新的情况,尽量减少风险可能导致的损失。

6.5 项目风险应对技巧

项目风险的复杂性和变动性,对风险应对提出了更高要求。与描述处理具体风险的方法相比,风险应对更需要创造性和协作。应对风险时,应反复使用这两个基本组成部分。

6.5.1 创造性

项目的复杂性、一次性和临时性,要求项目风险应对具有创造性。创造性是源于原创想法的发明,即要求项目管理人员在实施风险应对行动计划时要产生具有创意的新想法,因此项目管理人员必须具有创新的思维模式。无论项目管理人员从事何种工作,设计生产一个新产品,还是一个概念设计,一般可以用以下几种方式来实现。

(1) 视图化。这种方式注重最终结果。通常可以想象一个理想的结果,然后由目标引导实现梦想。最能说明视图化方式的一个例子是约翰·肯尼迪的构想:把人放在月球上,并让他安全地返回地球。

(2) 实验。这种方式是利用尝试的方法,按照已知的过程获得可重复的实际结果。实验强调发现事实、收集信息、然后测试想法的新组合。

(3) 探索。这种方式是通过类比来产生新的想法。探索可从新的角度处理问题,为项目组提供有较大突破的潜力。通用电气公司将防御技术应用于汽车工业是最能说明探索方式的一个例子。

(4) 校正。这种方式是利用已知方法和经过事实证明的经验,一次向前迈进一步。校正为项目组保证了稳定性和提供了逐渐的改进。

6.5.2 协作

协作是"两个或更多有互补性技术的个人互相作用达成共识,这一认识是他们以前从未有过或可能想得到的"。协作存在障碍,正如爱德华·霍尔(Edward Hall)在其著作《Beyond Culture》(超越文化)一书中所描述的:"拒绝协作有时会被绝对地强化。当个人才能集中于追求个人名利时,协作是不可能实现的"。我们很少孤立地应对风险。人们之间缺乏理解而造成风险是常有的事。降低不确定性、获取知识和增加成功机会的最好方法之一是与其他人沟通。正所谓集思广益,人多力量大,协作可以帮助我们降低风险。小组协作、与小组的其他人进行工作交流,是风险应对的基本要求。成功协作的基础是交流的能力。当与其他人一起工作时,交流方面可能出现以下 3 个问题:

(1) 发送错误的信息。当书面交流不明确,口头交流不清楚时,可能出现错误信息。在核对以证实读者或听者的理解时,最好采用小组内部交流会的方式传递信息。

(2) 收到错误信息。当阅读字里行间的暗示或没有看到肢体语言时,可能会收到错误信息。如果重复自以为听到的,就可以大大改善组织成员间的交流,相对于它们可能造成的重复劳动来说,澄清书面文件和口头问题可谓事半功倍。

(3) 交流环节的中断。留下语音邮件信息时,并不能确定接收方是否能收到。小组交流应该保证一个小组发送的信息,另一个小组能收到并理解。

本章小结

(1) 风险应对就是对项目风险提出处理意见和办法。在对项目进行风险识别、定性定量估计和评价之后，得到项目风险发生的概率、损失严重程度。再根据项目的要求，决定应采取什么样的措施，以达到减少风险事件发生的概率和降低损失程度的目的。

(2) 常用的风险应对策略：

① 减轻风险——存在风险优势时；

② 预防风险——可用备用设备、技术或资金等缓和风险时；

③ 回避风险——可能出现两败俱伤时；

④ 转移风险——其他组织有能力控制风险时；

⑤ 接受风险——自身有能力承受时；

⑥ 储备风险——存在不确定性因素时。

(3) 项目风险应对技巧：(1) 创新；(2) 协作。

练习思考题

1. 描述风险应对过程目标。为什么每个目标都重要？为每个目标定义定量的成功标准。

2. 风险应对的两个基本组成部分是什么？为什么它们是最基本的？

3. 说说你如何用风险防范和风险转移来避免系统稳定性的风险。指出这两种风险应对策略的异同。

4. 你所在的组织内，许多人跟不上新技术的发展，将新技术引入组织的学习过程可以视为一个风险。试指定一个风险应对策略来解除这一风险，包括组织发展目标、约束和取舍标准。

5. 列出你现在任务中的 5 个困难和 5 个不确定因素。描述每个困难和不确定因素中都存在着的机会。你将如何利用这些机会？

6. 你如何产生新的想法？用创造过程产生新想法有何优势？

7. “掌握风险是现代生活的基础”，你同意这个观点吗？请说明原因。

8. 案例分析——联想项目风险管理解决方案及应用。

1) 背景材料

电脑产品的开发和研制过程自始至终充满了错综复杂的矛盾和大量的不确定性，根据不同的风险特性和业务活动情况，我们将产品研发业务分成产品启动阶段、制订计划阶段、具体实施阶段和收尾阶段。每个阶段的风险大致可描述为：

(1) 产品启动阶段，对用户群把握不准确，造成整个产品的设计理念和设计方向与实际的市场需求偏移，或者由于对市场的变化反应迟缓，产品启动阶段发现其他公司的同种或更先进设计理念的产品已经上市。

(2) 制订计划阶段，项目管理人员与项目实施人员之间的沟通不善，或者对项目中出现的风险问题预估不够，造成项目计划与实际操作方式偏移。

(3) 具体实施阶段出现的问题一般比较复杂，包括经济方面的风险问题、技术方面的风险问题，以及其他的一些不确定的社会或人为的风险问题。

(4) 收尾阶段仍然存在少量的风险。

所以说，产品研制从启动、制订计划、具体实施到收尾的过程中，一直存在着风险的问题，也一直存在着项目中止的可能性。项目的不同阶段会有不同的风险。进行实时监控，迅速了解并解决风险问题是保证项目实施的关键。

2) 联想项目风险管理计划方案

项目运行的各个阶段，均伴随着风险的评估和处理。所以，如何记录和处理相应的问题，是我们目前面临的急需解决的问题。消费电脑事业部针对这个问题，在天麒、天麟产品的研发阶段曾经开发过相应的B/S(Browse/Server)架构的小软件，将产品研发过程中出现的问题展示在内部平台上，展示的主要内容包括：出现问题的相关部件、出现问题的时间、解决方式等相应项，供相关的工程师填写，相应的项目小组成员、项目决策人员查阅，能达到显示项目中出现的风险问题，并迅速解决的目的。但是，对软件的实用情况作了相应的调查后，工程师认为该软件并不能全部满足他们的需求，主要体现在：

(1) 没有对相关问题的风险度的评估。可能有些问题对项目的实施各方面造成的影响微乎其微，也可能某个问题的出现可能导致整个项目的完结时间延迟，造成很大的影响。在该软件中没有相关的风险度的评估。

(2) 信息与角色之间的对应关系不明确。工程师关心的是自己的部件方面出现的问题，以及对本部件会产生影响的其他部件出现的问题；项目管理人员可能对某些关键部件(计划中处于关键路径上的部件)的关注程度较高；对于项目决策人员而言，需要的是经过提炼的，对决策有帮助的文件。但是上述方案中没有相应的规划。

(3) 部件的问题与项目中的任务之间的关系不明确。部件的研发存在着生命周期，在不同的生命阶段，出现的风险是不同的，风险造成的影响也是不同的。这方面的信息对项目管理人员是非常重要的。

针对以上出现的种种缺漏，我们保持了B/S架构体系，重新规划风险问题，以期满足不同角色的需要，并给出如下的风险记录和解决的设计方案。

首先，确定风险问题的定位。一般而言，一个项目的风险主要体现在项目中的任务是否能如期完成，资源是否能合理使用等问题上。简而言之，项目风险与项目任务不可分割。所以，我们在软件中引入工作分解结构(Work Breakdown Structure, WBS)字典的概念，为消费产品的研制制订WBS字典，将产品研制过程中的项目可交付成果分成更小的、更容易管理的单元。伴随着WBS字典的发布，目前运行相关的项目任务将是WBS字典的一个子集。所以，将项目任务中出现的风险与相关的任务紧密衔接，构成同一个任务的目前出现的所有风险问题的集合，简称风险集。这样做的另一个好处是所有正在运行或已经结束的项目中出现的风险将会存放在相应的WBS单元中。如此，我们在本次项目运行的各阶段，不仅可以递交目前存在的风险问题，还可以查阅之前项目相应单元中出现的风险问题，有利于风险的规避和风险的应对。

其次，不同的风险对项目所起的作用和影响均不同，所以，应该存在风险的量化问题。目前阶段，为便于处理风险问题，我们简单给出了一种二维量化标准。用延期可能性、风险危害程度这种二维数组表征风险问题。其中，延期的可能性是指本问题出现的可能性，由工程师填入相应的百分比数字。而风险的危害程度可分成高、中、低三部分，分别对应对整个项目造成延期的可能性、对本部分造成延期的可能性和对本次任务造成延期的可能性。当然，由于风险的本身特性和消费产品研制的过程中出现的不确定性因素太多，如何界定当前风险的危害程度，目前还没有一个数学方案，还依赖有经验的工程师的决断。最后，不同角色的项目参与人，在项目中所处的地位不同，对风险的认识方面也有所不同。部件工程师关注的是单个部件的风险问题，项目管理者关注的是造成项目延期的最大可能性的问题，而决策者关注的是风险的可承担性等问题。

工程师发现在部件的研发过程中出现某个问题，可能引起该阶段任务的完成时间延迟。工程师必须向项目管理人员提供这种风险问题的后果，造成后果的可能性，以及风险的严重性等风险属性。同时，为便于知识的积累，还应提供相应的解决方案。项目管理人员收到来自工程师的风险评估报告，他首先关心的应该是该部件的运作是否处于关键路径上，对项目整体造成的影响会有多大，对其他部件造成的影响会有多大，能按时解决的可能性会有多少。与其他的风险问题综合整理，定期提交给项目决策人员，使项目决策人员能实时了解项目运作中出现的风险问题，有的放矢地制订出决策方案。对于项目决策人员而言，收到的信息应该是经过项目管理人员提炼之后的数据信息，明确了解项目进度正常与否，风险是否在可控范围内即可。

3）联想项目风险管理计划的实现

在方案实施方面，最重要的就是风险量化和定制化界面的概念，将风险问题用不同的符号标识出来，角色与信息对应起来，使不同的项目角色能对不同的风险问题做出迅速反应，快速解决项目风险问题。详细说明如下。

工程师页面中要求录入的内容与第一版的软件相比，改动内容不大。但主要是为满足部件之间的配置管理以及风险量化管理，做出如下补充：

① 可定制显示其他相关联部件的风险问题信息；

② 将项目中出现的问题集与 WBS 单元结合，选择相应的项目任务填写出现的问题；

③ 对应每种风险，要求提交相应的风险度，即延期可能性、风险危害程度。

项目管理人员需要全面监控和协调项目中出现的不确定性问题，所以，项目目前的运行进度和项目中出现的风险问题是项目管理人员必须时刻关注的。在项目管理人员的进度-风险图中，最重要的是风险量化的概念。将风险问题用四种色彩标识出来，其中，红色表示严重的风险问题，需要给予足够的重视，否则会引起项目重大变更；黄色表示中度风险问题，影响范围相对小一些；绿色表示风险问题在可控制范围，造成的影响不大。对各种风险问题，一经解决，改用蓝色标识，以示区别。同时，在图中用进度条标识项目目前运行的阶段。将项目进度问题与项目中风险问题衔接起来，项目管理人员可清晰地了解目前项目运作状态，以及项目中出现的问题。

对项目决策人员而言，无须了解项目中出现的具体问题，应该关注的是项目实施的正常与否。可提供图形化的界面，显示项目的进度、项目各阶段的风险数以及项目风险的评估等级即可。详细的总体风险评估由项目管理人员提交相应的备注文件说明。

风险管理计划是联想消费电脑事业部项目管理的一个重要组成部分。在此提出的风险解决方案是我们结合消费产品研制的现状和项目组成员的需求制定出来的。实践证明，该套方案能满足目前对风险管理的需要，可以将一些不确定性问题挖掘出来，量化处理。WBS

字典的加入，风险问题和项目任务紧密结合起来，并且能转化为一种知识和技术积累，使工程师们宝贵的经验不至于白白流失，为后续的工作提供了良好的指导。

但是，产品研发的过程中出现的问题是多样的，我们对过程中出现问题的研究还是远远不够的。例如，目前我们研究的风险等级和发生的可能性还是要依赖工程师的判断，但是，不同的工程师对不同风险问题的理解不同，给出的数字也是不同的，所以，引入神经网络系统对相应的风险等级和发生的可能性进行判断，将是下一步要研究的问题之一。需要明确的是，企业中项目风险管理目前还远远没有成熟，需要大家的不断努力，挖掘新的解决方案，完善项目管理体系。

（资料来源：昌莉，靳春光，向佳，等.项目风险管理解决方案及应用[C]//中国（首届）项目管理国际研讨会.2002：809－814.）

讨论题：

(1) 简要论述联想电脑产品研发项目风险应对的主要特点。

(2) 请分析工程师在联想电脑产品研发项目风险应对中的独特作用。

(3) 请比较联想电脑产品研发项目与其他项目的风险规划的相似和不同之处。

7 项目风险监控

本章学习目标

通过对本章的学习，了解项目风险监控的概念、特点、过程等内容，掌握项目风险监控的技术、方法、工具及其应用。

7.1 引导案例——ERP 项目实施中的风险应对措施及风险监控

ERP 的项目管理是本着整体规划、分步实施的原则，对 ERP 项目所有方面进行计划组织、管理和监控，是为了达到项目实施后的预期成果和目标而采取的内部和外部持续性的工作程序。这是对时间、成本以及产品、服务细节的需求相互间可能发生的矛盾进行平衡的基础原则。建立起一整套行之有效的项目风险管理机制，对提高 ERP 系统的实施成功率至关重要。

ERP 项目的风险因素很多，比如业务流程设计失败、企业全范围的数据集成失败、培训不足、项目实施阻力大，缺乏高层管理人员的支持等，这些现象的出现从根本上说，是由于项目管理过程无法可依，遇到困难时就相互推诿。相反的，在项目管理控制程序下实施则能有效地控制项目风险。

7.1.1 ERP 项目存在的主要风险

1. 项目范围的风险

项目采购管理通常有三种合同方式，即固定价或总价合同、成本报销(加奖励)合同、单价合同。通常不确定性越大、风险越大的项目，越趋向于采用靠后的合同方式，这也是国外及国内部分 ERP 供应商在实施服务中采用按人、天提供服务并收取费用的原因。但是采用这种方式，客户存在较大的风险，因此，国内很多客户倾向于以固定价格订立实施服务合同。而这种合同方式，则对供应商存在较大风险。在此前提下，若项目范围定义不清晰，可能导致买卖双方对项目范围的认知产生分歧：卖方希望尽量缩小实施范围，以最小的成本结束项目；而买方希望将 ERP 系统的所有功能尽可能多地实施，以固定价格获得最大的效益。若双方的分歧较大，不能达成一致，则必然会造成效率低下，局面僵持。

因此，ERP 项目合同中，应对项目的实施范围作尽可能清晰的界定，切不可停留在“实施财务模块"或是"实施应收、应付、总账管理"之类的层面上。宁愿多花一些时间在项目实施前的范围界定工作上，也不要在项目实施过程中，面对ERP繁多的功能，实施方与用户争执不下，或被迫让步，无法投入更大的精力于项目中，而导致项目不能按时完成。

2. 项目进度的风险

关于ERP项目实施的周期，目前在宣传上有强调"快速"的倾向。但ERP项目进度的控制绝非易事，不仅取决于公司的能力，同时也在很大程度上受到客户对ERP期望值是否合理、对范围控制是否有效、对项目投入是否足够等方面的影响。

而实际操作中，并非所有用户对ERP实施都有这种理解与认同，因此，一味在项目进度计划时求快，甚至是刻意追求某个具有特殊意义的日期作为项目的里程碑，将对项目的控制造成很大压力。

事实上，很多项目的失败，正是由于项目进度出现拖延，而导致项目团队士气低落，效率低下。因此，ERP项目实施的时间管理，需要充分考虑各种潜在因素，适当留有余地；任务分解详细适中，便于考核；在执行过程中，应强调项目按进度执行的重要性，在考虑任何问题时，都要将保持进度作为先决条件；同时，合理利用赶工及快速跟进等方法，充分利用资源。

3. 项目人力资源的风险

人力资源是ERP项目实施过程中最为关键的资源，能够有合适的人，以足够的精力参与到项目中来，是项目成功实施的基本保证。

ERP项目实施中存在各种角色，各种角色应具备相应的素质。要降低项目的人力资源风险，就要保证进入到项目中并承担角色的各类项目关系人满足项目要求。因此，实施双方应对参与人员进行认真的评估，这种评估应该是双方面的，不仅是用户对咨询顾问的评估，也应包括咨询公司对项目的用户方成员(在国内目前的环境下，主要是指关键用户)的评估。同时，应保证项目人员对项目的投入程度。应将参与ERP项目人员的业绩评估与ERP项目实施的状况相关联，明确ERP项目是在该阶段项目相关人员最重要的本职工作；制订适当的奖惩措施；在企业中建立"一把手工程"的思想，层层"一把手"，即各级负责人针对ERP实施向下行使全权、对上担负全责，将"一把手"从个体概念延伸到有机结合的群体概念。

4. 对ERP认识不正确的风险

有的企业把ERP视为企业管理的灵丹妙药，认为既然ERP功能强大，只要用上了ERP系统，企业的所有问题便可迎刃而解；或者以为企业的所有流程都可以纳入到ERP中来；还有的人简单地将ERP视为当前业务流程的电子化。

要防范或减轻这种风险，需要对用户进行大量的培训：ERP的由来、ERP的功能、实施ERP的目的与期望等，尽可能在用户产生"ERP不能满足我的需求和期望"这种想法之前，让用户知道"现阶段对ERP合理的需求和期望是什么"。

7.1.2 ERP项目实施中的风险监控

采取以下措施对ERP项目实施中的风险进行监控，以防止危及项目成败的风险发生。

(1) 建立并及时更新项目风险列表及项目排序。项目管理人员应随时关注与关键风险相关的因素的变化情况，及时决定何时、采用何种风险应对措施。

(2) 风险应对审计：随时关注风险应对措施(规避、减轻、转移)实施的效果，对残余风险进行评估。

(3) 建立报告机制,及时将项目中存在的问题反映到项目经理或项目管理层处。

(4) 定期召集项目干系人召开项目会议,对风险状况进行评估,并通过各方面对项目实施情况的反馈来发现新风险。

(5) 更新相关数据库,如风险识别检查表,以利于今后类似项目的实施。

(6) 引入第三方咨询,定期对项目进行质量检查,以防范更大的风险。

在 ERP 实施过程中出现的问题是多样的,我们风险管理体系目前远远没有成熟,需要大家不断地努力,挖掘新的解决方案,完善项目管理中的风险管理体系。

7.2 项目风险监控概述

制订了项目风险规划之后,项目风险并非不存在,在项目推进过程中还可能会增大或者降低。因此,在项目执行过程中,需要时刻监控风险的发展与变化情况,并确定随着某些风险的消失而带来的新的风险。

7.2.1 项目风险监控的含义

美国 Standish Group 对信息技术项目的研究(超过 8 400 个项目,1994 年)表明,只有 16%的项目实现其目标,50%的项目需要补救,34%的项目彻底失败。J. D. Frame 博士于 1997 年在 438 位项目工作人员中进行了调查,结果表明,项目失败的比率也非常高。根据他的分析,大多数项目的问题来源于以下四个方面:组织方面出现问题(如因外来资源而产生的问题)、对需求缺乏控制、缺乏计划和控制、项目执行方面与项目估算方面的问题。

风险监控是通过对项目风险规划、识别、估计、评价、应对全过程的监视和控制,从而保证项目风险管理能达到预期的目标,它是项目实施过程中的一项重要工作。监控风险实际上是监视项目的进展和项目环境,即项目情况的变化,其目的是:核对风险管理策略和措施的实际效果是否与预见的相同;寻找机会改善和细化风险规避计划,获取反馈信息,以使将来的决策更符合实际。在风险监控过程中,及时发现那些新出现的以及预先制订的策略或措施不见效或性质随着时间的推移而发生变化的风险,然后及时反馈,并根据对项目的影响程度,重新进行风险规划、识别、估计、评价和应对。同时还应对每个风险事件制订成败标准和判断依据。

1. 风险监视

风险监视是及时了解和掌握项目风险变化的重要手段,因此,在项目风险管理中,风险监视需不间断进行。如果发现已有决策是错误的,就一定要尽早找出原因,及时采取纠正行动。如果决策正确,但是实施结果却并不好,这时不要过早地改变正确的决策,频繁地改变主意,这样不仅会减少应急用的后备资源,而且还会大大增加项目阶段风险事件发生的可能性,加重不利后果。监视风险之所以非常必要,是因为时间的影响是很难预计的。一般来说,风险的不确定性随着时间的推移而减小。因为风险存在的基本原因,是由于缺少信息和资料,随着项目的进展和时间的推移,有关项目风险本身的信息和资料会越来越多,对风险的把握和认识也会变得越来越清楚。

2. 风险控制

风险控制是为了最大限度地降低项目风险事故发生的概率和减小损失幅度而采取的风

险处置技术,以改变项目管理组织所承受的风险程度。为了控制工程项目的风险,美国学者认为可采取以下措施:根据风险因素的特性,采取一定措施使其发生的概率接近于零,从而预防风险因素的产生;减少已存在的风险因素;防止已存在的风险因素释放能量;改善风险因素的空间分布,从而限制其释放能量的速度;在时间和空间上把风险因素与可能遭受损害的人、财、物隔离;借助人为设置的物质障碍将风险因素与人、财、物隔离;改变风险因素的基本性质;加强风险部门的防护能力;做好救护受损人、物的准备。这些措施有的可用先进的材料和技术达到,此外,还应有针对性地对实施项目的人员进行风险教育,以增强其风险意识,同时要制订严格的操作规程以防止因疏忽而造成不必要的损失。风险控制是任何项目实施都应采用的一种风险处置方法。

7.2.2　项目风险监控的任务

项目风险监控的主要任务是采取应对风险的纠正措施以及全面风险管理计划的更新。包括两个层面的工作任务:

(1) 跟踪已识别风险的发展变化情况,包括在整个项目生命周期内,风险产生的条件和导致的后果变化,衡量风险减缓计划需求。

(2) 根据风险的变化情况及时调整全面风险管理计划,并对已发生的风险及其产生的遗留风险和新增风险及时识别、分析,并采取适当的应对措施。对于已发生过和已解决的风险也应及时从风险监控列表中调整出去。

7.2.3　项目风险监控的依据

风险监控依据包括风险管理计划、实际发生了的风险事件和随时进行的风险识别结果,主要内容包括以下几个方面。

(1) 风险管理计划;

(2) 风险应对计划。

(3) 项目沟通。工作成果和多种项目报告可以表述项目进展和项目风险。一般用于监督和控制项目风险的文档有:事件记录、行动规程、风险预报等。

(4) 附加的风险识别和分析。随着项目的进展,在对项目进行评估和报告时,可能会发现以前未曾识别的潜在风险事件。应对这些风险继续执行风险识别、估计、量化和制订应对计划。

(5) 项目评审。风险评审者检测和记录风险应对计划的有效性,以及风险主体的有效性,以防止、转移或缓和风险的发生。

7.3　项目风险监控的过程

作为项目风险管理的一个有机组成部分,项目风险监控也是一种系统过程活动。我们可以从内部和外部两种视角来看待风险监控过程:外部视角详细说明过程控制、输入、输出和机制;内部视角详细说明用机制将输入转变为输出的过程活动。

7.3.1　风险监控过程目标

当风险监控过程满足下列目标时,就说明它是充分的。

(1) 监控风险设想的事件和情况；
(2) 跟踪控制风险指标；
(3) 使用有效的风险技术和工具；
(4) 定期报告风险状态；
(5) 保持风险的可视化。

7.3.2 风险监控过程定义

根据 PMBOK 风险处理框架，风险监控过程定义参见图 7-1 的 IDEFO 图。风险监控过程封装了将输入转变为输出的过程活动。控制（位于顶部）调节过程，输入（位于左侧）进入过程，输出（位于右侧）退出过程，机制（位于底部）支持过程。

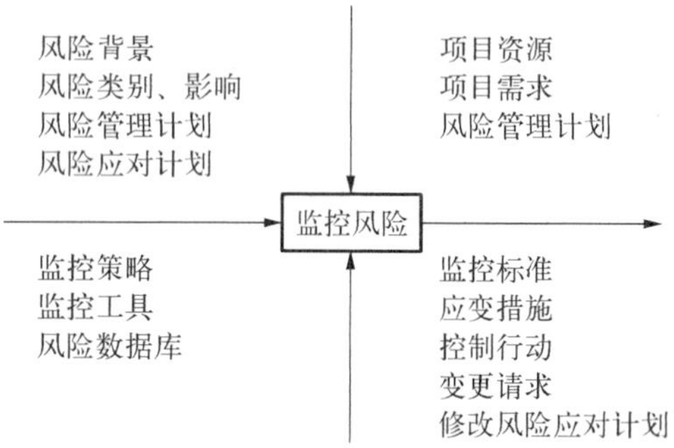

图 7-1 风险监控过程

1. 过程控制

和控制风险规划过程一样，项目资源、项目需求和风险管理计划同样约束着风险监控过程。

2. 过程输入

风险背景，风险识别、估计、评价的结果，风险管理计划，风险应对计划等是风险监控过程的主要输入。

3. 过程输出

风险监控标准、应变措施、控制行动、变更请求等是风险监控过程的输出，主要内容包括：

(1) 风险监控标准。主要指项目风险的类别、发生的可能性和后果。

(2) 随机应变措施。随机应变措施就是消除风险事件时所采取的未能事先计划的应对措施。这些措施应有效地记录，并融入项目的风险应对计划中。

(3) 控制行动。控制行动就是实施已计划了的风险应对措施（包括实施应急计划和附加应对计划）。

(4) 变更请求。实施应急计划经常导致对风险作出反应的项目计划变更请求。

(5) 修改风险应对计划。当预期的风险发生或未发生时，或当风险控制的实施消减或未消减风险的影响或概率时，必须重新对风险进行评估，对风险事件的概率和价值以及风险管理计划的其他方面作出修改，以保证重要风险得到恰当控制。

4. 过程机制

机制可以是方法、技巧、工具或为过程活动提供的其他手段。风险监控方法、风险监控工具和风险数据库都是风险监控过程的机制。风险监控工具的使用使监控过程自动化、高效化。

5. 风险监控过程活动

风险监控过程活动包括监视项目风险的状态，如风险是已经发生、仍然存在还是已经消失；检查风险应对策略是否有效，监控机制是否正常运行，并不断识别新的风险，及时发出风险预警信号并制订必要的对策措施。其主要内容包括：

(1) 监控风险设想；
(2) 跟踪风险管理计划的实施；
(3) 跟踪风险应对计划的实施；
(4) 制订风险监控标准；
(5) 采用有效的风险监视和控制方法、工具；
(6) 报告风险状态；
(7) 发出风险预警信号；
(8) 提出风险处置新建议。

7.4 项目风险监控的时机

风险监控既取决于对项目风险客观规律的认识程度，同时也是一种综合权衡和监控策略的优选过程，既要避险，又要经济可行。解决这个问题有两种办法：第一种，把接受风险之后得到的直接收益同可能蒙受的直接损失相比较。如果收益大于损失，项目继续进行；否则就没有必要把项目继续进行下去。第二种，是比较间接收益和间接损失，比较时，应该把那些不能量化的方面也考虑在内，例如环境影响。在权衡风险后果时，必须考虑纯粹经济以外的因素，包括为了取得一定的收益而实施规避风险策略时可能遇到的困难和费用。图 7－2 表示的是规避风险策略的效果与为此而付出的相应费用的关系。

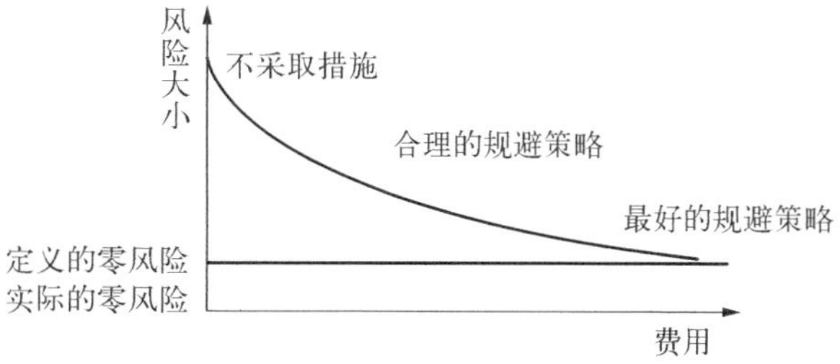

图 7－2 风险监控时机选择

图 7－2 中最左边的点表示根本未采取任何风险规避策略，即没有投入任何资金，项目是成功还是失败，完全顺其自然。沿着横坐标向右，随着资金投入的增加，风险规避策略的效果增强，在最右边风险被削弱到最低限度。但是，这个最低限度不是零风险，而是一种人们不视其为风险的水平。这个最低限度是根据主观判断确定的，是项目各有关方一致认为不是风险的水平。

7.5 项目风险监控的方法

风险监控还没有一套公认的、单独的技术可供使用，其基本目的是以某种方式驾驭风险，保证项目可靠、高效地完成项目目标。由于项目风险具有复杂性、变动性、突发性、超前性等特点，风险监控应该围绕项目风险的基本问题，制订科学的风险监控标准，采用系统的管理方法，建立有效的风险预警系统，做好应急计划，实施高效的项目风险监控。

风险监控方法可分为两大类：一类用于监控与项目、产品有关的风险；另一类用于监控与过程有关的风险。风险监控方法有很多，前几章介绍的一些方法、技术也可用于风险监控，下面再介绍一些有关风险监控的方法。

7.5.1 系统的项目监控方法

风险监控，从过程的角度来看，处于项目风险管理流程的末端，但这并不意味着项目风险控制的领域仅此而已，风险控制应该面向项目风险管理的全过程，项目预定目标的实现，是整个流程有机作用的结果。许多关于项目管理的调查显示，项目管理过程的完成结果是不令人满意的。大多数项目缺少足够的支持、全面的计划、详细的跟踪以及目标不明确。这些及其他障碍增加了项目失败的可能性。项目管理的系统方法有助于避免或减少引起这种不利后果的风险。这套方法的目的是为有效率、有效果地领导、定义、计划、组织、控制及完成项目提供指导和帮助，见表 7－1。

表 7－1　系统的项目管理主要内容

<table>
<tr><td>领导</td><td>· 交流
· 保持方向
· 主动性
· 支持
· 成立小组
· 观点</td><td rowspan="2">组织</td><td rowspan="2">· 备忘录
· 新闻
· 程序
· 项目手册
· 项目办公室
· 报告
· 小组组织
· 工作量</td></tr>
<tr><td>定义</td><td>· 项目声明
· 工作条文</td></tr>
<tr><td>计划</td><td>· 成本计算
· 预测
· 资源分配
· 风险控制
· 计划
· 工作分类结构</td><td>控制</td><td>· 变化的控制
· 应急计划
· 正确的行动
· 会议
· 计划更新
· 情况的收集与评价</td></tr>
<tr><td>组织</td><td>· 自动工具
· 形式
· 历史资料
· 图书馆</td><td>结束</td><td>· 学过的课程
· 检查完成的部分
· 统计汇编
· 活动完成</td></tr>
</table>

风险监控应是一个连续的过程，它的任务是根据整个项目风险管理过程规定的衡量标准，全面跟踪并评价风险处理活动的执行情况。有效的风险监控工作可以指出风险处理活动有无不正常之处，哪些风险正在成为实际问题，掌握了这些情况，项目管理组就有充裕的时间采取纠正措施。建立一套管理指标系统，使之能以明确易懂的形式提供准确、及时而关系密切的项目风险信息，是进行风险监控的关键所在。这种系统的项目管理方法有诸多的好处：

（1）为项目管理提供了标准的方法。标准化管理为项目管理人员交流提供了一个共同的基础，减少了识别风险及处置风险错误的可能性。

（2）伴随标准化而来的是交流沟通的改进，保障了信息资源共享。

（3）由于项目风险的变动性和复杂性，这种系统的项目管理方法为项目经理对不断变化的情况作出敏捷的反应提供了必要的指导和支持。

（4）这套方法为项目风险管理提供了较好的预期，使得每一个项目管理人员能对风险后果作出合理的预期,同时通过使用标准化的项目风险管理程序也使管理风险具有连续性。

(5) 这套方法提高了生产率。标准化、敏捷的反应、完善的交流、合理的预期,这些都降低了项目的复杂性、混乱性和冲突性,同时也减少了外部或自身风险发生的机会。

7.5.2 风险预警系统

由于项目的创新性、一次性、独特性及其复杂性,决定了项目风险的不可避免性;风险发生后所造成损失的难以弥补性和工作的被动性决定了风险管理的重要性。传统的风险管理是一种"回溯性"管理,属于亡羊补牢,对于一些重大项目,往往于事无补。风险监控的意义就在于实现项目风险的有效管理,消除或控制项目风险的发生或避免造成不利后果。因此,建立有效的风险预警系统,对于风险的有效监控具有重要作用和意义。

风险预警管理,是指对于项目管理过程中有可能出现的风险,采取超前或预先防范的管理方式,一旦在监控过程中发现有发生风险的征兆,及时采取校正行动并发出预警信号,以最大限度地控制不利后果的发生。因此,项目风险管理的良好开端是建立一个有效的监控或预警系统,及时觉察计划的偏离,从而高效地实施项目风险管理过程。当计划与现实之间发生偏差时,存在这样的可能,即项目正面临着不可控制的风险,这种偏差可能是积极的,也可能是消极的。例如,计划之中的项目进度拖延与实际完成日期的区别显示了计划的提前或延误。前者通常是积极的,后者是消极的,但这两种情况都是不必要的。这样,计划日期之间的区别就是系统会预测到的一个偏差。

另一个关于计划的预警系统是浮动或静止不动。浮动是影响重要途径的前一项活动在计划表中可以延误的时期。重要途径,就是在网络图中最长的部分很少发生浮动。项目中浮动越少,风险产生影响的可能性就越大。浮动越低,工作越重要。预算与实际支出之间的差别一定要控制,两者之间的偏离表明完成工作与预算之间花费得太少或者太多,前者通常是积极的,后者是消极的。

美国国防部从20世纪70年代起,逐步建立起相对完善的风险管理流程,多年的实践使其深刻地体会到:工程项目管理就是风险管理,只有使风险管理成为与武器装备的整个寿命周期相伴随的一个系统化过程,才能消除或最大限度地控制风险。在长期的项目风险管理实践中,美国国防部认识到风险预警在项目管理中的重要性:一是如何通过制订采办政策和采办策略,来促进承制方尽早确定风险管理策略,并在整个寿命周期中始终注意风险问题,积极开展风险管理。例如,为了降低风险,缩短研制周期,减少费用,在"项目定义与项目论证阶段"(相对于我国的方案阶段),美国重大武器装备研制一般都选定两个厂家研制试验样机,以期通过竞争来降低风险。二是为了加强使用方对项目风险的监控力度,即在批准进入下一个采办阶段之前,各个里程碑决策点应对项目计划的风险和风险管理方案进行明确的评估。著名的跨国公司——美国大西洋富田公司(ARCO),在确定其分承包商方式、部门职责、质量控制、进度控制、文件控制、保险等方面都提出了严格的要求,以便对管理活动和施工作业进行全过程、全方位的监控。它还要求分承包商投保高额的保险,以保证不因意外的事故破产而影响积极采取行动来开展项目风险管理。他山之石,可以攻玉,美国等发达国家项目风险的预警管理模式,给我们如何开展项目风险管理以深刻的启迪。相比之下,项目主体风险管理滞后,使用方控制不力是我们当前风险控制难以有效实施的关键所在。

综上所述，风险监控的关键在于培养敏锐的风险意识，建立科学的风险预警系统，从“救火式”风险监控向“消防式”风险监控发展，从注重风险防范向风险事前控制发展。

7.5.3 制订应对风险的应急计划

风险监控的价值体现在保持项目管理在预定的轨道上进行，不致发生大的偏差，造成难以弥补的重大损失，但风险的特殊性也使监控活动面临着严峻的挑战，环境的多变性，风险的复杂性，这些都对风险监控的有效性提出了更高的要求。为了保持项目有效果、有效率地进行，必须对项目实施过程中的各种风险（已识别的或潜在的）进行系统管理，并对项目风险可能出现的各种意外情况进行有效管理，因此，制订应对各种风险的应急计划是项目风险监控的一个重要工作，也是实施项目风险监控的一个重要途径。

应急计划是为控制项目实施过程中有可能出现或发生的特定情况做好准备。例如，一种外部风险的引入，项目预算削减 20%。应急计划包括风险的描述、完成计划的假设、风险发生的可能性、风险影响以及适当的反应等。

一个有效的应急计划往往把风险看作是由某种“触发器”（Trigger）引起的，即项目中的风险存在着某种因果关系。在项目管理中，仅仅接受风险而不重视风险的原因，只会鼓励面对风险作出反应，而不是预先行动，计划应对风险来源作出判断。图 7-3 描述了应急计划流程图，表 7-2 总结了风险的因果关系，表 7-3 介绍了应急计划的基本格式。

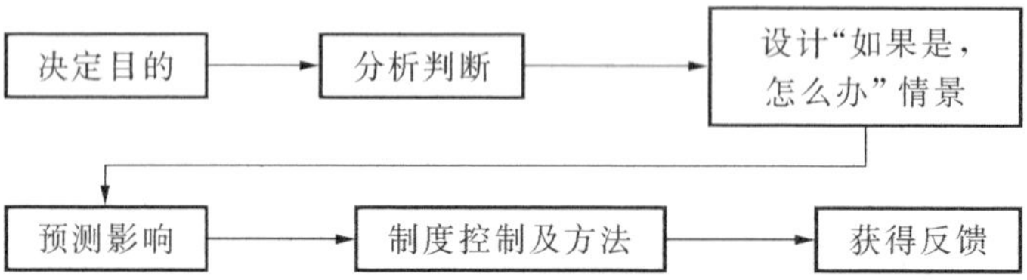

图 7-3 应急计划流程图

表 7-2 因果关系触发器

产生的原因	结果
文化	对社会的看法及观点
经济	成本失败
人	生活威胁
劳动力	罢工
法律	司法体系及效力；政府政策
管理	组织方向
市场	市场分享/渗透
媒体	公众支持
伦理	精神方面
政治	地位
技术	“现在不能做”影响

表 7-3　应急计划基本格式

风险描述
假设
可能性 周期一：　高　　　　中　　　　低
影　响 技术的： 操作的： 功能的：
目　的

触发器在项目风险监控中是一个十分有用的概念，触发器可提供 3 种基本的控制功能：第一是激活，触发器提供再次访问风险行动计划（或对照计划取得的进展）的警铃；第二是解除，触发器可用于发送信号，终止风险应对活动；第三是挂起，触发器可用于暂停执行风险行动计划。以下 4 种触发器用于提供不可接受风险级别的通知：

（1）定期事件触发器。提供活动通知，进度安排的项目事件（如每月管理报告、项目评审和技术设计评审）是定期事件触发器的基础。

（2）已逝时间触发器。提供日期通知，日程表（如距今 30 天以后、本季度末、财政年度的开端）是过去时间触发器的基础，也可用具体日期作为以时间为基础的触发器。

（3）相对变化触发器。提供在可接受值范围外的通知，相对变化是预先确定的定量目标与实际值之间的差距。阈值被设为高于或低于定量目标的一个目标值，具体百分比的偏差，高于或低于计划的定量目标，都将使触发器发出信号。

（4）阈值触发器。提供超过预先设定阈值的通知，状态指标和阈值的对比是阈值触发器的基础。状态指标超过了阈值时，就设定触发器，如果项目风险指标超过阈值，将发出报警信号，及时提醒项目管理人员，并报告定量成本预算内的结果。

7.5.4　制订风险监控行动过程

风险监控过程有助于控制项目过程或产品的偏差。例如，风险管理过程可能需要控制行动来改进过程。风险行动计划是一种中间产品，它可能需要控制行动来修改没有产生满意结果的途径。项目风险监控，重要的是应根据监控得到的项目风险征兆，作出合理的判断，采取有效的行动，即必须制订项目风险监控行动过程。根据控制的 PDCA 循环过程，项目风险监控行动过程一般包括 4 个步骤。

（1）识别问题：找出过程或产品中的问题，产品可能是中间产品，如风险行动计划。

（2）评估问题：进行分析以便理解和评估记录在案的问题。

（3）计划行动：批准行动计划来解决问题。

（4）监视进展：跟踪进展直至问题得以解决，并将经验教训记录在案，供日后参考。

7.6 项目风险监控的技术与工具

7.6.1 风险监控技巧

项目监控技巧往往取决于可用的工具。一个项目的自动化程度取决于所用的工具，如简单的电子表格应用程序可用于绘制导航图表和报告趋势，复杂的进度工具可用于跟踪长时间的活动和资源。无论工具的自动化程度有多高，但都绝对有必要保持跟踪一套计划性和技术性能度量，这对监视风险而言，至关重要。技术性能度量（Technical Performance Measures，TPM）描述了系统实践的定量目标。一种风险监控技巧是利用静态的度量来揭示动态的项目风险。首先定义可接受状态的范围；然后跟踪状态确定趋势。当度量低于可接受的值时，立即启动行动计划。用静态度量来监视风险，包括以下 3 个步骤：

（1）将不可接受状态的警告级别定义为阈值；

（2）用度量和度量规格监视状态指标；

（3）用触发器控制风险行动计划。

7.6.2 风险监控技术

1. 审核检查法

审核检查法是一种传统的控制方法，该方法可用于项目的全过程，从项目建议书开始，直至项目结束。

项目建议书、项目产品或服务的技术规格要求、项目的招标文件、设计文件、实施计划、必要的试验等都需要审核。审核时要查出错误、疏漏、不准确、前后矛盾、不一致之处。审核还会发现以前或他人未注意的或未考虑到的问题。审核多在项目进展到一定阶段时，以会议形式进行。审核会议要有明确的目标、问题要具体，要请多方面的人员参加，参加者不能审核自己负责的部分工作。审核结束后，要把发现的问题及时交代给原来负责的人员，让他们马上采取行动，予以解决，问题解决后要由专人签字验收。

检查是在项目实施过程中进行，而不是在项目告一段落后进行。检查是为了把各方面的反馈意见及时通知有关人员，一般以完成的工作成果为研究对象，包括项目的设计文件、实施计划、试验计划、试验结果、正在施工的工程、运送到现场的材料、设备等。检查不像审核那样正规，一般在项目的设计和实施阶段进行。参加检查的人员专业技术水平最好大致相同，这样便于平等地讨论问题。检查之前最好准备一张表，把要问的问题记在上面。在检查时，把发现的问题及时记录在案。检查结束后，要把发现的问题及时地向负责该工作的人员反馈，使他们能马上采取行动，予以解决，问题解决后要由专人签字验收。

2. 监视单

监视单是项目实施过程中需要管理工作给予特别关注的关键区域的清单。这是一种简单明了又很容易编制的文件，内容可浅可深，浅则可只列出已辨识出的风险。深则可列出诸如下述内容：风险顺序、风险在监视单中已停留的时间、风险处理活动、各项风险处理活动的计划完成日期和实际完成日期、对任何差别的解释等。监视单的示例见表 7－4。

表 7-4　项目风险监视单示例

潜在风险区	风险降低活动	活动代码	预计完成日期	完成日期	备注
准确预测舰载设备经受的冲击环境	使用多重有限源代码和简化数字模型进行早期评估；对简单隔离的结构、简单隔离的舱室以及建议的隔离结构进行冲击试验以提高预测的置信度	SEA 03P31	1997.8.31 1998.8.31		
评价与以往设计不同的舰船系统的声学影响	对未经大尺寸试验或全尺寸试航验证的技术集中力量建立声学模型和缩尺试验将利用隔离模块舱得出的声音信号减弱系数纳入系统要求。持续进行模型试验以确认对隔离舱的预测值	SEA 03TC	1997.8.31 1997.8.31		

项目风险监视单的编制应根据风险评估的结果，一般应使监视单中的风险数目尽量少，并重点列出那些对项目影响最大的风险。随着项目向前进展和定期的评估，可能要增补某些内容。如果有数目可观的新风险影响重大，非常有必要列入监视单则说明初始风险评估不准，项目风险比最初预估的要大，也可能说明项目正处在失去控制的边缘。如果某项风险因风险处理无进展而长时间停留在监视单之中，则说明可能需要对该风险或其处理方法进行重新评估。监视单的内容应在各种正式和非正式的项目审查会议期间进行审查和评估。

3. 项目风险报告

项目风险报告是用来向决策者和项目组织成员传达风险信息，通报风险状况和风险处理活动的效果。风险报告的形式有多种，时间仓促可作非正式口头报告，里程碑审查则需提出正式摘要报告，报告内容的详略程度按接受报告人的需要确定。

成功的风险管理工作都要及时报告风险监控过程的结果。风险报告要求，包括报告格式和频度一般应作为制订风险管理计划的内容统一考虑，并纳入风险管理计划。编制和提交此类报告一般是项目管理的一项日常工作。为了看出技术、进度和费用方面有无影响项目目标实现和里程碑要求满足的障碍，可将这些报告纳入项目管理审查和技术里程碑进行审查，这对项目管理办公室和其他外围单位可能很有用。尽管此类报告可以迅速地评述已辨识问题的整个风险状况，但是更为详细的风险状况可能还需要单独的风险分析。

在这里主要介绍两类风险报告，一类是在项目实施之前根据风险分析的结果进行汇总的项目风险响应计划，另一类是在项目执行过程中对风险事件进行监控和状态汇报的风险管理情况报告和风险日志。

(1) 项目风险响应计划

所谓风险响应，是对一个风险事件所采取的行动，它是为减小风险发生的可能性，或者降低它的有害影响的严重性而采取的行动。而在项目实施阶段开始时，首先需要将当时所有已识别出的风险进行详细的记录，以便于项目实施过程中的风险监控，这种用于记录风险的文件通常被称为“风险响应计划(Risk Response Plan)”，有时也称作“风险注册表(Risk

Register)”,它的主要内容包括风险简要描述、原因、发生概率、对项目目标的影响、建议的应对措施、风险的责任者等。

例如,在某军用航空型号项目中,经过风险分析确认了在工程研制阶段存在 14 项风险事件。在研制项目实施前将这 14 项风险详细地记录在一个风险注册表 7-5 中。

表 7-5　××项目风险研制阶段风险注册

序号	风险事项	风险分析结果			风险分析方法	应对措施
		风险事件发生的概率	风险的严重性	风险的等级		
1	战术技术指标失当	0.5	Ⅲ	低	头脑风暴法、主观概率	承担或转移
2	双三角翼布局失误	0.7	Ⅱ	中	故障树分析	避免或转移
3	机动襟翼系统失误	0.7	Ⅱ	中	故障树分析	避免或转移
4	发动机失误	0.3	Ⅲ	低	故障树分析	避免或转移
5	订货方案决策更改	0.3	Ⅱ	中	头脑风暴法,经验分布	避免
6	进度严重拖延	0.5	Ⅱ	中	风险核对表、外推法	避免
7	发生重大事故	0.1	Ⅰ	高	风险核对表、主观概率	避免
8	费用超支	0.5	Ⅲ	低	风险核对表、外推法	承担
9	外部采购产品价格过高	0.5	Ⅲ	低	风险核对表	承担
10	计划不周	0.5	Ⅲ	低	风险核对表	承担
11	技术问题拖延	0.5	Ⅲ	低	头脑风暴法、主观概率	承担
12	生产质量问题拖延	0.5	Ⅲ	低	头脑风暴法、主观概率	承担
13	保障条件不适用	0.5	Ⅲ	低	风险核对表	承担
14	保障条件不具备	0.5	Ⅳ	低	风险核对表	预防

在某些大型复杂项目中,随着项目的进展,风险事件的内容和处理方式都会发生变化。因此,在必要时在项目的各里程碑节点都需要重新识别、分析下一个项目阶段的风险事项、风险分析结果和应对措施等。例如,我国的国防项目常在论证阶段、方案阶段、工程研制阶段和生产交付阶段都对项目的风险进行分析并制订相应的计划。

(2) 项目实施过程中的风险报告

在项目的实施过程中,有些识别出的风险事件将会发生,有些事件则可能实际并没有发生,也可能在事先并没有预料到的一些风险事件却在项目过程中发生了。而且,在整个项目过程中风险事件的发生概率和影响程度也不是一成不变的,必须实时地将这些风险变化记录下来以便于管理人员和决策者迅速做出反应。这种报告的形式是多样的,可以用口头报告、正式报告,其详细程度也可根据需要确定。

在一般情况下,可以按照固定间隔时间进行风险报告。表 7-6 是一个项目风险报告的示例,它报告的是在项目执行的某一节点时各项风险的状况信息。

表 7-6 项目风险报告示例

编号	风险事项	风险变化情况	状况/意见
1	无库存编目的备件	风险得到一定缓解	数据审查中，需指定件号
2	工程更新	风险减轻，风险等级由“中”降为“低”	数据已经审查，无须更新
3	备件和保障	风险减轻，风险等级由“高”降为“低”	备件清单已批准，无对策计划
4	经费申请的审批周期过长	风险得到一定缓解	
5	工程索赔	风险解除	问题得到解决
6	政府提供的设备缺乏后勤保障分析记录	无变化	承包商后勤保障分析计划提交，第二年重新安排进度
7	零件采购时机	风险减轻，风险等级由“高”降为“低”	进行工作分析确定购买机会
8	设计成熟性	风险减轻，风险等级由“高”降为“低”	研究民用多路调制器接口
9	系统硬件接口定义	风险加重，风险等级由“低”升为“高”	天线、电缆布局引发风险问题

这张风险报告单对于项目管理者和其他项目相关者实施项目将是非常有用的。

7.6.3 挣值法

挣值(Earned Value)法是衡量项目执行情况和绩效的常用分析方法。这种方法科学地引入了一个能够反映项目进展情况的费用尺度——已完成工作的基线费用，被称为“挣值”来监控项目的费用情况。挣值表示以计划费用基线为基础的已完成工作的货币价值。它综合了项目范围、时间、费用测量，通过对已完成工作实际成本(ACWP)与计划工作预算成本(BCWS)、已完成工作预算成本(BCWP)的比较，确定项目在费用支出和时间进度方面是否符合原定计划要求。

挣值法采用货币形式代替工作量来测量项目的进度，它不以投入资金的多少来反映项目的进展，而是以资金已经转化为项目的成果量来进行衡量。所有的工作都按照时间段的“计划价值”增值进行计划、预算和进度安排，构成了成本和进度的度量基线。通过将实际项目进展与该基线进行比较，分析实际与计划的偏差，就可以预测各种时间的完成情况，及时处理各种变化。

在实际项目实施过程中总会有不可预期的各种因素变化，因此偏差是始终存在的。在项目实施过程中，必须将这种偏差控制在允许的范围内。一旦偏差超出了允许的范围，就表明项目的预算或者进度将可能无法按照计划完成，导致项目目标的偏离，这样就产生了风险。

挣值法可以在偏差还没有达到危险的程度之前就发现风险，从而采取措施以规避项目风险。

1. 挣值法的基本原理

在项目进行期间，定期监控如下三个基本参数。

计划工作预算成本(Budgeted Cost for Work Scheduled, BCWS)，其计算公式为：

BCW＝计划工作量×预算定额

已完成工作实际成本(Actual Cost for Work Performed, ACWP)，主要反映项目执行的实际消耗指标。

已完成工作预算成本(Budgeted Cost for Work Performed, BCWP)，是用已完成工作量及按预算定额计算出来的费用，即挣值。其计算公式为：

BCWP＝已完成工作量×预算定额

用挣值法进行项目费用控制时，借助于工作分解结构(WBS)，将 BCWP 与 ACWP 进行比较，用其偏差值和偏差率来判断项目实际费用是否保持在预算范围内。

利用上述三个基本参数可以导出以下几个重要指标：

费用偏差(Cost Variance,CV)，计算公式为 CV＝BCWP－ACWP。

进度偏差(ScheduleVariance,SV)，计算公式为 SV＝BCWP－BCWS。

费用执行指标(Cost Performed Index,CPI)，是指预算费用与实际费用值之比(或工时值之比)。计算公式为 CPI＝BCWP/ACWP。

进度执行指标(Schedule Performed Index, SPI)，是指项目挣值与计划之比。计算公式为 SPI＝BCWP / BCWS。

用这几个重要指标判别项目费用和进程的标准：

当 CV 为负值时，表示项目执行效果不佳，实际费用超过预算费用；当 CV 为正值时，表示项目执行效果好，实际费用低于预算费用；当 CV 等于零时，表示实际费用等于预算值。

当 SV 为正值时，表示进度提前；当 SV 为负值时，表示进度延误；当 SV 等于零时，表示实际进度等于计划进度。

当 CPI 大于 1 时，表示低于预算，即实际费用低于预算费用；当 CPI 小于 1 时，表示超出预算，即实际费用高于预算费用；当 CPI 等于 1 时，表示实际费用与预算费用吻合。

可采用 S 曲线来表示费用和进度的判别标准。

人们常常把 BCWP 和 ACWP 在不同报告期的值画在一张时间表上，称为 S 曲线。S 曲线可以显示项目是超支还是在预算范围内。如果再画上计划费用基线 SCWS，则对比 BCWP 与 BCWS 和 ACWP 值，可以得到项目是提前还是滞后于计划的状态。这样就可以进行费用和进度控制。如图 7－4 所示为四种类别的 S 曲线。

S 曲线说明了挣值(BCWP)与已完成工作的实际费用(ACWP)、预定工作的基线费用(BCWS)以及费用偏差(CV)和进度偏差(SV)之间的关系。同时也说明了预算估算和基本计划估算之间的区别。如图 7－5 所示。基线是控制的尺度，而预算则是项目业主最期望花费的费用，两者之间的差值就是不可预见费。

图 7－5 中的 S 曲线表明，在当前时间，费用偏差为正值，表示项目超支；进度偏差为负值，表示项目滞后计划安排。

通过偏差计算可预测项目完成时可能发生的费用(EAC)。

在预测时，有两个简化的假定：

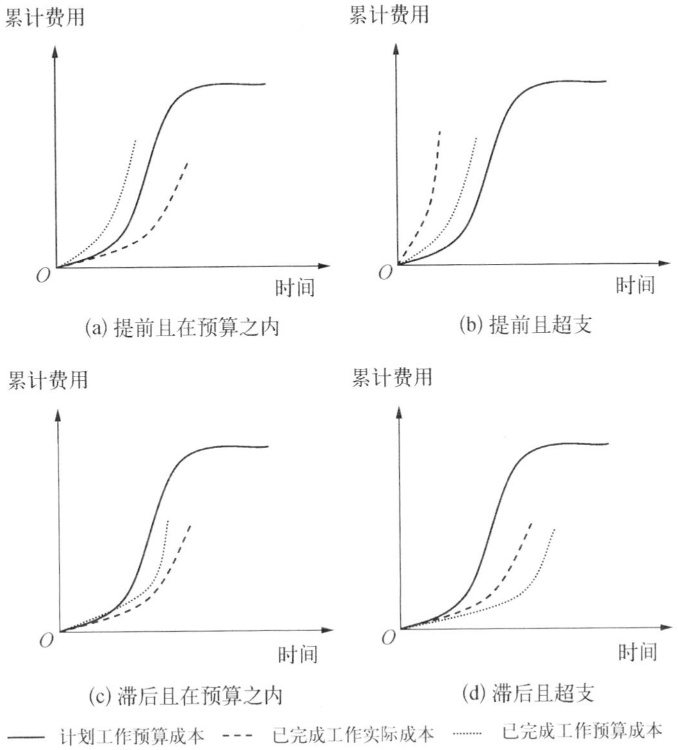

图 7－4　四种类型的 S 曲线

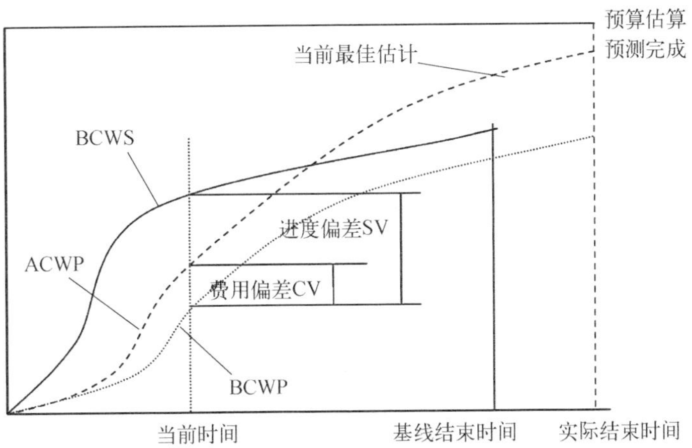

图 7－5　S 曲线的应用

（1）如果项目完成时的偏差等于目前的偏差，那么，EAC＝预算＋目前的偏差。

（2）如果项目完成时的偏差率等于目前的偏差率，那么，EAC＝预算×（1＋目前的偏差率）。

后一种更符合实际情况，但一般常用的还是前者。因为一些超支现象不可能重复发生，那些重复的超支现象可以借助以前的经验予以减少，一些节省的费用可用来平衡以后的超支。实际上，最准确的预测是在 WBS 的一个较低层次上得到的。其中，由于在实践中，类似的工作元素可因为经验而不断修改，所以“目前的偏差率”相对准确些。

美国军方利用“成本进度控制系统”评估承包商的成本估算，对承包商成本估算进行评估时所采用的公式为：

完成时的估算＝累计完成工作的实际成本＋(完成时的预算－累计完成工作的预算成本)/实效系数。

他们使用了四种实效系数，如表7－7所示。以美军最终放弃的A－12项目为例，可以分析在此公式的应用过程。表7－7给出了1990年4月A－12项目的成本实效系数，表7－7是用四个实效系数计算出的成本估算区间值。

表7－7　1990年4月A－12项目的成本实效系数　　单位：百万美元

月份	计划工作的预算成本	完成工作的预算成本	完成工作的实际成本	进度差异	成本差异	完成时的预算	完成时的估算	完成时的差异
4	2 080	1 491	1 950	589	549	4 046	4 400	354

将表7－7给出的四个实效系数值分别带入上述公式，于是便计算出四个成本估算区间值(见表7－8第三列)。从表7－8中可以看出，1990年4月，A－12项目承包商给出完成该项目时的成本估算是44亿美元，没有落在四个成本估算区间值内，即66.12亿美元和52.92亿美元之间。这表明承包商的成本估算系统有问题。另外，从表中可以看出，到1990年4月，A－12项目成本超支已达5.49亿美元，进度拖延已达5.89亿美元。显然，严重超预算和拖延进度是使历时5年之久，已耗费19.50亿美元的A－12项目夭折的直接原因。

表7－8　A－12项目用四个实效系数算出的成本估算区间值

实效系数	实效系数值	完成时的估算(百万美元)
CPI×SPI	0.548 1	6 612
SPI	0.716 8	5 514
0.8PCI＋0.2SPI	0.755 1	5 334
CPI	0.764 6	5 292

挣值法最先是在美国出现并应用的，20世纪90年代，美国国内商业领域和美国国防部都已经制定了关于挣值管理系统运行的标准。这些标准对于挣值管理的实施进行了比较明确的规定，例如在挣值和管理报告方面规定：

(1) 至少以月为基础，从会计系统中的成本账户生成计划预算的量与实际完成预算的量的比较、实际工作预算的量与实际成本的比较，以满足管理使用实际成本数据的需要。

(2) 至少每月确认计划与实际进度之间的差异和计划与实际成本之间的差异。

(3) 为了对项目管理实施有效控制，应确认预算和实际的间接成本，还必须提供产生差异的原因。

(4) 为了支持管理的需要和顾客在合同中的指定报告，通过项目组织或工作分解结构来总结数据和相关的差异。

(5) 按照项目挣值管理信息的结果采取管理行动。

(6) 在当日绩效、材料的价值、未来状况的估计的基础上开发项目总成本的修正估计。

对于采用挣值管理方法识别出的偏差，通常需要采取修正行动或者进行项目的变更。

从项目风险角度来说,所采取的修正行动或者进行变更,实际上就是对项目的风险采取合理的应对措施。

2. 挣值法在项目风险管理中的运用

任何拥有项目工作分解结构性的计划、成本计划和适当的信息收集系统的项目都可以使用项目挣值管理方法,但并不代表挣值法适用于所有类型的项目。总的来说,具有以下一项或者多项主要特征的项目适合使用项目挣值管理方法:① 目标界定清晰;② 达到目标的路径清晰;③ 劳动含量高;④ 创造性的工作;⑤ 规范的管理结构;⑥ 成本和工期受到限制。

挣值法最主要的应用是在大型的国防工程开发项目上,因为这样的项目中会有很多需要用创造性的方法来解决的问题,要求有很高的创新度。这类项目一般都有很大的风险,而且容易超出工期和成本的限制。用挣值法来处理这类问题,尤其在不确定的项目状况下,对项目进展的度量有很好的效果。这种方法有时被称为"项目成本工期的集成控制",可以对项目状况变坏时进行及时预警,这样就可以创造更多的机会来对项目过程中产生的风险采取补救措施,以免项目的进展状况无法挽回。

一般来说,在项目开展的过程中建立一套项目成本/进度控制系统,是实施挣值法的必要条件。一个比较完整的项目成本/进度控制系统应该包含以下一些主要内容:

(1) 工作分解的进度和成本计划。在国外的国防项目中,一般认为正式的、规范的项目进行分解结构应当是"基于项目产出物"的,即用来定义项目承包商向业主提供的产品和劳务的层次性描述。然而在一般的项目中,常常可以按照项目产出物、项目组织、项目任务等不同形式来生成项目工作分解结构。在此基础之上,对每一个工作包进行计划任务、分配资源、安排成本,再加上项目不可预见费用预算的项目成本总和,就形成了详细的进度和成本计划,即项目的基线。

(2) 准确实时的项目成本报告系统。挣值法的主旨在于将实际完成的预算和工作与项目基线进行比较,从而得出对项目进展情况的评价,并对不利情况进行预警和报告。因此,建立一种实时监控的报告系统是进行挣值管理的基础。报告系统应当定义成本报告的责任者、报告数据结构、报告频率等内容。

(3) 正式的项目进度评估方法。对于项目现实进展情况进行正确的评估,是决定项目未来是否采取纠偏行动、采取何种纠偏措施的重要环节。实际项目中应当根据不同的环境和情况对各种评估方法进行选择,常用的方法可分为四类:主观评价、客观评价度量、主要规则和间接评价。

(4) 必要的项目管理软件。在现代项目管理领域,软件系统已经成为项目管理过程中必不可少的一部分,挣值管理也是如此。如果缺乏相应的软件支持,则网络计划、资源配置、进度安排、成本核算和挣值计算等工作将变得非常繁琐,甚至不可执行,而导致挣值法的失败。

挣值法的不足之处在于,如果挣值评估提示进度拖后,细查原因是由于编制完成情况测量基准时,非关键工作分配预算过分前置,因此这种"拖后"并不影响总进度计划。另外,有时挣值评估反映项目按进度,成本不超支,一切运行良好,但实际上由于某项目虽然成本不高,但却是非常重要的关键工作,拖后完成反而会严重影响进度。因此,使用挣值评估还需与传统的进度甘特图和里程碑计划结合起来,才能取长补短,优势互补。

另一方面,虽然挣值法能够度量当前的绩效、预测未来的发展趋势,但是如果这种趋势显示出未来将有困难时,挣值法并不能提供解决这些困难的办法。尽管它能够显示问题将出在哪里,但无法说明问题是什么。因此,挣值法在项目风险管理中主要是起到一种预警的作用,在采用挣值法发现项目某些环节出现问题之后,再利用风险分析方法来分析出现差异的问题是什么,然后再采取措施(例如,进行纠偏措施或者项目变更)进行风险应对以降低或者消除风险的不良影响。

7.6.4 项目风险监控系统

所谓项目风险监控系统,就是依托项目风险管理组织及其风险管理人员,按照制订的风险监控规章政策,运用各种技术方法和手段,对项目活动中存在的各种风险因素及危机现象进行持续监测、预防、控制和应急处置的一种组织与技术系统。图 7－6 为风险监控系统及其作用关系示意图。作为项目风险管理过程的重要环节,风险监控系统通过风险信息的采集、分析、预警以及控制决策的实施,动态地掌握项目风险及其变化情况,跟踪并控制项目风险,确保高效地实现项目目标。

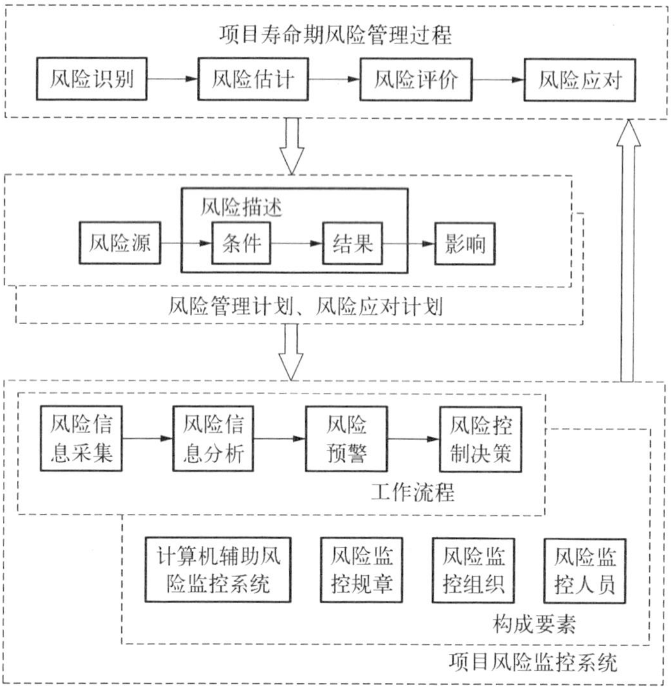

图 7－6 风险监控系统及其作用关系

1. 风险监控组织及其人员

风险监控是项目风险管理的有机组成部分,不是附加的或需要单独执行的工作。因此,风险监控的组织形式应与整个项目的风险管理的组织形式一致。一般来说,风险管理组织形式包括集中式和分散式两种。

在项目管理中,由项目经理负责风险管理的实施。一般在项目开始阶段,项目经理可选用集中式风险管理组织结构,直到所有项目组成员都熟悉项目和风险管理过程以后,再采用分散式风险管理组织。在集中式风险管理中,项目经理要组建一个专门的风险管理组,以负责风险管理的所有工作,包括监控风险管理工作的进展情况。在分散式风险管理中,风险管理被委托给各个项目综合产品组，要求所有人员在其日常工作中都要考虑风险管理及监控问题，设置一名风险管理协调员协助项目经理履行职责，并和项目综合产品组、各功能办公室和项目级综合产品组共同协调监控工作。

风险监控活动必须是具体的，应将责任落实到人。项目经理是进行规划、分配资源和执行风险监控的最终负责人，因此要求项目经理负责构建风险监控系统及政策规章、检查和参与风险监控过程，确保风险监控系统有效运行。同时，风险监控是一项团队功能。这是因为，风险的广泛性和风险监控要影响到项目风险管理的其他计划和行动。总的来说，风险监控对所有的项目风险管理活动和组织都有影响，应依靠项目管理办公室各组织和主承包商的团队工作，通过加强机构、项目管理办公室各组织及主承包商之间的联系，来促进团队的风险监控工作。

2. 项目风险监控政策规章确立原则

项目风险监控要依靠人员、组织、技术方法以及计算机信息处理技术来实施，应考虑如何将这些因素的有机综合来实现风险监控的科学化和有序化。因此，要在项目风险监控系统设计建立时，同步完善相应的政策和规章，促进项目风险监控系统运行的有效性。一般来说，应注意以下确立原则：

(1) 专业分工与协作统一。风险监控专业性很强，在明确各综合产品组目标、任务、职责的基础上，还要强调协作，即要明确两者之间的协调关系和协调方法。

(2) 权责一致。在风险监控中，应明确划分职责、权利范围，做到责任和权利相一致，使整个监控系统正常运行。

(3) 经济效率。应将经济性与高效率放在重要地位。系统中每个机构、每个人员为实现风险监控目标，实行最有效的协调，使各项工作简洁而正确，减少重复和推诿。

(4) 动态全过程监控。项目风险不是一成不变的，而是随项目的进展、环境和条件的变化而变化的。这就要求在风险监控过程中，注意收集与项目有关的各种信息，对信息进行处理后，从中识别新的风险，或排除不会发生的风险，制订新的风险应对措施，使风险监控具有针对性。

(5) 对拟采用的风险防范和应对措施要进行权衡比较分析，优选效率费用比高的措施，并确保其有效性。

(6) 将信息的获取与加工作为一项重要工作。能否对风险进行及时有效的监控，与信息的全面性和及时性有密切关系。尤其现代工程项目涉及的风险因素繁多，风险信息量大，要求在风险监控过程中，各职能部门紧密合作，保证信息的流畅和共享。

3. 计算机辅助风险监控系统

风险信息及其管理、利用在项目风险监控中起到至关重要的作用。因此，运用计算机信息处理技术来开展风险监控成为项目风险管理的发展趋势之一。除了前面介绍的风险预警功能外，计算机辅助风险监控系统应最大限度地实现项目风险监控工作的自动化，从而提高其效率和效能。具体地，计算机辅助风险监控系统应具有如下能力：

(1) 对项目全寿命过程风险持续监控的支持。项目风险是其各种影响因素的函数，由于这些影响因素在项目寿命周期各阶段是动态变化的，因此，项目风险具有时变性，要求在全寿命期间对其进行持续监控。特别是大型工程项目，由于新技术、新材料、新工艺以及软件的综合作用，往往包含着人类未曾把握的风险，需要通过持续监测予以不断发现与认识并加以控制。

（2）对项目全要素风险监控的支持。项目风险的类型众多，涉及多种多样的风险源，它们之间也存在复杂的相互影响关系，导致项目风险具有很大的不确定性。因此，应综合考虑项目关联的各种风险要素，通过建立其与项目风险目标的作用关系，动态监测和评估其影响，实现对风险的优化控制。

（3）对项目风险监控全流程的支持。主要包括对风险信息的采集、风险信息分析、风险预警、风险控制决策等监控工作流程的全面支持。例如，风险信息采集包括从信息源提取数据、信息更新、信息归类、剔除无用信息等，风险信息分析包括风险来源及类型统计、风险趋势预测、风险因素影响重要度计算、风险仿真评估等，风险控制决策包括控制策略确定、控制方案评价与优化、风险管理计划调整建议等。

（4）对项目风险监控技术综合运用的支持。可用于项目风险监控的技术方法很多，其应用取决于项目进展、风险类别、风险变化等条件或时机以及自身的适用性。应尽可能提供信息化的辅助工具支持各种监控技术的运用，减少风险监控人员的负担，提高监控效率。

（5）对各种项目风险监控组织及人员的支持。使担负不同风险监控职责的组织和人员能并行工作，共同协作完成风险监控目标。

此外，计算机辅助风险监控系统作为项目风险管理系统的有机组成部分，应注意解决好相关的过程和数据接口问题，以确保协同一致地开展风险管理工作，实现风险信息的共享。

本章小结

（1）风险监控是通过对项目风险规划、识别、估计、评价、应对全过程的监视和控制，从而保证项目风险管理能达到预期的目标，它是项目实施过程中的一项重要工作。

（2）项目风险监控的主要任务是采取应对风险的纠正措施以及全面风险管理计划的更新。包括两个层面的工作任务：

① 跟踪已识别风险的发展变化情况，包括在整个项目生命周期内，风险产生的条件和导致的后果变化，衡量风险减缓计划需求。

② 根据风险的变化情况及时调整全面风险管理计划，并对已发生的风险及其产生的遗留风险和新增风险及时识别、分析，并采取适当的应对措施。

（3）风险监控过程活动主要内容

① 监控风险设想；

② 跟踪风险管理计划的实施；

③ 跟踪风险应对计划的实施；

④ 制订风险监控标准；

⑤ 采用有效的风险监视和控制方法、工具；

⑥ 报告风险状态；

⑦ 发出风险预警信号；

⑧ 提出风险处置新建议。

（4）项目风险监控方法

① 系统的项目监控方法；② 风险预警系统；③ 制订应对风险的应急计划；④ 制订风险

监控行动过程。

(5) 风险监控技术

① 审核检查法;② 监视单;③ 项目风险报告;④ 挣值法;⑤ 项目风险监控系统。

练习思考题

1. 什么是项目风险监控,它主要用于解决什么问题?

2. 描述项目风险监控的过程,并指出项目风险监控的主要输入/输出内容。

3. 挣值法在项目风险管理中能够起到什么作用?

4. 项目如何选择恰当的风险监控时机?

5. 风险监控系统的组成要素有哪些?

6. 如何将阈值用作预警系统的一部分?

7. 案例分析:高级两栖突击战车项目的风险监控

美国海军的高级两栖突击战车(AAAV)采办项目,是美国海军陆战队地面系统的重点项目,计划取代现有的第二代两栖突击装甲车,并将与 MV-22 倾斜旋翼式垂直起降飞机、海军登陆气垫船一起构成海军陆战队下一代"三位一体"的武器平台,成为海军陆战队"从海上实施作战机动"战略的关键武器。根据美军开发武器系统的政策和惯例,AAAV 项目是一个技术先进的复杂系统项目,该项目被分为项目确定与风险降低(PDRR)阶段和系统研制与演示验证(SDD)阶段两部分。为确保项目成功,项目采取了各种计算机辅助系统对项目的风险实施了有效的控制。

在 AAAV 项目的 PDRR 阶段,采用了如虚拟设计数据库(VDD)、虚拟整合与组装系统计算机辅助系统来有效监控风险。

AAAV 项目内不同部门间,尤其不同功能子系统间的信息共享是成功地实施项目风险管理的关键。AAAV 项目团队间的信息共享主要是通过虚拟设计数据库和虚拟整合与组装系统实现的。VDD 由经高速网络链接的分布式数据库组成,界面友好,基于窗口的电子文档经产品整合团队(IPTs)分类并按工作分解结构组合,政府部门相关成员与主承包商职员都可以进入。通过 VDD 用户可以进入风险数据库,它包含了系统各功能区块特定风险的详细信息,如风险责任者、风险评估、风险状态、控制降低手段等。用户可以评估风险状态和风险控制活动,也可以提交新的风险。风险自动提示系统还将自动生成链接到特定电子风险文档的电子邮件,以提示其他功能区块和项目将要出现的风险以及风险状态的改变。

在 AAAV 项目的 PDRR 阶段,实施了规范化的风险管理全过程:风险识别、风险评估与排序、风险计划、风险跟踪、风险控制。AAAV 项目团队颁布了方便使用的风险手册。风险手册提供了基于 VDD 的风险识别、评估与排序、计划、跟踪和控制的指导性建议。

风险管理协调员(RMC)对风险跟踪承担主要责任,但他们的活动依赖于 IPTs 持续更新风险状态。RMC 利用关键词对数据库进行查询,掌握风险发展趋势。最后,RMC 需要编辑查询结果,形成分析报告呈交给风险责任者。

风险控制是日常性的风险管理活动。IPTs 和 RMC 在这一阶段将协同解决一系列问题:跟踪风险并执行风险降低计划;评估重新计划的战略需求;调用降低风险的措施和偶然事件计划;关闭风险并记录教训,等等。

系统研制与演示验证(SDD)阶段的工作是对各分系统方案和部件进行系统集成,对工程制造模型进行演示验证,以降低风险。有了PDRR阶段的基础,SDD阶段则可以吸取其经验教训,通过改进风险管理技术、改造风险管理流程,从而更好地控制SDD阶段的风险。

PDRR阶段所使用的各种信息技术工具,经实践证明是有效管理风险的扩增器,但是也显示了其不足。为此,在SDD阶段创立了新的寿命周期信息系统(LCIS)以取代、加强VDD的功能。与VDD不同,LCIS不仅仅是风险数据库,还可以预测与报告风险趋势,跟踪计划资源的消耗,预警可能出现的费用超支、进度延期和性能下降等情况,并在项目范围内实施风险管理,将风险管理整合到项目管理全过程中。此外,LCIS基于互联网的应用,允许子合同商进入数据库。虚拟整合与组装系统则通过模拟整合与组装、生产需求修正,继续发挥降低系统生产风险的功能。

(资料来源:刘艳琼,沈永平,陈英武.美军AAAV装备采办项目的风险管理实践及启示.国防科技,2005(3):79-88.)

(1) 结合案例论述美军AAAV装备项目的风险管理过程。

(2) 结合案例说明美军是如何进行风险监控的。

(3) 结合案例说明风险管理信息系统在风险管理中的作用。

8 项目风险管理案例

本章学习目标

项目风险管理是理论与实践高度统一的课程。从应用角度讲,项目风险管理涉及各行各业,并且已经有很多成功的案例和失败的教训。通过本章实际案例的介绍和分析,增强读者对课程知识的掌握,提高应用项目风险管理理论解决实际问题的能力。

8.1 美国陆军未来战斗系统(FCS)项目风险管理①

美国 FCS 为代表的军事科研项目发展历程和特点,对于全面分析项目及创新风险控制问题,吸收借鉴军事技术创新成功经验,对我国军事技术创新风险的控制、规避、化解以及武器装备的健康发展具有重大意义。

8.1.1 美国陆军未来战斗系统(FCS)项目

美国陆军未来战斗系统(FCS)是一种由庞大信息网络将 14 种(最初为 18 种)有人或无人操控武器装备连接并集成的大型综合武器系统。FCS 项目被美国陆军视作现代化转型的核心,是美国历史上甚至全球陆军规模最大的采购项目。从 1999 年开始论证到 2009 年项目终止,十年期间经过了多次调整,曲曲折折的 FCS 项目一直备受关注。2009 年 6 月 23 日,美国国防部宣布正式取消 FCS 项目,给这个备受瞩目的宏大项目画上了一个并不完美的句号。

20 世纪 90 年代后,为适应"冷战"后竞争对手不确定的国际现实环境,为了抢占世界新军事变革制高点的战略需要,美国陆军提出了转型战略和转型路线图,抓紧为 21 世纪的军事冲突做准备。转型的重要内容之一就是发展出适用于未来信息化战场的武器系统。

为了应对美国国家安全环境变化的需要,美国提出了 FCS 项目。20 世纪 90 年代初期的苏联解体和东欧剧变,结束了美苏长达近 50 年的冷战对峙,世界格局由两极化向多极化转变。面对新的国家安全环境,美国需要及时调整国家安全战略和武器装备发展理念,以维

① 摘自:陈童.军事技术创新风险控制研究[D].长沙:国防科学技术大学,2013.

持其唯一超级大国的军事地位。虽然在1991年海湾战争中，以美国为首的多国部队获得了胜利，但美国陆军并没有高枕无忧。他们通过一系列分析研究（如《对后天陆军的研究》等）发现，在作战行动谱的一端，具有一定创造能力和适应能力的对手预计将采用诸如袭击美国本土、屠杀无辜平民、进行长期的城市战或游击战等战略，来摧毁美国人的意志；有些敌对势力将渗透到美国的文化中，寻找美国的弱点，发起类似9·11的恐怖袭击事件以在美国及其盟国国民心中制造巨大恐慌。另有研究表明，美国的潜在对手还将千方百计破坏民众对公共机构的信心，造成经济的不稳定，转移公众的视线，瓦解民众的意志等。慑于美军的绝对优势，美国的一些潜在对手可能采用避免和美军进行正面交锋的非对称战略，寻找美国的薄弱点进行打击。之后在伊拉克的情况显然印证了之前的研究，美军所面对的敌人与被美军在海湾战争和科索沃战争中所击败的敌人相比，已经发生了很大变化。所以，海湾战争后的美国陆军认识到，虽然战争的本质特点并没有发生变化，但是战争的具体作战样式一直在随着新概念、新技术和新的作战能力的出现而处于变化之中。美国陆军如何适应这种变化，决定了他们应对未来挑战和威胁的战备能力。

为在新世纪应对不确定的、不可预见的攻击，美军提出必须放弃打赢"两场大规模战区战争"的构想，而是决定重点以同时迅速击败两个侵略者的能力为支撑，对四个至关重要的战区实施威慑，同时保留进行一场大规模反击，以占领一个侵略者的首都，并改变其政权的选择方案。因此美军决定放弃主导了美国防务计划近50年的"基于威胁"的旧战略，而制订"基于能力"的新战略。新战略关注的焦点不是谁是威胁，或者威胁来自哪里，而是更多地关注威胁美国的方式和如何制止与挫败这种威胁。

FCS的发展，是迎合新世纪军事需求变化的需要。冷战时期，美国的竞争对手和假想敌人是以苏联为首的共产主义阵营，武器装备发展方向偏重于核威慑和导弹防御能力。随着冷战对峙和两极格局的结束，美军认为发生大规模常规战争的可能性已经不大。在未来较长一段时期，战争形式的主流将是小规模、目的明确的局部作战。这从面对大量的"非对称作战"威胁，美国陆军在海外的部署变得越来越频繁这样的情况，已经得到验证。

FCS的发展，是顺应美国陆军军事转型趋势的需要。随着信息时代的到来，美国正处在由工业时代向信息时代军事发展的过渡时期，并于20世纪末提出新军事变革和陆军军事转型。美国陆军军事转型计划是美国陆军武器装备发展的根本依据。

进入21世纪，美军又提出用"网络中心战"作战理念指导陆军军事转型，要通过网络取得未来战争的信息优势和决策优势。美国陆军军事转型的目标，是在2030年左右把陆军打造成一支高度机动而又不失战斗力，能向世界的任何地方快速投送并部署人员和装备，能在各种军事行动中取得主导地位的战略反应部队。其核心装备就是目前正在大力发展的未来战斗系统（FCS）。

正是由于美国国家安全环境和战场军事需求的变化，以及美军现代化转型计划的实施，才使美国陆军萌生并坚定了大力发展FCS的想法。FCS项目被寄予厚望，将成为未来部队的核心装备以及陆军复兴的核心力量。FCS项目的成败决定了整个美国陆军转型计划能否顺利实施，甚至将决定陆军在美国未来战场上的地位和作用。

研发的思路上，美国陆军并没有完全沿袭原有的武器系统，而是以全新的武器系统——FCS的研发为核心，发展出一整套融合研发全新系统和相关系统、制造过渡系统和更新改造老旧装备为一体的新旧结合、高中低搭配的武器系统。这个研发过程遇到了很多困难。

2000 年 2 月，国防高级研究项目局(DARPA)和美国陆军签署采办决策备忘录，宣布共同负责 FCS 的研发，并且对研发方法和资金预算做了初步确定。根据美国陆军的设想，FCS 要能在未来所有类型(全频谱)的冲突和作战行动中拥有压倒性战略优势，必须具备很强的机动力、攻击力、生存能力、快速部署能力和持续作战能力。要达成上述目的，未来战斗系统在技术上必须有大的突破：例如在生存力方面的全频谱主动保护(FSAP)技术，机动力方面的新型发动机技术(在满足 FCS 对发动机的动力、大小和重量的限制的基础上，开发出一种相当于商用发动机两倍功率密度的新型发动机)，及车内数字电子技术等。而且这些技术要和现有的美国陆军、国防部其他部门和工业部门发展出现的各种类型的车辆技术相结合。

2000 年 5 月 9 日，FCS 进入初始方案设计阶段，DARPA 和美国陆军挑选了四组承包商参加 FCS 项目第一阶段的开发。为参与头 24 个月的概念设计阶段，每组承包商都签署了“845/804 号其他交易圆形装备开发协议”。计划的第一阶段，每组承包商要开发出两个设计概念。每个概念必须对设想的未来部队的部署能力、灵活性、多功能性、生存能力和持续作战能力提出评估。第一个概念是一种以网络为中心的分布式力量结构，其中包括一个载人指挥控制单元和人员输送车，一个机器人直接火力系统，一个机器人非直瞄准线作战系统。第二个概念是各组独特的实现系统集成的方法。概念设计完成后，DARPA 和陆军计划通过竞争挑选其中的两个承包商小组提出详细的 FCS 设计构想。然后，将选择单一的承包商小组建造和试验一个 FCS 的展示系统。通过展示和试验，使美国陆军了解 2006 财年美国工程和制造领域的进展情况，然后决定为 2012 年的部队装备什么样的系统。

2001 年 10 月，美国陆军训练与条令司令部(US Army Training and Doctrine Command, TRADOC)批准通过了 FCS 项目的《任务需求方案》。2002 年 3 月 8 日，DARPA 和陆军宣布，选择位于加利福尼亚州阿纳海姆和华盛顿州西雅图的波音公司，及位于弗吉尼亚州麦克林和加利福尼亚圣迭戈的科学应用国际公司，作为 FCS 项目概念和技术开发阶段的系统主要承包商。到这时候为止，四家承包商已经为 FCS 的概念设计阶段工作了 21 个月。DARPA 和陆军通过分析承包商提出的概念，进一步修改其未来战斗系统需求草案。经过一系列谈判，波音公司和科学应用国际公司从这项为期 16 个月的研究项目得到了 1.54 亿美元的资助。他们作为系统主要承包商，将帮助陆军进行概念设计、规划组织和运作结构，并为 FCS 制订规范，研发 FCS 集成的体系结构方案，识别和评估潜在的概念和技术，组织展示活动和为进一步的研发挑选最有前途的设计方案。通过这两家公司所进行的工作，为确保在 2003 财年第三季度由概念和技术研发阶段顺利进入系统研发和验证阶段提供了保证；他们所提出的方案，为今后技术成熟时在 FCS 中嵌入新技术提供了可能，与成功的商业运作相结合，可以使系统集成照顾到各方面的因素。

2003 年 3 月底，FCS 项目完成了概念与技术开发阶段的最后一次先期演示——“顶点演示”。2003 年 4 月，陆军领导层最终对一种或多种设计方案进入最后的设计、制造和展示阶段做出决定，DARPA 发布修订后的“其他交易 845 号”合同文本，选择最多两家承包商进入最终的设计、系统建设、制造展示装备系统和提交可选择组件的详细设计，包括确定 C4ISR 系统的体系结构、硬件系统和软件，以及后勤支援、环境问题、训练和生产工艺等问题。概念和体系结构要求必须十分详细，计划要求必须便于执行。2003 年 5 月，FCS 的概念与技术研发阶段结束。

2003 年 5 月，美国国防采办委员会(Defence Acquisitoin Council, DAC)通过了里程碑

B决议，批准FCS项目研发转入系统研制与演示(SDD)阶段。2003年7月，波音公司和科学应用国际公司宣布选择15家承包商，开始研制软件，对通信系统和传感器进行综合集成，标志着FCS项目的系统研制与演示阶段正式开始。到2003年12月，对有人和无人操控武器系统的研制工作也相继开始。

项目进行到2005年，受伊拉克、阿富汗反恐战争影响，加之项目本身遇到技术瓶颈，美国政府不得不在《2005财年国防授权法案》中，对FCS项目的研制进度和经费预算进行第一次重大调整。此次调整的具体内容包括：将项目通过里程碑C的时间推迟4年，FCS向部队交付的时间也随之延后4年；加快当前反恐作战急需的无人驾驶车辆等特种装备的研制速度；为系统研制与演示阶段增加64亿美元预算；增加试验次数并及时将新技术投入生产；分4次输出阶段性成果。2005年，美国陆军为FCS项目中的有人驾驶战斗车辆降低了技术指标，先后两次放宽了对车身重量的限制，以保证车辆的钢板厚度和防御能力。

至2007年2月，FCS项目负责人卡特莱特(Cartwright)将军宣布，美国陆军将对FCS项目进行第二次重大调整，主要内容包括：将FCS分系统数量由18个缩减到14个；将FCS装备部队的时间再次推迟；暂缓研发个别技术成熟度低、难度大的装备；分3次输出阶段性成果。2007年3月，美国陆军组建了一支特别分队，由969名技术人员构成，专门负责对FCS样机进行测试验收。2007年10月，FCS项目研发的新技术和新装备通过了工程成熟度审查(EMI)。2008年5月，陆军鉴定分队宣布完成对FCS项目第一螺旋阶段所输出技术成果和装备样机的部队发展试验与鉴定(FDT&E)工作。2008年6月11日，美国陆军向国会展示了FCS有人驾驶车辆(MGV)项目的首个成品装备——非直瞄火炮(NLOS-C)，以此博取信任，争取资金。2008年6月，FCS项目迎来第三次重大调整，主要是为了更好地展示FCS的研制成果以获得美国国会和国防部的支持。决定在2011年把阶段性技术成果率先装备到担负反恐作战任务的现役部队，而非之前计划的未来陆军旅战斗队。2009年3月，FCS成功完成所有无人飞行系统的初始设计审查工作(PDR)。

由于受到反恐战略、技术、经费以及管理等因素的影响，FCS项目最终被美国国防部终止，在继承和发展FCS已有成果的基础上转化成由多个小型项目构成的陆军旅战斗队计划。美国陆军在项目取消后迅速采取善后措施，以期在后续研发中取得突破，最大限度弥补和挽回损失。

8.1.2 FCS项目的发展特点

FCS项目理念超前、设计复杂、耗资巨大，被美国陆军寄予厚望。综合看来，FCS项目的发展具有“一超、四高、一低”的特点，即超前性、高技术、高投资、高综合、高风险和低效率。下面对FCS项目的发展特点进行总结分析，这对全面认识、深入研究美国军事科研项目，把握世界陆战武器装备发展前沿至关重要。

1. 超前性

FCS项目发展具有设计超前的特点。从过程上看，创新可以分为稳健型创新和超前型创新。FCS项目的超前性是因为该项目在大多数技术都不成熟的情况下进行创新，以实现系统的跨越式发展。但根据美国陆军统计，直到2007年，在53项关键技术中还有一部分没有达到要求的技术准备级别，仍处于原型试验阶段。因此，FCS项目与稳健型创新相比，研发周期较短，但难度很大。

超前性也给FCS带来很多问题，甚至成为项目最终下马的原因之一。美国陆军在最初设计FCS时，是以应对未来大规模常规战争为出发点的，作战对手都是假想敌，作战方式是以“网火”导弹系统、非直瞄火炮为主要装备的中远程非接触打击，没有充分兼顾现实作战需求。因此，为了实现这些目标，在FCS项目的设计研发中，均优先保证武器装备的信息获取能力、快速机动力和全球投送能力。如在有人地面车辆的设计中，就通过降低装甲厚度来减轻车身重量，以牺牲防御力来保证机动力。但没有充分考虑在当前反恐战场上，美国陆军的敌人是手持火箭筒等轻武器的恐怖分子，面对的是地雷、路边炸弹等低端装备的威胁。要应对这些威胁，FCS有人地面车辆的装甲太薄，生存能力较弱，而现役M1A1/A2主战坦克的装甲更厚，显然更受欢迎。从这个角度看，FCS项目虽然设计超前，但一定程度上脱离了当前战场的实际情况，给其研发和应用造成了很大风险和隐患。

2. 高技术

FCS项目发展具有技术含量高的特点。“技术制胜”是美国军事战略思维的重要特征之一，但美国陆军为FCS设计了过高的技术门槛，使其成为迄今为止美国国防部最为复杂的系统整合项目。根据研发计划，FCS项目需要研发14种(最初为18种)有人或无人操控系统，共需应用100多项新技术，其中包括网络、装甲、弹药、传感器、机器人和混合动力六类31项关键技术。五角大楼承认，FCS的技术挑战不亚于当年的登月计划。包括网络安全、宽带波形、可在移动中作业的超视距C4ISR系统、非直瞄火炮、精确制导弹药、先进的特征信号管理、有人与无人系统的协同、反地雷、混合电力驱动技术等。

最初美国陆军明显低估了项目的技术开发难度，原计划用8年时间促成FCS相关技术的成熟，确定其方案设计、系统研制并开始装备部队。但陆军科学委员会经过研究指出，受其他因素影响，FCS项目中的大量技术无法在预计时间内满足指标要求。高效、稳定的网络通信技术是FCS项目研发的核心问题，因为只有这样的网络才能保证指挥控制系统发挥作战效能，实现FCS各分系统的高度集成与密切配合。FCS要求新的网络能够保证运动战中多个空、地传感器无障碍信息通信，能够在横向和纵向通信中同时实现带宽管理和无缝联网，能够指挥控制机器人和间瞄、直瞄火力系统，这些功能都要比现役作战指挥系统中的网络强大许多。该网络运行过程中需要传输大量数据和图像，但带宽不足的问题可能会严重影响FCS的信息化作战能力。FCS所需通信带宽是目前实际可用带宽的10倍，这一技术难点至今仍然没有取得突破。此外，FCS的计算机系统很有可能成为网络攻击对象，美国陆军还要研制专门的防护技术。

在武器系统方面，电子元件大都包含在制导与控制、电子保险与解除保险装置内，必须要能承受得住火炮发射时产生的巨大压力，因此FCS在技术上面临对敏感电子元件坚硬化、弹药制导系统小型化等问题；应用在新型车辆上的激光武器也是一大技术难题，瞄准线直射高能激光束必须能在战术使用范围内(10～15 km)穿透空气而不发散、不偏转和不漫射，必须保持自聚集特性和高能密度，才能有效杀伤目标。

由于过于追求在技术上的革命性突破，项目各阶段的技术门槛定得太高，这是导致经费节节攀升、进度不断放慢的一个重要原因。

3. 高投资

FCS项目发展具有经费投入高的特点。美国国防部5000系列文件规定，研发阶段花费超过3.65亿美元，或是整个采办过程花费超过21.9亿美元的，都应被列为大型军事科研

(国防采办)项目。相比之下,FCS项目甚至可以称得上是美国陆军甚至世界陆军发展史上最昂贵的军事科研项目。

FCS项目投资巨大且投资上限不断提升,使却像是一个永远无法填满的“无底洞”。按美国陆军2003年的估算,FCS研究、制造和装备15个旅战斗队的预算合计约为914亿美元;到2005年11月,预算升至1 610亿美元,增长了75%;2004、2005、2006财年的项目经费预算分别增长了16.8亿、32亿和34亿美元。根据美国国防部费用分析改进小组2006年的数据,FCS项目可能要花费超过3 000亿美元。但考虑到美国陆军的转型,虽然取消项目可以在未来10年节省千亿美元的研发经费,美国国会也没有急于终止FCS项目。由于预算压力等原因,FCS项目在2004年和2007年先后进行了两次重大调整,第一次调整项目经费被削减了400亿美元,第二次又被削减了70亿美元。尽管经过两次削减,项目经费预算仍超过千亿美元。2008年的金融危机使美军本已捉襟见肘的经费紧张状况更加严重。历经数年的研发,不仅项目计划使用的大多数技术没有实现突破,一些有争议的技术成果也未如期获得。巨额的资金投入不仅限制了陆军其他武器装备的研发,甚至影响到了美国的国防预算,招致社会各界的声讨与批评。为保证当前反恐作战的顺利进行,国防部长盖茨最终提请国会终止了FCS项目。

4. 高综合

FCS项目发展具有综合集成的特点。FCS是美军信息技术高度发展的产物,是通过计算机网络将多种有人、无人武器装备高度集成的新型作战系统。它是由18个单独系统加网络加士兵组成,集情报侦察、快速投送、火力打击、后勤保障等功能于一体的系统之系统,拥有很强的交互操作能力、战略部署能力和通用作战能力。作为一个复杂大系统,FCS项目的研发过程是一个综合集成的过程,FCS不能只发展单项技术,必须所有技术发展协调一致,任何一种分系统或单项技术出现问题,都将对整个项目进度和系统性能产生影响。FCS除了要保证内部技术研发的同步性,还要与其他100多个项目的发展协同。例如,联合战术无线电系统(JTRS)和作战人员信息系统(WIN)的技术如果不能如期达标,整个FCS网络的进度都会受到很大影响。FCS的实战应用也是一个多种系统的综合集成的过程。“综合集成”追求的不是某一项指标的高精尖,而是追求总体作战效能。在FCS中,各分系统之间不是简单的捆绑关系,而是通过信息技术融为一体,实现信息共享和集中控制,使总体作战效能大于各分系统效能之和。

5. 高风险

FCS项目发展具有高风险的特点。美国国防部《国防采办风险管理指南》(第6版)把风险定义为在规定的费用、进度和技术的约束条件下实现整个项目目标的不确定性的一种度量,包括不能具体实现目标的概率和因不能实现该目标所导致的后果两个方面。5000系列文件规定,大型军事科研(国防采办)项目的顺利进行必须要有明确的需求、可行的计划、合理的预算、成熟的技术和充足的资金。FCS项目不具备这5个条件,所以在技术上、财政上、管理上是全方位的挑战,是一个高风险项目。在FCS实际研发阶段,暴露出技术不成熟、节奏不协调、重量不达标等问题。

美国总审计局在2004年4月公布的研究报告中指出,FCS存在着无法在预算内获得所需能力的高风险。项目启动的时候,所需要的技术中有3/4尚未成熟。首批样机系统在生产决策即将开始之前才能交付,所以,直至生产开始后,也无法演示FCS的整体作战能力。

总审计局认为，根据以往的装备研制经验，FCS的研制很可能将导致成本不断增加和进度不断推迟。因为，该项目许诺，武器装备要具备前所未有的性能，陆军除了坚持极高的标准外别无选择，而且在降低对FCS的要求方面回旋余地很小。

6. 低效率

FCS项目发展具有进度拖延的特点。美国陆军希望促成陆军复兴，因此对FCS项目寄予厚望，希望巨大的军事需求和雄厚的技术储备能够帮助项目取得快速进展，成为向未来部队过渡的桥梁。为顺应信息化综合作战系统的发展规律，美国陆军采取了“分阶段发展、螺旋式推进”的发展思路和策略，以降低创新风险，保证FCS项目在不断调整中前进。

虽然项目取得了一些阶段性成果，却无法掩饰其因前期论证不充分而走了不少弯路。例如，陆军训练与条令司令部(Training and Doctrine Command, TRADOC)在2004年11月提交的一份设计方案中，计划将采用混合电力驱动和由合成材料制成的带状履带应用到FCS车辆的研制中。这种合成履带比钢铁履带轻得多，在崎岖地形上行驶也要比轮式车辆更有优势。但带状履带技术还处于研发阶段，具体作战效能还有待检验。一旦在野外磨损甚至断裂，能否及时顺利更换也是未知数。

由于美国陆军对FCS研制的艰巨性估计不足，技术研发进展缓慢，导致美国几度调整延后FCS装备部队形成全面战斗力的时间表。美国政府问责局(GAO)2006年的一份报告显示，在FCS项目的44项“关键技术”中，仅有3项技术可视为已完成实际环境下的产品测试，其他绝大部分仍处于原型试验阶段。报告中写道：“研发中的FCS系统是否能满足特定需求，是否会降低相关的技术风险，均未经过充分论证。而实际上进行演示的FCS硬件和软件(而不是项目建模与仿真结果)相当有限，仅有小规模作战概念和限量样机演示，网络性能也大多未经论证。”这直接导致了2007年FCS项目的大调整，将最初的18个部分削减为14个，取消了2级和3级无人机(UAV)、智能弹药系统(IMS)和武装机器人车辆(ARV)项目。同时，项目经费削减也严重影响了硬件系统的研发和“螺旋发展计划”的进行。“螺旋发展计划”延迟后，装备的试验时间就会延迟，来自士兵的反馈信息也随之延迟，导致装备的继续改进延迟和采购计划的延迟等，整个项目的发展周期也会延长。但也有人认为，鉴于FCS项目面临的诸多挑战，为项目进度“减速”是一种降低风险的重要举措。

8.1.3 美国陆军FCS项目的风险构成

军事科研项目时刻伴随着巨大风险。对项目风险进行控制，首先要对构成风险的因素进行辨识。项目的风险因素辨识是对项目论证或研制过程中可能产生风险的因素所进行的归类和细化工作。军事技术创新风险不仅仅是个科技问题，还与经济、政治及战略等多方问题息息相关。实践表明，FCS项目在研发过程中受到来自环境政策变化、技术瓶颈、国防预算调整以及组织管理体制等多种因素的影响，是造成其高风险性的主要原因。

1. 环境政策风险

环境政策风险是指由于国际国内的政治、经济技术的波动(如战争、内乱、政策变化等)，或由于自然界产生的灾害(如地震、洪水等)而可能给项目带来的风险，这类风险属于大环境下的自然风险，一旦发生后果是致命的，是几乎无法弥补的风险。FCS项目作为一个投入大、周期长的军事技术项目，受到不断变化的环境政策因素的影响。

(1) 反恐战争的影响

美国所处的极不稳定的国家安全环境是决定 FCS 项目命运的重要因素。20 世纪末,处于和平时期的陆军将 FCS 项目确定为其转型计划的核心,并计划将之后战事相对平静的数年时间都用于研制 FCS。然而由于美军深陷阿富汗和伊拉克战争泥潭,FCS 的研制计划被倾向于反恐战场的装备需求和不断紧缩的资金投入彻底打乱了。

(2) 政策变化的影响

政府决策不仅会影响未来部队的发展方向,而且对今后战争的结果也会产生重大影响。"9·11"事件发生前,几乎所有人都认为美国的国家安全形势一片大好,更没想到恐怖袭击会威胁到美国本土。美国陆军也顺应新军事变革浪潮,着眼于打造未来信息化部队,用军事技术创新保持绝对军事优势和重塑强大陆军。当时以更加看重未来能力建设的国防部长拉姆斯菲尔德为首的美军决策层这种"居安思危"和"敢于创新"的决策理念是值得赞赏的,至少是无可厚非的。其实,FCS 早在立项之初就一直争议不断,时任国防部长的唐纳德·拉姆斯菲尔德就是 FCS 项目的坚定支持者。而 2006 年接任国防部长的罗伯特·盖茨并没有像拉姆斯菲尔德那样表现出对 FCS 的追捧和热情,而只是认为 FCS"有必要继续在美国未来几十年面临的非正规战和全谱战争中证明其使用价值",并对陆军"下一场战争将依赖那些为对付复杂军事威胁而设计的昂贵高端系统"表示担忧。

伊拉克和阿富汗战争的现实经验改变了军政高层的决策。FCS 的基本设想是"信息换安全",但阿富汗和伊拉克的地雷、炸弹、火箭筒使轻型化作战车辆"不堪一击",导致更加看重当前作战需求的国防部长盖茨为首的美军决策层对 FCS 利用信息优势弥补装甲薄弱的发展思路,对继续发展 FCS 的紧迫性及其潜在使用价值产生了质疑。

2. 技术风险

技术风险是指军事科研项目在规定时间内、在一定的经费保障条件下达不到战术技术指标要求的可能性,或者说研制计划的某个部分出现了意想不到的结果,从而对整个系统效能产生有害影响的可能性及后果。FCS 项目所需的技术成熟度普遍偏低,规模庞大的系统又高度复杂,直接增加了整个项目的风险系数。

(1) 技术成熟度的影响

历史经验表明,军事科研项目中过多采用先进甚至不成熟的技术,很可能导致预算超支。20 世纪 70 年代,美国陆军的 MBT-70、XM-803 主战坦克项目就是由于技术复杂、成本增长而被迫取消。而后通过简化技术和控制成本,"艾布拉姆斯"M1 主战坦克项目有效降低了风险,获得巨大成功。

1999 年,美国政府问责局(GAO)曾发起了一项寻找科研项目成功秘诀的研究。通过对多家公司的调查后发现,广泛采用成熟技术的项目大多进展顺利,而大量采用不成熟技术的项目往往会拖延进度,经费也不断增加。研究表明,如果在工程研制阶段技术还不成熟,项目成本至少会增加 10 倍,如果到了生产阶段,成本可能会增加 100 倍。JDAM 制导炸弹项目就是 GAO 所列举的成功案例之一。得益于成熟的尾翼控制技术和改进后的制导部件,JDAM 制导导弹的采购单价只有原来预期的一半。而陆军"科曼奇"直升机项目则是失败的典型案例之一。受困于发动机、旋翼和航空电子设备等关键技术都不成熟的情况制约,项目进度被大幅度拖延,研制经费也增加了一倍,最终导致该项目的下马。为此,政府问责局提出"最佳实践"(Best Practices)装备采办原则,要求军事科研项目必须在新技术成熟度达标后才能进入系统研制阶段。美国国防部根据“最佳实践原则”,制订了一套较完备的针对技术成熟度的评价标准——技术准备级别(Technology Readiness Levels,TRL)。技术准备级别从低到高共有 9 级,最低的 1 级(TRL1)代表该项技术的研发刚刚起步;最高的 9 级(TRL9)代表该项技术已经过实战检验并可以广泛应用。为了降低军事科研项目的风险,“最佳实践”装备采办原则定,只有在所有关键技术全部达到 TRL7(通过模拟战场环境的作战演示)的条件下,项目才能进入下一阶段(里程碑 C)。然而,FCS 项目的研发并未完全遵守“最佳实践原则”。为了使作战性能达到预期设想,FCS 的技术指标被定得很高,导致在项目开始时有 3/4 的技术还不够成熟。

随着科技发展和战场需求变化,FCS 的技术难度也越来越高。2009 年 3 月 12 日,GAO 在另一份评估报告中,警告 FCS 项目由于技术成熟度不达标,可能将无法获得国防部的信任和国会的支持。这篇报告公布了对 FCS 项目中全部 44 项关键技术的准备级别评估结果,令人惊讶的是,其中只有 3 项关键技术达到 TRL7 级,有 37 项关键技术达到 TRL6 级,还有 4 项关键技术只达到了 TRL5 级。而 FCS 项目想要通过晚些时候的项目保留审查,所有关键技术都至少要达到 TRL6 级。

纵观 FCS 项目,FCS 经过几次重大调整,采取了减规模、缓进度、促输出、降指标等措施,“革命”色彩渐褪,“渐进”色彩变浓。实际上与最初的设想相比,最终获得的 FCS 系统在技术上会有所缩水。

(2) 系统复杂性的影响

FCS 项目规模庞大,系统高度复杂。整个 FCS 是由 18 种(后调整为 14 种)单独武器系统加网络加士兵构成的大系统,由多个有人操控和无人操控子系统组成,每种单独的武器系统又包括若干型号的武器。在 FCS 的 18 个分系统中,按控制方式区分,包括 8 种有人操控系统和 10 种无人操控系统;按系统类别区分,包括 8 种有人驾驶车辆、3 种无人驾驶车辆、4 种无人驾驶飞行器、2 种无人值守弹药和 1 种无人值守地面传感器。根据美国陆军 2003 年 1 月颁布的《FCS 作战使用要求文件》第二次修订版,一个目标部队行动单位将编制 2 499 人,装备新型车辆和飞行器近 1 000 辆(套)。其中,有人驾驶车辆包括:装甲运兵车 78 辆、120 mm 或 155 mm 间瞄自行火炮 18 门、配备该型火炮的车载战斗系统 54 辆、120 mm 迫击炮车 24 辆、侦查监视车 27 辆、指挥控制车 79 辆、医疗车 31 辆和抢修车 10 辆;无人驾驶车辆包括:武装机器人车 40 辆(突击型 18 辆、侦察型 22 辆)、通用/后勤机器人车 60 辆、小型无人驾驶车 89 辆;无人驾驶飞行器包括:排级无人机 54 架、连级无人机 36 架、营级无人机 12 架、旅级无人机 8 架。

FCS 项目的合作厂商超过 600 家,涉及关键技术近 60 项,软件代码多达 6 300 万行;为与联合部队协同配合,需研制 100 多种网络接口;从研制、演示到生产,项目总体进度和各分系统进度需与其他配套武器装备的进度同步。FCS 项目的成败不仅取决于单项技术的优劣,还需要所有技术的发展协调一致。这就像“木桶效应”,只要有一项技术的研发拖了后腿,就会影响整个项目的进度。例如,作战人员信息网(Warfighter Information Network, WIN)和联合战术无线电系统(Joint Tactical Radio System, JTRS)中的关键技术如果不能如期成熟,整个 FCS 网络的研发进度就会受到很大影响。

考虑到 FCS 设计过于复杂,美国政府、国会和国防部都对其设计思路和研发计划争议不断,这直接导致了该项目规模的缩小和系统复杂性的简化。例如,无人机从 4 种减为 2

种；智能弹药系统(IMS)从项目中剥离，另外立项；非直瞄导弹发射系统由 2 种减为 1 种，采购数量上也被减半。

3. 经济风险

经济风险是指由于项目任务要求不明确，或受技术和进度等因素的影响而可能给项目费用带来超支的可能性。在现实条件下，不适当地追求高性能指标，往往导致研制项目的费用大增。FCS 是目前为止美国陆军最大的现代化项目，虽然美国陆军已经为 FCS 的研发投入了大量资金，但由于该项目总耗资太过巨大，费用问题仍是造成 FCS 项目高风险的主要因素。

(1) 投资上限与效果的不确定性

FCS 规模庞大，其研发经费以滚雪球方式增长。仅 2003 到 2004 一年，项目总预算就从 914 亿美元猛增到超过 1 600 亿美元，研究与研制费用几乎增长了 51%，预计的采购费用也增长了 32%，到 2006 年则已超过 2 000 亿美元。而政府问责局和国防部长办公室费用分析改进小组(Cost Analysis and Improvement Group, GAIG)2006 年的评估结果则达到约 2 030～2 340 亿美元，双方对 FCS 项目的费用评估存在较大分歧。

困扰 FCS 项目的难题还包括投资效果的不确定性。FCS 项目就像是一场赌博，如果成功的话，美国陆军将拥有一支高技术部队，可以迅速地部署到世界上任何地方并进行快速攻击，使敌人来不及反应。但它也有可能不适合城市作战，或因为技术问题而导致成本太高，以至于负担不起。2003 年，FCS 项目进入系统研制与演示(SDD)阶段，美国陆军计划在 2004—2009 财年为其投入 221.8 亿元，占陆军转型计划总预算的 38%。但实际上，FCS 项目仅研制经费就超过 250 亿美元。

如果进入大规模生产和列装阶段，所需经费将可能超过 2 000 亿美元。如此巨额的资金投入在美国陆军的装备史上是前所未有的，使人们更关心 FCS 是否物有所值，作战效能是否能达到预期目的。陆军从一开始就承认 FCS 项目是一个高风险项目，虽然有人提出了风险较低的替代方案，但另一些人指出，在没有强劲对手而且陆军在陆战中拥有经得起考验的优势的情况下，美国有条件尝试这种高风险项目，如果成功，就可以大大增强未来国家安全。尽管这种论点有其道理，但批评者们指出，失败的代价会很高昂(虽不至于危机国家安全)，而且还会迫使陆军在下一个 10 年中研制 FCS 的替代系统。

(2) 研制经费不断缩水

FCS 项目启动之初，正值美国陆军执行大力发展未来部队的投资战略，FCS 理所当然地被列为最优先发展项目，在经费投入方面获得了巨大倾斜。在 2002—2007 财年的财政预算中，有 96%的科学与技术研究经费被用于和未来部队直接相关的项目，有 62%的装备研究、研制和采购经费被美国陆军投向未来部队，其中仅 FCS 项目就占用了 37%。然而，由于深陷伊拉克和阿富汗战争泥潭，政府多次向战场增兵，美国陆军现役部队为满足模块化改制和海外部署与作战的需要也在扩编。此外，武器装备损耗速度达到了和平时期的 9 倍，这些都导致美国陆军在资金上满足不了需求。迫于经济危机和缩减军费开支的压力，国防部指示各军种审查并裁减装备采购项目，FCS 作为陆军的最大采购项目首当其冲。

4. 组织管理风险

组织管理风险是指项目管理过程中因可能的管理失误带来的风险。军事科研项目的研发过程是高度复杂的管理过程，协作面广、涉及单位多、参与人员多，需要严格周密的科学管理才能保证研制工作顺利进行。计划、组织、协调、控制不当则会造成费用增多、进度延长、性能下降。

(1) 论证不充分

很多人都对FCS在当前和未来地缘战略环境中的适用性提出质疑。对于如此复杂的高风险项目，美国陆军在前期的需求论证工作未能全面勾画出对FCS的明确需求，以至于在项目已经进入系统研制阶段后还在不断修改对FCS的需求文件。同时，美国陆军对FCS项目的可行性论证也不够充分，这主要体现在技术层面。由于FCS所受期望太高，导致项目技术难度和系统复杂程度都随之增加。美国陆军在立项之初，明确注意到系统所需的关键技术中还有大部分尚未成熟。但可能是对技术难度估计不足，或是对军工企业的过度信任，也可能是对实现陆军复兴的迫切愿望，导致美国陆军铤而走险，坚持批准该项目通过概念与技术开发，进入系统研制与演示阶段。这也是导致后来项目极度拖延和经费超支的重要原因。

(2) 监管不力

项目管理部门监管不力也是导致FCS风险居高不下的重要原因之一。鉴于FCS项目体系庞大、高度复杂，美国陆军经过多方权衡，决定授权系统主要承包商("系统集成牵头单位",LSI)对项目进行具体执行，自己则负责监督和审核。而且美国陆军在项目中还采取了被称为"其他处理权"的新型签约方式，特点是形式灵活多样、对承包商限制条件少，优点是可以打破传统军工企业对大型军事科研项目的垄断，帮助一些资质较浅但创新能力强的军工企业获得机会。但LSI管理模式和"其他处理权"签约形式还是饱受争议。批评者指出，由于LSI基本垄断了子承包商选择和项目资金运转，等于变向架空了陆军的领导;LSI兼有传统承包商和陆军合作伙伴的双重身份，与陆军之间的关系比较复杂，陆军可能会失去对项目提出专业性鉴定意见的能力，从而失去了有效监督波音公司运作情况的能力。反对者还对"其他处理权"的实际作用产生了质疑，认为这种新型签约方式没有起到招揽非传统军工企业的宣传效果。

2006年，美国陆军根据国会要求，结合之前项目进程中发现的问题，决定对FCS项目的管理模式和签约形式进行相应调整。2009年，美国国防部副部长卡特签订了一个关于FCS项目的正式采办决议备忘录。并开始与承包商商谈终止有人驾驶车辆合同的费用。谈判仅涉及有人驾驶车辆的终止工作，但陆军利用这个机会修改了与波音公司和SAIC公司的整个项目合同条款，终止它们作为系统集成牵头单位的职权，并将当前的整体合同改为数个独立的投资合同，用于研制并购买逐步列装部队的各种无人机和无人地面车辆。最终，波音和科学应用国际两家公司不再参与GCV项目，并获得3.5亿美元的违约赔偿，作为不再继续承担MGV项目主系统集成承包商的代价。FCS项目的不完善合同管理机制备受政府诟病。盖茨在2009年初提交的国防预算案中指出，FCS项目的签约方式缺乏竞争，陆军对研制经费的管理也很不规范。

(3) 进度拖延

由于美国陆军对FCS研制任务的艰巨性估计不足，技术研发进展缓慢，导致美国几度调整延后FCS装备部队形成全面战斗力的时间表。虽然与FCS的要求相对照，美国陆军现有的弹药技术、装甲技术成熟度最高，但网络技术和动力技术的成熟度较低，不但离性能指标还存在很大距离，而且遇到了技术瓶颈。因此 FCS 项目的研发进度很大程度上受到关键技术成熟度的制约。据政府问责局(GAO)于 2003 年 8 月公布的一份报告称，由于技术进展缓慢等原因，美国陆军延长了 FCS 项目的研发时间。FCS 将在原计划的基础上推迟两年进入里程碑 C 阶段；装备部队的时间节点也从 2008 年推迟到 2011 年；实现全部作战能力的时间节点也推迟到了 2013 年。

构成军事技术创新项目风险的环境风险、技术风险、费用风险以及管理风险紧密联系、相互影响。从系统的角度看，技术、费用是系统的内部因素，而环境政策和组织管理风险是外部因素。其中，技术风险是主要的、起决定性作用的因素，它还往往是造成其他三类风险的主要原因。技术因素体现了项目研制的难度，可能使项目难以达到原定的战术技术指标，造成进度拖延或是费用增加。技术问题如果不能完全解决，则会导致费用飙升、进度拖延。因此，技术风险自身作为一种风险，同时也会成为环境、费用以及管理风险的重要来源。费用风险和管理风险具有很强的关联性，因为经费问题会导致进度缓慢，而进度拖延也同样会导致费用超支，两者互为因果关系，都是技术风险的外在表现形式。

8.1.4 美国陆军 FCS 项目的风险管理体制及缺陷

从结构上看，美国军事科研项目管理体制分为决策层、管理层和执行层三个层次，它们密切配合，分工明确，为军事科研项目的稳定发展提供了组织保障。在国家层面上，国家安全委员会、白宫科技政策办公室等部门在顶层决策与谋划中大力协同；国防部作为主管部门由国防研究与工程署总揽三军；国会作为监督部门对军事科研项目的预算、经费管理及执行情况进行监督，作为最高立法部门从法制角度对项目的执行与管理予以立法规范。各层次、多部门的协调配合，为军事科研项目的顺利研发起到了良好的推动作用，奠定了美国军事技术创新的坚实基础。那么这种风险管理体制的实际运行效果如何呢？

1. 国会对 FCS 项目的风险管理

在 FCS 项目中，美国国会承担了更多的决策责任，在项目进程中发挥了关键性作用。面对 FCS 的必要性、适用性和可行性等问题，国会的决策对美国国家安全、陆军的经费需求以及未来的监管活动都具有重要意义，但决策失误或延误时机也会导致项目风险的增加。

国会在立项前过于乐观。首先，对于研制 FCS 的必要性一直存在争议。美军现役主战装备大多是 20 世纪 80 年代产品的改进型，但却足以在可预见的未来继续保持军力优势。所以美军研制 FCS 的初衷并不是现实和未来急需，而是追求强者更强的绝对优势。其次，伊拉克和阿富汗的作战经验使 FCS 的适用性开始受到质疑。最后，缺乏对 FCS 项目研发可行性的充分论证。FCS 项目是成建制、成系统地建设陆军信息化综合作战系统的一项创举，没有现成经验可供借鉴。项目的发展除了面临技术、财政、管理上的挑战，还需与其他 157 种配套陆军武器装备的研制、演示和生产同步，必须研制 100 多种网络接口以保证与联合部队的协同。

2009 年 3 月 12 日，GAO 公布的报告认为，FCS 项目的关键技术成熟度不达标，将无法通过国防部的项目保留审查，也不能获得国会的全力支持。国会参众两院在审定 2010 财年国防授权法案(H. R. 2647)时，对 FCS 项目重构的态度略有不同，最终还是在 10 月举行的两院联席会议上得以明确。这也意味着国会正式批准了 FCS 项目的终止。

2. FCS 项目的管理层——国防部

美国军事科研项目主要由国防部统管，实行国防部统一领导与三军分散实施相结合的管理体制，国防部负责制订部门规章、政策和规划，并负责项目的组织实施和监督审查。

为了保证技术复杂、费用巨大、周期漫长的军事科研项目协调有序发展，国防部下设3个决策保障机构和2个执行评价机构，他们相互配合、协调和制约，共同发挥作用。20世纪80年代以来，美国防部对军事科研项目管理体制进行了重大改革，在国防部和军种分别设立统管采办工作的副部长和助理军种部长，在军种系统司令部设立专职管理重大军事科研项目的计划执行官、管理某一领域的若干项目办公室，建立起一条从国防部副部长、计划执行官到项目主任的指挥管理渠道。

美国国防部从1988年开始在重大军事科研项目中推行基线法和放行准则，来监督和控制项目进展。一旦基线值被突破，项目主任必须向国防部提交报告说明情况，国防部再根据突破幅度对项目进行审查评估，寻求解决问题方法。这样，通过对军事科研项目风险进行动态循环地识别、分析、评估、处理和监控，从而保证项目目标的顺利实现。此外，国防部还要求根据项目具体情况制订采办策略，并规定如何处理风险，明确承包商和政府的责任。通过它可以辨识项目风险，对项目进度、费用和产品性能等方面风险实现有效管理。美国有关法律和国防部法规都明确规定，竞争招标是军事科研项目中降低成本、提高效率的重要措施。在FCS项目的组织实施中，美国陆军把市场经济与计划机制有机结合，既强调竞争竞标，又要保证军方的必要控制，使竞争机制贯穿FCS项目的全过程。

虽然有严格成熟的制度保障，但国防部对FCS项目的风险管理存忧，国防部认为，在有效执行项目计划和合理使用巨额经费方面不甚理想。国防部长盖茨曾批评FCS项目缺乏实用性，缺乏与未来20年美军可能参加的不对称作战的相关性，也对陆军管理使用1 600亿美元研制经费的计划不满。

3. FCS项目的执行层——国防高级研究计划局、陆军与军工企业

国防高级研究计划局(DARPA)、美国陆军和军工企业是FCS项目的管理与执行机构。他们各有分工，协同配合，具体负责项目的组织实施，以及全寿命管理等工作。

2000年2月，DARPA和美国陆军签署备忘录，共同负责对FCS的研发。同年5月9日，DARPA与4个工业团队签订了FCS的方案设计合同。DARPA隶属美国国防部，在执行层主要负责FCS项目概念设计阶段的先期研发，美国陆军和军工企业主要负责FCS项目的中后期研发，其中美国陆军责无旁贷地成为执行层中风险管理的中坚力量。针对项目研制过程中可能存在的风险，美国陆军主要从选择承包商、保证经费、适应需求和组织试验几个方面着力进行风险控制。分别是“波音团队”“斗士团队”“全谱团队”和“视点团队”。

针对LSI模式中军工企业权力过大和双重身份的问题，美国陆军官员与军工企业人员一起介入FCS的每一个关键节点。同时，陆军还全程接受GAO等其他政府和立法部门的介入，持续对项目进行审查。陆军针对发现的风险和隐患，或是根据国会、国防部的命令，及时对项目进行调整。此外，陆军还负责项目的总体试验和评估(TEM)，通过制订、更新计划，研发实时伤亡评估系统，对FCS旅战斗队的杀伤力和生存能力进行正确评价。

4. 军工复合体利益集团——军事科研项目的潜在风险

追求利益是资本主义国家政治生活的主要目的，体制问题才是军事科研项目所面临的最大风险。军工复合体(Military-Industrial Complex)利益集团作为美国最强势的利益集团之一，是由五角大楼和垄断财团共同组成的特殊利益群体，在美国政治经济和社会生活中扮演着重要角色。在以FCS为代表的美国大型军事科研项目中，军工复合体利益集团的影响贯穿始终,甚至左右了项目成败。

军工复合体利益集团追求经济利益最大化的本质特性决定了它是一把双刃剑。一方面,它有利于美国国家安全战略的执行;能使国会、军方、工业界和科学团体密切联系并相互支持;能够吸收大量人才和社会力量,创造了巨大经济效益。另一方面,它的发展滋生了权力腐败和产业垄断;片面追求经济利益容易使其缺乏国家责任和公德道义;长期的军工主导还会导致对外军事扩张和经济畸形发展。军工复合体利益集团的本质是利益至上,这就决定了军工企业不可能把武器装备的性能和效用放在首位。在美国陆军 FCS 项目的研发过程中,项目进度一拖再拖,研发经费一路看涨,技术标准一降再降。这其中固然有立项之初论证不充分、目标不明确之责,但唯利是图、缺乏负责心的军工企业也脱不开干系。

8.1.5 FCS 项目风险化解的措施

在国防部 2009 年 6 月 23 日宣布终止 FCS 项目后,美国陆军迅速采取善后措施,尽可能降低风险,挽回损失。措施的具体内容包括:果断取消 LSI;代替当前经费安排的资金结构合理的新合同;将整个项目分解成车辆、通信网络等独立部分;向现有部队螺旋输出装备等。通过及时有效的善后措施,美国陆军将 FCS 项目被终止的消极影响降到了最低。

例如:2009 年 4 月 6 日,国防部长盖茨宣布将对美国陆军 FCS 项目进行大幅调整甚至重组。在取消有人驾驶车辆(MGV)后,美国国防部充分发挥 FCS 系统初始设计评估(PDR)的作用,吸收至今为止 MGV 项目在设计和改进方面的努力成果,并将其运用于地面战斗车辆现代化项目中。

继承不仅表现在技术和装备上,管理经验和采办机制也同样十分重要。作为项目调整的一部分,FCS 合同的资金结构调整的关键问题集中于政府能否在促进开支合理方面发挥作用。美国国防部非常重视合同结构的改变,以使企业收益能与其工作成果紧密相关。比如,2010 财年预算决议敲定采办细节后,修改合同的细节也得到进一步完善。调整后采办 FCS 螺旋输出系统的签约形式包括竞价、固定价格合同以及根据实际情况尽快完成从系统集成牵头单位的过渡,从另一侧面反映了陆军战略的发展。

综上所述,整个项目的终止和重构并没有带来灾难性影响,更像是 FCS 研发之路上的一次重大调整。FCS 的终止与重构只是美军应对当前反恐作战焦灼局势的一项权宜之计,绝不会就此放弃发展适应未来作战需求的尖端武器系统的探索与尝试。

8.1.6 对我国军事技术创新风险控制的启示

当前,新军事变革正在持续深入地展开,每一点进步都离不开军事技术的创新。世界主要军事强国为加快建设信息化陆军,纷纷大力研发综合作战系统。美国作为这场新军事变革的倡导者、推动者和实践者,将发展 FCS 项目作为陆军现代化转型的核心,有大量经验和启示值得参考与借鉴。

1. 立项前进行科学论证

FCS 项目的技术起点高、经费投入大、综合性强而且没有成功经验可以借鉴,所以美国陆军无论在技术上、经费上和管理上都面临巨大的挑战。FCS 项目是在所需技术的四分之三尚未成熟的条件下启动的,而且美国陆军还曾为该计划的实施制订了极为苛刻的时间表。

所以,FCS 项目从一开始就充满了不确定性,令国会和国防部很不放心,甚至有专家认为，FCS项目有失败的风险，并担心美国陆军为FCS投入巨资是“把太多的鸡蛋放在了一个篮子里”。而项目实施情况也表明，FCS项目的计划制订者们最初的设想的确无法如期实现，对项目所需经费的估算数字也不断递增。

因此，项目立项之前必须建立科学的论证体系，充分进行先期论证。在建立论证体系时，要科学分析军事需求、技术难度、成本预算、研发周期等指标，依次来论证项目研发计划的可行性。在对项目进行先期论证时，要充分考虑研发周期内的军事需求变化，以及可能导致预算增加的组织管理因素；要加强技术的筛选和储备，特别要重视关键技术的可靠性论证。此外，还要有不断增强的风险意识。一方面，要重视风险，因为风险是基于不确定性的，凡是未来的事情都有不确定性，尤其在军事技术创新活动中存在着高风险，必须充分认清风险来源，对风险进行有效评估，才能有效控制并最终化解；另一方面，要正视风险，不能因为害怕失败而不敢去创新，要善于在失败中总结教训，在风险中寻求突破。

2. 完善军事科研项目风险管理体制

FCS项目把18种系统捆绑在一起发展，不仅规模空前，而且极为复杂，往往“牵一发而动全身”。而研制周期却比以往单项重大武器装备的研制周期更短。这无疑增加了技术创新风险，对美国陆军的管理能力也提出了严重挑战。美国陆军在对FCS项目的风险控制中，创新地采用了“工业部门管理、军方监督”的做法。美国自上而下从决策层到执行层的军事科研项目风险管理体制看似完备，但实际运行效果却不如期望的那么理想，根本原因是由于军工复合体利益集团在其中的核心地位和消极影响。但是美国的军事科研项目风险管理体制有其优点，比如国家决策层次高、管理分工各有侧重协调发展、管理体制适时调整优化等特点，都值得我们借鉴与学习。我国的军事科研项目风险管理体制还不成熟，尤其需要设立负责控制风险的专职部门，在选择军工企业时引入招投标竞争机制，努力使项目管理部门与军工企业的关系制度化、透明化。只有不断完善管理体制，才能保证对项目风险的有效控制。

3. 采取“螺旋式”发展策略

“螺旋式”发展的一个突出特点是不断反馈和提炼。虽然在项目开始时明确了系统应达到的能力，但对武器系统的需求论证并不是“一锤定音”，而是经过反复演示及风险管理，根据试验情况、用户反馈意见以及实战经验教训不断修改和完善。

讨论题：

1. 请结合案例项目，对该项目进行风险识别。
2. 请结合案例说明该项目风险管理的不足。
3. 结合你的工作谈谈这个案例对你的启发。

8.2 S公司信息安全风险管理[①]

8.2.1 背景介绍

近几年，由于环境的迅速变化，S公司在利用信息化支撑公司规范化、标准化和高效率基础管理体系上做了大量工作，信息系统成为公司完成信息化战略调整的重要载体，它为公

① 摘自：陈慧勤. 企业信息安全风险管理的框架研究[D]. 上海：同济大学，2006.

司的各项业务活动，生产管理与控制、信息发布等提供支撑和服务。

从结构上，S公司的信息系统主要分企业级应用系统、主干网络系统、安全基础设施和接入系统四个部分，下面分别简单介绍。

企业级应用系统主要包括与S公司业务密切相关的系统，如各业务系统、营销系统；也包括各种辅助系统，如HR系统、财务系统、行政管理系统等。企业级应用系统对S公司的生产起着至关紧要的作用，信息系统的主要功能通过各类应用系统得以体现。

S公司主干网络系统包括ATM主干网以及下面的接入交换机、路由器、VPN系统、Internet中心等。其中网络基础设施主要承载公司整个信息系统的信息交互工作，为各种应用系统提供网络通信服务；VPN系统提供远程接入功能，为外联机构提供接入服务；Internet中心负责管理S公司的Internet出口，控制联接Internet的策略。

安全设施由部署在Internet中心和信息中心机房的防火墙、防病毒系统等组成。

接入系统来自S公司的下属公司。S公司的各下属公司将各自的局域网接入到公司主干网中，向主干网络中的其他单位提供信息资源共享，同时使用主干网中的资源，或通过主干网将自己位于不同地理位置的网络和应用连接起来。

8.2.2 实施框架的应用

1. 策划和准备

(1) 建立安全风险管理开端

S公司的信息化处处长(公司CIO)是这一风险管理项目的最早提倡者。在项目确立之后，来自第三方IT咨询公司T的负责人与S公司的其他几名高级管理人员都进行了面对面的沟通，利用沟通的机会向这些管理人员介绍了风险管理项目的一些初步知识。通过这些沟通，S公司的管理层对信息安全风险管理有了更深的理解，他们也纷纷承诺会支持项目并提供所需的各种资源。

随后，建立了S公司信息安全风险管理项目的项目小组。小组的结构如下：S公司的总经理任项目小组的组长，公司的CIO担任副组长。项目领导小组的成员还包括咨询公司的项目负责人和专家。为了确保项目实施的质量，项目还设置了专门的项目监理小组，对项目的进度、质量进行控制。

项目领导小组确定风险评估的范围为公司现有的所有信息系统，包括各应用系统、主干网络系统、接入单位系统和安全设施。风险评估小组则由S公司的CIO任组长，T公司的风险评估专家负责执行风险评估。评估小组制订了风险评估计划，并得到了项目领导小组的授权。

(2) 风险评估

在不影响企业系统的正常工作前提下，风险评估小组人员实施了两个阶段的风险评估：

第一阶段是调查阶段。通过对S企业不同层次的人员调查(包括访谈、调查问卷)、技术调查了解了S公司信息系统以及相关信息资产的基本状况。在对各种信息进行复核后识别出信息安全风险的要素，包括信息系统资产组成、系统资产脆弱点、威胁因素、安全需求等。

第二阶段是风险分析的过程，根据调查阶段获得的系统相关数据，选择适当的风险分析方法，对企业信息系统的脆弱性及所面临的威胁进行定性量化处理与统计分析，进而对目标信息系统的风险状况进行综合分析，得出系统当前所面临的风险的排序。风险评估的结论如表8-1所示：

表 8-1 风险评估

风 险 来 源	风险排序(数值越大风险越大)
混合病毒及恶意代码	240
外部人员通过网络直接入侵	150
网络病毒	75
外部人员通过网络间接入侵	50
内部人员通过网络直接入侵	45
内部人员误操作	26
内部人员通过网络间接入侵	30
软件故障	15

(3) 开发安全行动方案

根据S公司信息系统的风险分析的结果,结合S公司的安全需求,制订S公司的安全保护策略,包括安全管理策略、安全运行策略和安全体系规划。根据S公司的现实情况,将落实保护策略所需的控制措施分为A类和B类(说明见下文)。表8-2、表8-3和表8-4分别是安全管理策略、安全运行策略和安全体系规划文档节选。

表 8-2 安全管理策略

控制要求	控 制 目 标	控 制 方 式	现有控制	要求控制
安全策略	信息安全策略	信息安全策略文档	◎	①②
		复查和评价		②
组织安全	信息安全的基本架构	管理信息安全论坛(委员会)	●	①②
		信息安全协作	◎	①②
		信息安全责任的分配	◎	①②
		◎	◎	②
		专家信息安全建议	◎	①②
		信息安全的独立检查	●	①②
	第三方访问的安全	判断第三方访问的风险		
		第三方合同的安全要求		①②
	外包	外包合同的安全需求		②
资产分类和管理	资产的可计量性	资产清单	◎	①②
	信息分类	分类原则	◎	①②
		信息标识和处理		①②
…	…		…	…

(注:"●"表示已有相应措施,"◎"表示已有相应措施但不完善。①表示A类措施实施的内容;①②表示与A/B类措施都相关的内容。)

表 8-3　安全运行策略文档

控 制 要 求	控 制 方 式	现有控制	要求控制
病毒、漏洞管理	病毒和系统漏洞报警	◎	①②
	补丁信息发布	◎	②
	补丁兼容性验证		②
	防病毒软件升级	●	①②
	系统加固	◎	①②
	病毒检查	◎	①②
	系统漏洞扫描		①②
	安全工具的收集		②
资源管理与安全监控	软硬件设备准入		②
	网络故障排查	◎	①②
	网络流量统计分析		②
	设备配置管理	◎	①②
…	…	…	…

表 8-4　安全体系规划文档

根据S公司安全需求并结合实际情况，遵循安全建设，确保生产的原则，按照统一规划、分期建设的方法，对S公司信息系统安全建设进行分期建设，最终达到S公司信息系统全面、整体的安全目标
一期应急目标
针对威胁对系统进行针对性调整，将生产系统与其他应用系统进行逻辑分离，使其相对独立，避免其他系统的故障对企业生产造成影响；采取措施对病毒等威胁进行控制，降低系统风险。实施内容包括： 重新对网络进行规划，将生产网络和管理网络逻辑分离，增加网络间的访问控制措施，隔离互联网用户群，减少影响； 调整 Internet 中心服务器部署结构，加强对服务器访问的管理控制； 重新对互联网出口处的防火墙、VPN 等安全设施进行调整，实现对远程接入系统的访问控制； 在互联网出口处部署邮件网关、入侵检测系统等安全设施，对出入内外网的数据进行检查
二期建设目标
建立符合S公司信息化发展需要的系统平台，弥补网络结构缺陷，建立安全独立的业务生产系统；建立监管、检查体系架构。实施内容包括： 隔离访问互联网用户，利用现有线路单独建立千兆主干以太网络； 将 OA、人力资源、视频会议等非生产应用系统迁移至千兆以太网，业务生产系统运行在原 ATM 主干网； 在重点生产网络出口处部署入侵检测系统，对异常访问进行监视； 在重点非生产网络出口处部署防火墙，保护子网和子网内的服务器群，防止由于某一点的故障造成全网的网络瘫痪
三期完善目标
完善的信息技术体系结构，实现安全战略目标。实施内容包括： 完善支撑性安全基础设施建设，推广 PKI 系统应用； 完善综合监管中心功能，实现统一权限管理、统一身份管理； 完善系统资源管理功能

A 类——措施实施将可以解决 S 公司信息系统的最紧迫的问题，措施的实施对目前系统的影响不大，实施以后系统的安全性将有比较大的提升。

B 类——措施实施将可以解决 S 公司信息系统中比较急迫的问题，或长远基础性的问题。措施的实施对目前系统的影响比较大，需要定制开发或需要对现有系统进行开发，实施以后系统的安全性将会有全面的提升。

在制订保护策略的基础上，风险评估小组立即着手制订控制措施来实施安全保护策略中提出的各种保护策略。安全措施的选择一般基于如下原则：即针对最大的风险，用最低的成本将风险降低到可以接受的水平，并把控制措施对业务的影响最小化。由于控制措施在实施的容易程度和效果上存在差别，风险评估小组采取的方法是从那些可以对信息系统安全水平产生显著效果的控制措施入手，综合考虑技术、操作和管理方面的控制措施，制订控制措施实施计划。表 8－5 是控制措施实施计划示例。

表 8－5　控制措施实施计划

编号	措施名称	内容描述	负责人	实施人员	资源需求	实施时间	备　注
C1.1	部署防病毒网关	在网络出口部署防病毒网关	张××	张×× 刘××	防病毒网相关产品××		
C3.4	管理用户权限	管理和调整组织内部人员对信息系统的访问权限	林××	曾×× 王×× 张×× 周××	公司人员组织结构		设定专人对访问权限进行管理
C4.3	路由优化	对骨干网络的路由进行优化设置	王××	王×× 陈××	骨干网络拓扑图、管理员权限		
…	…	…			…	…	

2. 部署和执行

随后，依照实施计划，实施人员对选定的风险控制措施进行了部署和执行，并将进展情况写入计划实施进展报告。

此外，风险管理小组还制订了针对企业业务经理、企业员工的安全培训方案，并依照培训方案进行培训。

3. 检查和监控、改进和评价

为了确保信息安全风险管理项目的顺利实施，S 公司成立了监督小组。监督小组采用定期评审和不定期抽查相结合的方法，检查安全保护策略的落实和风险控制措施的进展，检查实施进展报告和事实的符合性，并将相关调查情况写入风险状态报告，及时向项目领导小组和企业管理层反映。

经过确认调查情况属实，监督小组要对调查情况进行原因分析并制订纠正措施，限期令相关责任人予以纠正。表 8－6 为一张风险监控调查表。

表 8-6　风险监控调查

<table>
<tr><td colspan="2">调查表编号：No.012</td><td colspan="2">调查日期：××年××月××日</td></tr>
<tr><td colspan="2">调查地点：业务一部</td><td colspan="2">陪同人：王××</td></tr>
<tr><td colspan="4">问题陈述：
S 公司《计算机用户口令管理策略》规定“避免在纸张上保留密码记录，除非可以对其安全存放；选择的优质密码至少要有 8 个长度字符的长度，这些字符要避免使用那些别人很容易根据个人相关信息就能够猜出来的内容。例如：名字、电话号码和生日”。
调查员在业务二部一名员工的工作台 PC 机屏幕边，发现粘贴了记录有用户口令的便条，用便条上的用户名可以登录公司内部 OA 系统和业务出口系统。调查员用强力破解方式测试了业务出口系统的口令强度，发现了 3 名用户的口令长度不超过 8 个字符，而且 2 人用名字的拼音缩写作为口令。
问题严重程度：严重●　　　　　　　　轻微○</td></tr>
<tr><td colspan="2">调查员：谢××</td><td colspan="2">监督小组负责人：徐××</td></tr>
<tr><td colspan="4">原因分析：</td></tr>
<tr><td colspan="4">(1) 业务二部员工不了解公司的信息安全管理策略，部门主管监督检查不力。
(2) 业务出口系统的系统管理员，没有启用操作系统中的口令管理规则。</td></tr>
<tr><td colspan="4">纠正措施：</td></tr>
<tr><td colspan="4">(1) 业务二部所有员工检查是否在桌面、屏幕边有记录口令的便条，计算机中是否有记录口令的未加密的口令文件，如有发现立即更正。
(2) 业务出口系统的系统管理员立即启用现有的操作系统的口令规则，拒绝口令长度少于 8 个字符的用户登录系统，并提示更改口令。
(3) 组织所有员工学习信息安全管理策略及其他相关文件，并由部门主管督促检查安全策略的执行情况并作记录。</td></tr>
<tr><td colspan="4">纠正措施的预计完成时间：××年××月××日</td></tr>
<tr><td>责任部门负责人：赵××</td><td colspan="2">调查员：谢××</td><td>信息安全风险管理组长：许××</td></tr>
<tr><td colspan="4">纠正措施验证结果：
业务二部的所有员工已经清理桌面和计算机，经抽样检查没有发现纪录口令的桌面便条和计算机中的明文文件。
操作系统的口令规则已启用。
培训工作已经完成并做了记录。</td></tr>
<tr><td colspan="2">调查员：谢××</td><td colspan="2">日期：××年×月×日</td></tr>
</table>

8.2.3　案例小结

通过这个案例，我们看到 S 公司在企业内实施信息安全风险管理，S 公司制订了长期的安全风险管理规划，并有效缓解了企业信息系统当前所面临的主要信息安全风险，增强了企业员工的安全风险意识，在企业内部逐渐建立了风险管理的文化。持续、动态的信息安全风险管理也为企业信息化战略的实施、企业未来的发展提供了充分的保障。因此，信息安全风险管理，对于企业具有重要的现实意义。

然而我们也应该看到，在 S 公司的信息安全风险管理项目中也存在着一些问题。例如，在项目启动时期没有进行安全风险管理完善程度的自评估，忽视了争取业务部门支持这一成功要素，在风险管理过程中很大程度依赖了外聘专家而自身参与度不够等，这些都是检查和监控中所发现问题的潜在原因，幸而后来通过改进过程进行了及时有效的纠正。因此，从整体效果上来说，S公司的信息安全风险管理项目是成功的。

讨论题：

1. 请结合案例项目，论述该项目的风险管理过程。

2. 请结合案例说明对项目风险管理是如何进行监控的。

3. 结合你的工作谈谈这个案例对你的启发。

8.3 智能建筑工程项目的全面风险管理①

智能建筑的概念在20世纪70年代末起源于美国，目前，随着计算机网络、信息处理与通信技术的迅速发展，正处于高速发展阶段。近十多年来，我国也兴起一股智能建筑热，智能建筑的建设浪潮一浪高过一浪，在一些大中城市，如深圳、上海、北京、广州等地发展尤其迅猛，其发展之迅速和规模之宏大，在世界上是绝无仅有的。它并未因房地产市场的整顿而有所收敛，反而从社会变革和广度上更加快速地发展。

虽然这股热潮是国内外楼宇采用智能化管理趋势的必然反映，但是我们也应正视到，如此迅速的发展并不风平浪静，红火兴旺的背后隐藏着巨大的风险。

当前，智能建筑工程项目的高风险是个不争的事实，工程项目的规模越大、技术越新、越复杂，其风险程度就越高。尽管房地产开发商的老总们为了提高楼盘的亮点、品位和售价，竭尽全力鼓吹其楼盘的智能化程度，并不惜重金投资到智能建筑工程项目上，但最后的实际结果却差强人意，严酷的事实与老总们的愿望大相径庭。有调查表明，在我国包括智能建筑在内的所有与信息化有关的工程项目成功率不到30%，大约有70%以上的工程项目超出预定的开发周期，功能和性能达不到预期的效果，其中大型项目平均超出计划交付时间20%～50%，90%以上的软件项目开发费用超出预算，并且项目越大，超出项目计划的程度越高。所以我们应该吸取教训，对智能建筑工程项目混乱局面进行研究分析，深入总结经验教训，人们提出了智能建筑工程项目实施专业监理体制和项目管理的概念，其中包括了全面风险管理的概念。

8.3.1 智能建筑工程项目风险因素的分析

不同类型的项目有不同的风险，相同类型的项目根据其所处的环境、项目客户与项目团队以及所采用的技术与工具的不同，其项目风险也是各不相同的。

总的说来，智能建筑工程项目风险的基本类型可分为以下几类。

1. 决策风险

决策风险是智能建筑工程项目中最大最可怕的风险，如果项目不可行、立项错误，造成根基不稳，就会全盘皆输，项目失败早成定局。项目决策风险包括高层战略风险，如指导方针、战略思想可能有错误而造成项目目标错误；环境调查和市场预测的风险；投标决策风险，如错误的项目选择、错误的投标决策和报价等。

---

① 资料来源：http://www.ib-china.com/Item.aspx?id=21266。

2. 行为主体风险

智能建筑工程项目行为主体产生的风险也是常见的项目风险来源之一。如业主和投资者项目资金准备不足，项目仓促上马，支付能力差，改变投资方向，违约不能完成合同责任等产生的风险；承包商(分包商、供应商)技术及管理能力不足，不能保证安全质量，无法按时交工等产生的风险；项目管理者和监理工程师的能力、职业道德、公正性差等产生的风险等。

3. 软件危机风险

软件是保持和增强智能建筑工程项目竞争力的基础，其好坏是决定项目成败的关键性技术因素。软件危机是指在计算机软件的开发和维护过程中所遇到的一系列严重问题，其主要表现如下：

(1) 用户需求不明确、变更过多

在智能建筑工程建设过程中，软件开发出来之前，不少用户自己也不是很清楚应用软件的具体需求。用户常常在项目开始时只有一些初步的功能要求，没有明确的想法，也提不出确切的需求。随着系统实施的进展，系统开始展现功能的雏形，用户对系统的了解也逐步深入，用户的思路不断地被激发，不断涌现出新的功能的想法，就要求对以前提出的需求进行改动，应用软件的程序、界面以及相关文档需要经常修改。用户变更，软件修改，而且在修改过程中又可能产生新的问题，这些问题很可能经过相当长的时间后才会被发现，而且是很难修改的，最后导致软件开发失败。

(2) 软件成本日益增长

20 世纪 50 年代，软件成本在整个计算机系统成本中所占的比例为 10%～20%。但随着软件产业的发展，软件成本日益增长。相反，计算机硬件随着技术的进步、生产规模的扩大，其价格却不断下降。这样一来，软件成本所占的比例越来越大。到 20 世纪 60 年代中期，软件成本所占的比例增长到 50%，而到 20 世纪 90 年代则达到 85%左右。

(3) 开发进度难以控制

由于软件是逻辑和智力的产品，软件的开发需建立庞大的逻辑体系，这是与其他产品的生产不一样的。例如：工厂里要生产某种硬件设备，在时间紧的情况下可以要工人加班或者实行“三班倒”，而这些方法都不能用在软件开发上。因为软件系统的结构很复杂，各部分附加联系极大，盲目增加软件开发人员并不能成比例地提高软件开发能力。因为，随着人员数量的增加，人员的组织协调、通信、培训和管理等方面的问题将更为严重。历史上有许多关于软件开发在耗费了大量的人力和财力之后，由于离预定目标相差甚远不得不宣布失败的例子。

(4) 软件质量差

软件项目即使能按预定日期完成，质量却不尽如人意，程序的一些微小错误可以造成智能建筑工程项目灾难性的后果。在“软件作坊”里，由于缺乏工程化思想的指导，程序员几乎总是习惯性地以自己的想法去代替用户对软件的需求，软件设计带有随意性，这是造成工程项目不能令人满意的重要因素。

(5) 软件维护困难

正式投入使用的软件，总是存在着一定数量的错误，在不同的运行条件下，软件就会出现故障，因此需要维护。但是，由于软件开发过程随意性很大，没有完整的真实反映系统状况的记录文档，给软件维护造成了巨大的困难。特别是在软件使用过程中，原来的开发人员可能因各种原因已经离开原来的开发组织，使得软件几乎不可维护。软件是一个复杂的逻辑过程，哪怕做一项微小的改动，都可能出现潜在的错误，常常会发生“纠正一个错误带来更多新错误”的问题。

4. 项目管理风险

项目管理风险包括智能建筑工程项目过程管理的方方面面，如项目计划的时间、资源分配(包括人员、设备)、项目质量管理、项目管理技术(流程、规范、工具等)的采用以及外包商的管理等；因项目计划不周、制度缺乏、经营不善、技术落后、用人不当、沟通不畅、楼盘滞销等项目管理混乱而造成的风险。

5. 项目组织风险

组织风险中的一个重要来源就是项目决策时所确定的项目范围、时间与费用三个要素之间的矛盾。三要素的关系是相互依存，相互制约的，不合理的匹配必然导致项目执行的困难，从而产生风险。智能建筑工程项目资源不足或资源冲突方面的风险同样不容忽视，如人员到岗时间、人员知识与技能不足等。组织中的团队精神和文化氛围同样会导致一些风险的产生，如团队协同合作和人员激励不当导致内部不团结、人员离职等。

6. 外部环境风险

智能建筑工程项目外部环境风险主要是指其政治、经济环境的变化，包括政治风险、法律风险、经济风险、社会风险，以及与项目相关的规章或标准的变化；组织中雇佣关系的变化，如公司并购、自然灾害，外围主体(政府部门、相关单位)等产生的风险。这类风险因项目性质的不同而对其影响的程度也不一样。

7. 风险按其影响结果分类

全面风险管理有时要求按风险对目标的影响来进行风险因素分析，它体现的是风险作用的结果，包括以下几个方面的风险。

(1) 工期风险：如造成局部的(工程活动、分项工程)或整个工程的工期延长，不能及时竣工验收；

(2) 费用风险：包括财务风险、成本超支、投资追加、收入减少等；

(3) 质量风险：包括材料、工艺、工程等不能通过验收，工程试运行不合格，经过评价工程质量未达到标准或要求；

(4) 生产能力风险：项目建成后达不到设计生产能力；

(5) 市场风险：工程建成后产品达不到预期的市场份额，销售不足，没有销路，没有竞争力；

(6) 信誉风险：可能造成对企业的形象、信誉的损害；

(7) 伤亡损失风险：人身伤亡以及设备的损坏；

(8) 法律责任风险：因被起诉而要承担相关法律的或合同的责任。

8.3.2 智能建筑工程项目风险的特点

智能建筑工程项目所面临的风险种类繁多，各种风险之间的相互关系错综复杂。所以项目从立项到竣工后运行的整个生命周期中都必须重视风险管理。智能建筑工程项目风险具有如下特点：

(1) 风险存在的客观性和普遍性

作为损失发生的不确定性，风险是不以人的意志为转移的，并超越人们的主观意识而客观存在。风险的普遍性表现在几乎所有的项目都存在着风险，特别是像智能建筑工程这样的高科技项目，把先进复杂的现代信息技术与建筑技术有机结合在一起。在项目的整个寿命周期内，自始至终风险是无处不在、无时不有的。这些说明为什么虽然人类一直希望认识和控制风险，但直到现在也只能在有限的空间和时间内改变风险存在和发生的条件，降低其发生的频率，减少损失程度，而不能也不可能完全消除风险。

(2) 风险发生的偶然性和必然性

风险发生的偶然性表现在任何具体风险的发生都是诸多风险因素和其他因素共同作用的结果，是一种随机现象。风险发生的必然性是指虽然个别风险事故的发生是偶然的、杂乱无章的，但对大量风险事故资料的观察和统计分析，发现其呈现出明显的运动规律，这就使人们有可能用概率统计的方法及其他分析方法去计算风险发生的概率和损失程度，同时也导致风险管理技术方法的迅猛发展。

(3) 风险的可变性

项目风险的可变性是指在项目的整个实施过程中，各种风险在性质和数量上都是在不断变化的。随着项目的进行，有些风险可以规避，有些风险会得到控制，有些风险会发生并得到处理，同时在项目的每一阶段都可能产生新的风险。

(4) 风险的多样性和多层次性

一般项目，特别是智能建筑工程项目要求高、周期长、技术新、涉及范围广、风险因素数量多且种类繁杂，致使其在整个寿命周期内面临的风险多种多样，而且大量风险因素之间的内在关系错综复杂、各风险因素之间与外界交叉影响又使风险显示出多层次性，这是智能建筑工程项目风险的主要特点之一。

8.3.3 智能建筑工程项目全面风险管理

虽然智能建筑工程项目面临的风险很多，不过，人们也无须过分地恐惧风险，只要掌握了风险发生的因果关系，风险是可以管理，并得到控制的。关注项目风险，掌握风险管理的知识与技能，从项目组织、职责、流程与制度上建立一套风险管理机制是确保项目成功的前提与保障。

项目风险管理是指为了最好地达到项目目标，识别、分配、应对、减少和避免项目生命周期内风险的现代科学管理方法。全面风险管理是用系统的、动态的方法进行风险控制，以减少项目实行过程中的不确定性。它不仅使各层次的项目管理者建立风险意识，重视风险问题，防患于未然，而且在各个阶段、各个方面实施有效的风险控制，形成一个前后连贯的管理过程。

智能建筑工程项目全面风险管理有四个方面的涵义：① 项目全过程的风险管理，从项目的立项到项目的结束，都必须进行风险的研究与预测、过程控制以及风险评价，实行全过程的有效控制以及积累经验和教训；② 对全部风险的管理；③ 全方位的管理；④ 全面的组织措施。

1. 全面风险管理的任务

由于风险贯穿于项目的整个生命周期中，因而风险管理是持续的过程，建立良好的风险管理机制以及基于风险的决策机制是项目成功的重要保证。风险管理是项目管理流程与规范中的重要组成部分，制订风险管理规则、明确风险管理岗位与职责是做好风险管理的基本保障。同时，不断丰富风险数据库、更新风险识别检查列表、注重项目风险管理经验的积累和总结更是风险管理水平提高的重要动力源泉。一般，智能建筑工程项目全面风险管理的主要任务有以下三方面。

（1）预报预防

在智能建筑工程项目实施过程中，要不断地收集和分析各种信息和动态，捕捉风险的警示信号，以便更好地准备和采取有效的对策，包括项目投保等措施，预防和避免可能发生的风险。加强风险预警预防工作是项目风险管理最重要的任务，预防措施的好坏，直接关系到风险发生的概率和风险损失的大小。

（2）防范控制

风险是不可能完全消除的，因此无论预防措施做得有多么周密，智能建筑工程项目的风险总是难以完全避免的。当风险发生时要进行有效控制，防范风险损失范围和程度进一步扩大。在风险状态下，依然必须保证工程的顺利实施，如迅速恢复生产，按原计划保证完成预定的目标，防止项目中断和成本超支，唯有如此才能有机会对已发生和还可能发生的风险进行良好的控制。

（3）积极善后

在风险发生后，亡羊补牢，犹未为晚，要迅速及时地采取措施以控制风险的影响，尽量降低风险损失和弥补风险损失，并争取获得风险的赔偿，如向保险单位、风险责任者提出索赔，以尽可能地减少风险损失。

2. 全面风险管理的组织

全面风险管理组织主要指为实现全面风险管理目标而建立的组织结构，即组织机构、管理体制和领导人员。没有一个健全、合理和稳定的组织结构，全面风险管理活动就不能有效地进行。

智能建筑工程项目全面风险管理组织具体如何设立、采取何种方式、需要多大的规模等问题取决于多种因素。其中决定性的因素是智能建筑工程项目风险在时空上的分布特点。项目风险存在于项目的所有阶段和方面，因此全面风险管理职能必然是分散于项目管理的所有方面，管理班子的所有成员都承担一定的风险管理责任。如果因此而无专人专职对风险管理负起责任，则全面风险管理就要落空。因此，全面风险管理职能的履行在组织上具有集中和分散相结合的特点。此外，智能建筑工程项目的规模，技术和组织上的复杂程度，风险的复杂和严重程度，风险成本的大小，上级管理层对风险的重视程度，国家和政府的法律、法规和规章的要求等因素都对全面风险管理组织有影响。

全面风险管理组织结构的最上层应该是项目经理。项目经理应该负起全面风险管理的领导责任。项目经理之下可设一名风险管理专职人员，帮助项目经理组织和协调整个项目管理班子的风险管理活动。至于项目风险分析人员，应由有技术、经济、电脑和项目管理经验的权威人士来担任。若无合适人选，可以从外雇专家。外雇专家的优点是容易使风险分析做得更客观、更公正。无论何种情况，项目管理班子成员都要参与风险分析过程。这样既可保证风险分析做得合理，又能够了解问题的来龙去脉，对风险分析的结果做到心中有数。

3. 全面风险管理的方法

众所周知，当某一危机发生时，不仅会明显地威胁到项目的成功，而且还会产生组织内部和外部的轰动效应，有时甚至会引起社会的广泛关注。因此，危机在众目睽睽、议论纷纷之下，会受到整个项目团队的极大重视。和处理危机事件不同，智能建筑工程项目好的全面风险管理往往是默默无闻地进行的。

智能建筑工程项目实施全面风险管理，注重项目实施过程中的点点滴滴、一丝不苟、计划有序、贯穿始终的风险管理，即采取全面的组织措施，对工程项目全部风险实施全过程、全方位的管理。

当全面风险管理非常有效时，智能建筑工程项目实施过程中基本不会产生什么大的问题，对于存在的少数问题来说，它也会得到更加迅速的解决。站在旁观者的角度来看，要说明一个智能建筑工程新项目的顺利开发是由于好的全面风险管理所致还是运气所致，可能是很困难的，但项目团队总会知道，他们的项目正是由于好的全面风险管理而运转得更好。

智能建筑工程项目全面风险管理方法一般包括以下几个过程：

（1）风险识别

它是全面风险管理的第一步，即预测和识别出项目目标实施过程中可能存在的风险事件，并予以分类。对项目风险的管理首先必须明确项目都存在哪些风险，一般是根据项目的性质，从潜在的事件及其产生的后果，以及潜在的后果及其产生的原因来预测识别风险。

风险预测和识别的过程主要立足于数据收集、分析、整理和预测，要重视经验在预测中的特殊作用（即定性预测）。为了使风险识别做到准确、完整和有系统性，应从全面风险管理的目标出发，通过风险调查、信息分析、专家咨询及实验论证等手段，对项目风险进行多维分解，并充分征求各方意见，从而全面认识风险，形成风险清单列表。

（2）风险分析

确定了智能建筑工程项目的风险列表之后，接下来就要搞清楚项目中存在的各种风险的性质，即进行风险分析。这一步骤将风险的不确定性进行量化，评价其潜在的影响。它的内容包括确定风险事件发生的概率和对项目目标影响的严重程度，如经济损失量、工期迟延量等，评价所有风险的潜在影响，得到项目的风险决策变量值，作为项目决策的重要依据。

一般只对已经识别出来的项目风险进行量化估计，评估风险及各种风险之间的相互作用，以及评价项目可能产生的结果范围。这里要注意三个概念。

① 风险损失量：即风险对项目造成的负面影响大小。如果损失量的大小不容易直接估计，可以将损失量分解为更小部分再评估它们。风险损失量可用数值表示，即将损失量大小折算成对影响计划完成的时间表示。

② 风险概率：是指风险发生可能性的百分比表示，是一种主观判断。

③ 风险量：是指项目风险危害程度。计算公式为：风险量＝风险概率×风险损失量。如：某一风险概率是25％，一旦发生会导致项目计划延长4周，因而，风险量＝4周×25％＝1周。

（3）风险防范计划

完成了智能建筑工程项目风险分析后，实际上就已经确定了项目中存在的风险，以及它们发生的可能性和对项目的冲击，接下来对风险排序。然后可以根据风险性质和项目对风险的承受能力制订相应的防范计划，即风险防范对策。制订风险防范对策主要考虑以下四个方面的因素：可规避性、可转移性、可缓解性、可接受性，基本对策有三种形式：风险控制、风险自留和风险转移，总的目标是减小风险的潜在损失。风险防范对策在某种程度上决定了采用什么样的项目开发方案。对于应“规避”或“转移”的风险在项目策略与计划时必须加以考虑。

(4) 风险控制对策

风险控制是对使风险损失趋于严重的各种条件采取措施，进行控制而避免或减少发生风险的可能性及各种潜在的损失。风险控制对策有风险回避和损失控制两种形式。风险回避对策经常是一种规定，如禁止某项活动的规章制度，损失控制是通过减少损失发生的机会或通过降低所发生损失的严重性来处理项目风险。损失控制方案的内容包括：制订安全计划、评估及监控有关系统及安全装置、重复检查工程建设计划、制订灾难计划、制订应急计划等。

(5) 风险自留对策

风险自留是一种重要的财务性管理技术，由自己承担风险所造成的损失。风险自留对策分计划性风险自留和非计划性风险自留两种。计划性风险自留是指风险管理人员有意识地不断地降低风险的潜在损失。非计划性风险自留是指当风险管理人员没有认识到项目风险的存在，因而没有处理项目风险的准备，被动地承担风险，此时的风险自留是一种非计划风险自留。风险管理人员通过减少风险识别失误和风险分析失误，从而避免这种非计划风险自留。

(6) 风险转移对策

① 合同转移：是指用合同规定双方风险责任，从而将风险本身转移给对方以减少自身的损失。因此合同中应包含责任和风险两大要素。

② 项目投保：是全面风险管理计划中的最重要的转移技术，目的在于把项目进行过程中发生的大部分风险作为保险对策，以减轻与项目实施有关方的损失负担和可能由此产生的纠纷。付出了保险费，在项目受到意外损失后能得到补偿。项目保险的目标是最优的工程保险费和最理想的保障。

确定风险防范对策后，就可编制全面风险管理计划，它主要包括：已识别的风险及其描述、风险发生的概率、风险应对的责任人、风险防范对策、行动计划及处理方案、应急计划、项目保险安排等。

(7) 风险监控管理

由于智能建筑工程项目风险存在的客观性和普遍性，在制订了全面风险管理计划后，风险还是存在的。在项目推进过程中，各种风险在性质和数量上都是在不断变化的，有可能会增大或者衰退。因此，在项目整个生命周期中，需要时刻监控风险的发展与变化情况，并确定随着某些风险的消失而带来的新的风险。

风险监控的主要任务是采取应对风险的纠正措施以及全面风险管理计划的更新。包括两个层面的工作：一是跟踪已识别风险的发展变化情况，包括在整个项目生命周期内，风险产生的条件和导致的后果变化，衡量风险减缓计划需求；二是根据风险的变化情况及时调整全面风险管理计划，并对已发生的风险及其产生的遗留风险和新增风险及时识别、分析，并采取适当的应对措施。对于已发生过和已解决的风险也应及时从风险监控列表调整出去。

最有效的风险监控工具之一就是“前 10 个风险列表”，它是一种简便易行的风险监控活动，是按“风险值”大小将项目的前 10 个风险作为控制对象，密切监控项目的前 10 个风险。每次风险检查后，形成新的“前 10 个风险列表”。

(8) 全面风险管理检查

全面风险管理检查是指在项目实施过程中，不断检查以上几个步骤的实施情况，包括全面风险管理计划执行情况及保险合同执行情况，以实践效果评价风险防范对策效果。另还需确定在条件变化时的风险处理方案，检查是否有被遗漏的风险项目，对新发现的风险项目应及时提出对策。

讨论题：

1. 请分析智能建筑工程项目的外部风险和内部风险因素有哪些。
2. 请根据案例归纳智能建筑工程项目的风险管理过程。
3. 请结合本案例，进一步讨论全面风险管理的主要解决方法。

8.4 安图医院智能化项目风险管理①

8.4.1 项目概况

安图医院智能化项目是采用 EPC 发包模式（Engineering，Procurement and Construction，EPC），根据客户功能需求在工程预算内进行设计、采购、施工，在项目进行中还要考虑结构和功能的合理性。安图医院智能项目工程是一栋地上 6 层，地下一层的建筑，规划总用地 2 413 平方米，其中地上约 5 872 平方米，地下约 2 382 平方米，病床数 142 张。地上一、二、三层为急诊、门诊等科室，四、五层为病房，六层为行政办公，地下一层为停车库、变电站、水泵房等。

安图医院智能化项目是由建筑物平台和各弱电子系统组成的（包括建筑自动化系统 BA、办公自动化系统 OA、通信自动化系统 CA、安全防范系统 SA 等部分），将这些弱电子系统有机地整合后，为智能化业务处理提供多种高效的功能，并追求经济性、可靠性、安全性、舒适性。

8.4.2 安图医院智能化项目风险识别与计量

安图医院智能化项目具有一般建筑项目的投资额巨大、施工周期长、资金成本回收期长、施工工艺复杂、受自然条件和社会经济影响巨大等特点，安图医院智能项目作为建筑项目的一个部分同时又具有自身独特的特性。

项目部为识别本项目风险，编制具有针对性的控制方案，组织了具有本项目类似工程经验的专家以及工程技术人员对本工程风险分两条主线进行了较为全面、系统的识别：第一条主线是根据工程的各分部、各专业，将设计及施工过程中可能产生的风险进行了梳理，并初步估计出其发生的概率与产生的后果，这一条主线以质量风险为主，兼顾进度和安全风险；第二条主线是从控制的目标着手，对主要影响进度和安全的风险进行了识别和衡量。

在风险识别过程中，华东电脑股份有限公司组织了相关项目小组，收集了类似工程的历年资料及项目的施工经验，以及在历年智能化项目管理经验，通过分析、归纳和整理，就安图医院智能化项目工程可能涉及的质量风险因素及产生的影响进行了认真辨识，对各种质量风险事件及其发生概率、影响目标和影响程度按照分部工程分类归纳如表 8 - 7、表 8 - 8、表 8 - 9 所示。

① 资料来源：周忠伟，安图医院智能化项目风险管理分析及控制。

表 8-7　质量风险识别与计量

序号	风险名称	发生概率					影响目标			影响程度			
		1	2	3	4	5	进度	质量	安全	特大	大	一般	小
1	弱电的设计等级未定位		★				★	★				★	
2	弱电机房施工图纸不全			★			★	★			★		
3	弱电深化设计图纸延误					★	★				★		
4	楼控系统与空调强电的接口信号问题			★			★	★			★		
5	弱电系统的接地遗漏或不全			★			★	★				★	
6	综合布线未及时验证和认证测试					★	★	★			★		
7	原材料和设备的供应、质量问题		★				★	★			★		
8	施工的人员组织和技术素质不足			★			★	★			★		
9	施工的机械技术准备不足			★			★	★			★		
10	施工组织设计质量问题				★		★	★			★		
11	弱电的预留洞遗漏，隐蔽工程验收不及时			★			★	★				★	
12	弱电和强电的线缆共管，距离太近				★		★	★			★		
13	光铜线缆中间有接头，线号线位色标颠倒和接错				★		★	★			★		
14	弱电各子系统的功能运行检测不力		★				★	★			★		
15	图纸的变化和变更					★	★				★		
16	工程款支付影响			★			★						★

表 8-8　进度风险识别与计量

序号	风险名称	发生概率					影响目标			影响程度			
		1	2	3	4	5	进度	质量	安全	特大	大	中	小
1	设计方面施工图出图延迟				★		★				★		
2	劳务分包进场准备不足			★			★				★		
3	劳务分包技术交底不足		★				★	★				★	
4	劳务分包施工机械准备不足			★			★					★	

续 表

序号	风险名称	发生概率					影响目标			影响程度			
		1	2	3	4	5	进度	质量	安全	特大	大	中	小
5	材料、设备供应问题					★	★			★			
6	因施工质量造成局部返工				★		★	★				★	
7	各专业、工序相互影响				★		★					★	
8	施工组织不利(劳动力、材料机具、技术方案等)				★		★				★		
9	图纸变化及设计变更					★	★				★		
10	施工场地限制			★			★				★		
11	自然气候条件影响				★		★	★				★	
12	工程款支付影响	★					★						★
13	业主指令				★		★					★	
14	质量、安全事故		★				★	★	★	★			
15	政策法规变化	★					★					★	
16	指令变化				★		★				★		

表 8-9 安全风险识别与计量

序号	风险名称	发生概率					影响目标			影响程度			
		1	2	3	4	5	进度	质量	安全	特大	大	一般	小
1	安全生产责任未落实	★							★	★			
2	目标管理有缺陷	★							★	★			
3	施工组织设计不合理		★				★		★	★			
4	工程安全技术交底不全或针对性不强		★						★	★			
5	安全检查走过场,流于形式			★					★		★		
6	安全教育不到位				★				★	★			
7	施工方案针对性不强			★			★		★		★		
8	不佩戴安全帽或安全帽佩戴不规范		★						★	★			
9	预留管道防护不到位			★					★		★		
10	接地与接零保护系统不符合要求		★						★		★		
11	UPS 配电箱开关箱存在隐患				★				★		★		

续 表

序号	风险名称	发生概率					影响目标			影响程度			
		1	2	3	4	5	进度	质量	安全	特大	大	一般	小
12	现场照明不符合要求			★			★		★			★	
13	安装装置不合格				★				★		★		
14	安装和拆除不规范				★		★		★	★			
15	安全防护设计不科学				★		★		★				
16	脚手架与防护栏杆不到位				★				★			★	
17	现场的围挡不符合要求			★					★			★	
18	未设封闭管理		★				★		★		★		
19	施工场地脏、乱、差		★				★	★	★			★	
20	材料堆放不规范		★									★	
21	现场住宿条件差		★									★	
22	现场防火不符合要求			★							★		

针对安图医院智能化项目特点的风险识别做出了风险识别表，主要情况见表 8－10。

表 8－10　安图医院智能化项目风险识别

序号	风险事件名称	风险项数	发生概率分布(项数)					影响程度分布(项数)			
			1	2	3	4	5	特大	大	中	小
1	智能化项目质量风险	16	0	3	7	3	3	0	12	3	1
2	主要安全风险	22	2	8	6	6	0	7	8	6	0
3	主要进度风险	16	2	2	3	7	2	2	6	7	1
4	合计	54	4	13	16	16	5	9	26	16	2

8.4.3　安图医院智能化项目风险分析与评估

常见的风险分析方法有八种：即调查和专家打分法、层次分析法(AHP)、统计和概率法、敏感性分析法、蒙托卡罗模拟、CIM 模型、影响图。其中前两种方法侧重于定性分析，中间三种侧重于定量分析，而后三种则侧重于综合分析。

限于条件，在安图医院智能化项目风险管理方案编制过程中，项目部主要采用了专家打分法进行分析。当然，作为智能化项目风险管理而言，这种方法也是最常用、最实用的。

1. 质量风险概率与后果矩阵表

依据工程风险分析与评估的一般方法，采用风险的概率和后果值表对项目目标可能产生影响的质量风险进行排序(表 8－11)。

表 8-11　质量风险概率和后果矩阵

影响 概率	小	中	大	特大
5 级 (80%～100%)			3、6、15	
4 级 (60%～80%)			12、12、13	
3 级 (40%～60%)	16	5、11	2、4、8、9	
2 级 (20%～40%)		1	7、14	
1 级 (0～20%)				

2. 质量风险的分析

根据质量风险事件及其发生概率表我们可以发现各个阶段所存在的主要风险点：

(1) 深化设计阶段：弱电设计等级未定，弱电机房施工图纸不全。

(2) 设备订购阶段：原材料和设备的供应、综合布线未及时验证和认证测试，楼控系统产品与空调强电的接口信号不匹配。

(3) 施工准备阶段：施工的人员组织和技术素质不足，施工的机械技术准备不足，施工组织设计质量问题。

(4) 施工阶段：弱电系统的接地遗漏或不全，弱电的预留洞遗漏，隐蔽工程验收不及时，弱电和强电的线缆共管，距离太近，光铜线缆中间有接头，线号、线位的色标颠倒和接错。

(5) 验收阶段：弱电各子系统的功能运行检测不力。

3. 安图医院智能化项目进度风险分析与评估

进度风险概率与后果矩阵见表 8-12。

表 8-12　进度风险概率和后果矩阵

影响程度 概率	小	中	大	特大
5(80%～100%)			9	5
4(60%～80%)		6、7、11、13	1、8、16	
3(40%～60%)		4	2、10	
2(20%～40%)		3		14
1(0～20%)	12	15		

进一步对进度风险进行分析。

(1) 设计方面施工图出图延迟：因项目涉及的专业众多，且专业设计间相互联系、制约，如设计时间紧迫或项目开工较急，极易出现设计施工图跟不上时间节点要求，进而影响施工进度。

(2) 劳务分包进场准备不足：许多项目，劳务分包匆忙进场后，在现场准备工作上都出现拖拉现象，影响到项目的正式开工。主要原因包括，现场施工平面布置未考虑完善、劳动力未及时到位、大量所需材料未及时到位等。

(3) 劳务分包技术交底不足：因施工图拿到的时间较短或自身的技术力量薄弱，造成对图纸的消化吸收程度不够，从而影响施工组织设计(方案)的编制和审核工作，现场施工因技术方案未定而受到影响。

(4) 劳务分包施工机械准备不足：工程施工所需的(特)大型机械设备，因承包商原因而延迟进场，这在工程中较普遍，往往会对工程进度产生较大影响。

(5) 材料、设备供应问题：几乎所有项目都存在因甲、乙方材料、设备供货问题而影响工程施工进度的情况。产生的原因有多种：订货方自身不及时订货、供货方未按合同及时供货、订货方在签订合同后出现要求变化造成供货方返工、供货方所供货物存在瑕疵不能(正常)使用等。

(6) 因施工质量造成(局部)返工：工程中常因为承包商技术力量不足或操作人员疏忽，产品不能满足施工验收规范要求，出现施工质量问题，造成(局部)返工，易影响施工进度，有时会特别严重。

(7) 各专业、工序相互影响：项目是由多专业组成的，施工中必然有各专业的工序交叉作业、相互制约的情况，如彼此之间不能做到协调有序、全盘考虑，就一定会出现相互牵制、影响的情况，易拖延某一专业施工进度或项目总进度。

(8) 施工组织不力(劳动力、材料机具、技术方案等)：承包商的施工组织是多方面的，在项目实施过程中，需要对劳动力、材料机具、技术方案等进行全方位、有效的计划、协调、控制，其中某一环节出现问题都可能影响工程进度。

(9) 图纸变化及设计变更：项目实施期间，常会出现由于各种原因产生的图纸变化及设计变更。对进度而言，有些影响只是局部小范围，可通过工序调整得到解决。但涉及建筑功能、设备系统等方面的改变，则会对进度产生较大影响。

(10) 施工场地限制：有限的施工场地也会对施工进度产生一定影响。有的工作可能需要较大的施工作业面和场地，一旦因工序制约现场无法满足，进度就会被拖延。

(11) 自然气候条件影响：许多施工内容需要在室外露天作业，自然气候条件就成为最大的影响因素。如高温、降雨、大风、冰冻等。

(12) 工程款支付影响：工程款支付是否及时将直接影响到承包商的材料、设备订货，许多项目都出现承包商以未及时收到工程款为由为延迟材料、设备订货。此外，也会影响现场施工人员工资发放，进而影响一线施工人员的劳动积极性，这些都会对施工进度带来不利影响。

(13) 业主指令：施工中有时会出现因业主指令变化而对工作、工序进行调整。这种调整往往是局部性的，但同样对某一工作进度造成一定影响。

(14) 质量、安全事故：此类事故的出现是项目管理者最不愿碰到的。一旦发生将对工程的进度产生极大的不利影响。

(15) 政策法规变化：这种情况是不可预见的，通常主要是以某专业新增一些国家或地方强制性施工验收规范、条例的形式出现。这样可能会增加某专业的工作内容和工作量，在一定程度上影响施工进度。

(16) 指令变化：一般的工程建设项目施工工期长，安图医院智能化项目的工期紧是相对于所涉及的智能化子系统和所需要协调配合的其他专业而言。本项目所涉及的子系统如电子会议、停车场系统等需要，强电、水暖等专业协调配合；综合布线系统需要和空调、水电协调配合；安防系统需要和消防、照明协调配合；而这些要求因为提出的时间以及沟通上问题有可能没有及时得到落实都会影响工程进度。

4. 安图医院智能化项目安全风险分析与评估

施工现场是施工生产因素的集中点，其动态特点是多工种立体作业，生产设施的临时性、作业环境的多变性、人机的流动性。

施工现场中直接从事生产作业的人员密集，机器、材料集中，存在着多种危险因素。因此，施工现场属于事故多发的作业现场。控制作业人员的不安全行为和物的不安全状态，是施工现场安全管理的重点。也是预防与避免伤害事故，保证生产处于最佳安全状态的根本环节。安全风险概率和后果矩阵表见表 8－13。

表 8－13　安全风险概率和后果矩阵

影响 概率	小	中	大	特大
5(80%～100%)				9、11、12
4(60%～80%)			21、22	6、8、10、13、14
3(40%～60%)			5、7、17、18、19、20	16
2(20%～40%)				3、4、15
1(0～20%)				1、2

5. 安图医院智能化项目风险分析与评估的总结

为更好地给风险管理提供可靠信息，我们可以将风险概率与后果矩阵表分成如表 8－14 所示的三个区域：

表 8－14　风险概率与后果矩阵区域

概　　率	小	中	大	特大
5(80%～100%)			A	
4(60%～80%)	B			
3(40%～60%)				
2(20%～40%)				B
1(0～20%)	C			

为方便分析，并合理分配风险管理的精力和资源投入，我们可以将上述三个区域定义为见表 8－15：

表 8-15　三区域定义

A 区域：	严重风险区
B 区域：	重大风险区
C 区域：	一般风险区

相对应的，落在“风险概率与后果矩阵表”中 A 区域的风险为严重风险，B 区域的风险为重大风险，C 区域的风险为一般风险区。

根据上述定义，我们可以将上述工程风险总结如下表 8-16：

表 8-16　工程风险对应

序号	风险事件名称	风险项数	风　险　级　别		
			严重级风险	重大级风险	轻微级风险
1	智能化项目质量风险	16	6	9	1
2	主要安全风险	22	4	14	3
3	主要进度风险	16	5	8	3
4	合计	54	15	31	7

8.4.4　安图医院智能化项目风险的管理

对于安图医院智能化项目设计、施工过程中质量、进度和安全的风险管理而言，业主(共同投保体)已经将风险通过购买保险的方式转移，我们将主要通过针对性的技术手段达到风险回避、损失控制和风险分散的目的。

1. 安图医院智能化项目质量风险管理

根据公司的 ISO9001 质量方针及质量目标，力争把本项目建设项目建成精品工程，达到国家施工验收规范的合格标准、确保一次验收合格。

项目部在实施此项工程中，严格按照体系的要求，实施工程项目的质量管理。针对本项工程，为保证设计和施工质量，在工程现场指挥部设置专门的质量管理员，负责制订本工程项目的“质量控制计划”、施工质量的自检和协同本工程的监理对本项工程质量予以控制。按照体系的要求，结合本项工程的特点，提出本工程质量控制的主要关键点及其内容。

为了规避质量风险的出现，工程质量风险管理措施主要结合项目的工程特点分阶段控制工作为主。

(1) 根据各阶段中发生概率和影响程度分重点去编制质量预控表，见表 8-17。

表 8-17　各阶段质量控制内容表

阶　　段	质量预控点	质量预控控制方案
深化设计阶段	(1) 弱电设计等级未定； (2) 弱电机房施工图纸不全	深化设计按照标书技术要求，合同条款要求； 深化符合业主方的实际应用需求； 深化符合有关的国家标准、规范；地方的标准、规范；国际的标准、规范； 做好图纸预审工作，在设计交底时提出图纸存在的问题

阶 段	质量预控点	质量预控控制方案
设备、材料订购阶段	(1) 原材料和设备的供应； (2) 综合布线未及时验证和认证测试； (3) 楼控系统产品与空调强电的接口信号不配	设备、材料采购计划的可行性； 产品、设备的包装、封条是否完好无损； 根据货单清点产品数量，与合同附件的设备清单进行核对； 核对产品产地、厂商、型号、规格等，进行全部查验或部分抽查； 核查质量保证书、产品合格证、保修单及其他相关文件：进口产品还需核查进关单及完税证明等是否符合国家的法律、法规向供货商提出接口转换服务
施工准备阶段	(1) 施工的人员组织和技术素质不足； (2) 施工的机械技术准备不足； (3) 施工组织设计质量不足。	对施工人员进行设计交底、技术交底、做好进场二级教育； 安排施工机械进场计划，做好检查检验措施，按照施工现场实际情况编写施工组织设计施工质量控制计划
施工阶段	(1) 弱电系统的接地遗漏或不全； (2) 弱电的预留洞遗漏； (3) 隐蔽工程验收不及时； (4) 弱电和强电的线缆共管，距离太近； (5) 光铜线缆中间有接头； (6) 线号、线位色标颠倒和接错。	做好施工现场进度检查，做好自检工作，及时对隐蔽工程进行验收；做好成品保护，检查是否按照设计文件、施工规范和批准的施工方案施工； 施工现场管理人员，尤其是质检人员到岗到位；施工操作人员的技术水平、操作条件必须上岗考核符合工艺操作要求； 检查已施工部位是否存在质量缺陷等，设计更改、控制、施工记录、测试记录、隐蔽工程报检验收记录、工程进度报告等
验收阶段	弱电各子系统的功能运行检测不足	进行初验测试大纲评审、进行初验测试记录审查、进行初验测试报告评审； 进行设备材料清单记录及结果（与竣工图一致性）审查； 进行培训资料审查； 进行培训实施计划审查； 进行培训记录检查； 进行培训结果报告审查； 进行施工文件归档整理检查； 进行系统实施总结报告审查

(2) 编制质量的管理与控制措施

施工是形成工程项目实体的过程，是形成最终产品质量的重要阶段。所以，施工质量的管理与控制是施工管理的重点。影响现场施工质量的因素主要有五大方面，即人、材料、机械、施工方法、环境。

① 人的管理与控制：直接参与现场施工的组织者、指挥者和操作者，要尽量避免产生失误，充分调动人的积极性，发挥人的主导作用。为此，除了加强政治思想教育、劳动纪律教育、职业道德教育、专业技术培训，健全岗位责任制，改善劳动条件，公平合理地激励劳动热情以外，还需根据本工程的特点，从确保质量出发，在人的技术水平、心理行为、错误行为等

方面来管理和控制。

② 材料的管理和控制：对于原材料、成品、半成品、构配件，严格检查验收，正确合理地使用，建立管理台账，进行收、发、储、运等各环节的技术管理，避免混料和将不合格的材料用到工程上。

③ 机械的管理和控制：根据不同工艺特点和技术要求，选用合适的机械设备；正确使用、管理和保养好机械设备。

④ 施工方法的管理和控制：切合工程实际情况，解决施工中遇到的疑难问题、技术可行、经济合理，有利于保证质量、加快进度、降低成本。

⑤ 环境的管理和控制：根据工程特点和具体条件，应对影响质量的环境因素，采取有效的措施严加控制，为确保质量安全创造良好条件。

⑥ 现场施工质量的管理和控制的方法：主要有审核有关技术文件、报告和直接进行现场检查或必要的试验等。

针对各阶段质量控制内容表所采取的具体保证措施：

① 执行项目经理制，项目经理亲自负责本项目质量控制计划的制订并监督执行，且全过程负责项目的质量管理。

② 在本项目实施过程中，成立以各系统、各部门专家组成的质量控制小组，定期对工程进行检查及对产生的技术文件进行评审。

③ 在项目质量管理中，实施质量问题一票否决制，对项目质量管理员在质量检查过程中发现的质量问题，未整改或整改不到位，下一道工序将停止，并由项目经理承担责任。

④ 本项目中，配备懂技术、具备施工经验和资格的全职质量管理员。

2. 安图医院智能化项目进度风险管理

施工进度管理与控制是施工管理中重点之一，它是保证施工项目按期完成，合理安排资源供应、节约成本的重要措施。施工进度计划是施工现场各项施工活动在时间上的体现，编制施工进度计划就是根据施工部署中的施工方案和工程项目的开展程序，对全工地的所有工程项目做出时间上的安排。

为规避进度风险的出现，相应的控制措施主要以“规划、控制、协调”控制工作为主，再根据不同类型的风险辅助采取针对性的措施和手段。

施工进度管理与控制的方法主要是规划、控制和协调。

规划：确定项目总进度控制目标和分进度控制目标，并编制其进度计划。

控制：在项目实施的全过程中，进行施工实际进度与施工计划进度的比较，出现偏差及时采取措施调整。

协调：协调与施工进度有关的单位、部门和工作队组之间的进度关系。

施工进度的管理与控制所采取的主要措施有组织措施、技术措施、合同措施、经济措施和信息管理措施等。

（1）施工进度计划的作用在于确定各个施工项目及其主要工种、准备工作和全部工程的施工期限及其开工和竣工的日期，从而确定建筑施工现场劳动力、材料、成品、半成品、施工机械的需要数量和调配情况，以及现场临时设施的数量、水电供应数量和能源、交通的需要数量等。因此，正确编制施工进度计划是保证各项目以及整个建设工程按期交付使用，充分发挥投资效益，降低建筑工程成本的重要条件。

(2) 施工进度管理及保证措施,在本项工程要求的进度计划十分紧张的情况下,要保证能如期完成本项工程,其关键是控制如下的进度:

① 尽可能缩短深化(优化)设计的时间,为达到这一目的,施工承包方要全力协调好各专业和设计方之间的配合,使设计方做好对各专业实施的初步设计交底,让各专业实施方充分理解设计方的设计意图,并根据本专业的技术特点和要求,做好深化(优化)设计工作。

② 严格控制设备、材料的采购周期。由于整个工程实施周期较短,而工程所要求的许多关键设备材料,往往需要进口,要有一个订货周期。为保证工程进度,施工方必须对设备、材料供应商提出的供货周期严格加以控制。

③ 交叉施工的管理协调。在施工过程中,往往发生交叉施工的情况,如综合布线工程和装饰工程;弱电工程的穿管和桥架施工与强电、通讯管线的施工,等等。施工承包方在这些交叉施工的进度控制上,应及时掌握情况,如发生矛盾和施工衔接发生问题,或设计上发生冲突等,必须及时进行协调,严格控制施工进度。

④ 为保证本项工程按计划、高质量地完成,将本项工程列为重点工程,并由负责工程的副总经理负责公司的资源调配,以保证本项工程实施过程中所需全部资源。

⑤ 公司委派一名具有丰富的工程项目管理经验的建造师担任工程现场项目经理,在工程施工期间在现场办公,在工程现场建立本项目的现场指挥部,做到及时了解施工现场情况,及时协调工程施工,及时向业主方和相关协作单位报告工程进度和配合要求。

⑥ 为保证工程施工进度和提供施工中各种条件的保障,现场工程指挥部的条件保障组,将由公司的运行保障部和本公司现场人员组成。

⑦ 公司保证在获得本项工程中标的第一周内,将本项工程的施工管理人员和技术人员组织到位并抵达工程现场,立即开展本项工程实施所需的各项工作。

⑧ 本工程项目组将按照本文件制订的施工组织设计,在本项目中标后,立即到现场了解工程施工进展情况,按照业主方对本项工程进度的具体要求,制订出本项工程的"施工执行计划",更详细、具体地将本项工程计划排出来,报业主方批准后,严格控制并按"执行计划"开展本项工程的施工。

⑨ 本工程项目组将合理安排施工工序,在确保安全施工和文明施工的条件下,进行错峰施工和夜间施工,力争在保证施工质量的前提下缩短工期。

⑩ 一旦发生工程进度未能或可能未按计划实现,必须按本项目合同条款的规定,向业主、监理方报告,采取必要的措施予以解决。

⑪ 为确保工程按计划如期完成,组织劳动力实施施工,各工种交叉施工,责任到人。随时掌握生产要素,组织管理信息和动态,注意施工的时间计划和资源供应计划的衔接。

⑫ 在安排劳动力的同时,必须与配套施工单位协调,执行施工总进度,合理安排劳动力。

⑬ 按每月、每周、每天的施工计划目标,提前落实劳动力、材料、机械等生产因素,保证按时按量按品种规格和质量要求等满足施工需要。

⑭ 为确保工期,每天下班前针对当天生产情况以及安全防火、材料供应、文明施工进行检查、督促、整改并落实后面以及下阶段的生产。

⑮ 选用一批技术好的操作工人参与本工程施工。

3. 安图医院智能化项目安全风险管理

1）现场安全风险控制原则

现场施工安全的管理和控制中必须坚持六项基本管理原则：

① 管生产同时管安全；

② 坚持安全管理的目的性；

③ 必须贯彻预防为主的方针；

④ 坚持“四全”动态管理；

⑤ 安全管理重在控制；

⑥ 在管理中发展、提高。

2）安全风险控制策略

根据安全风险事件及其发生概率表，我们可以发现项目所存在的主要风险点，从发生的概率和影响程度大小，分成一般风险、重大风险、严重风险，根据风险的大小来制订安全风险控制策略。

根据风险分类将安全事件进行分类，见表 8－18，控制策略见表 8－19：

表 8－18　各因素安全风险概率对应

概　　率	影　　响			
	小	中	大	特大
5(80％～100％)				
4(60％～80％)		16	11、13	6、8、14
3(40％～60％)		12、17	5、7、9、	
2(20％～40％)		19	18	3、4、8、10
1(0～20％)	15			1、2

表 8－19　安全风险控制策略

风　　险	措　　　　施	风险名称
一般风险	不需要另外的控制措施，应考虑投资效果更佳的解决方案或不增加额外成本的改进措施，需要监视来确保控制措施得以维持	15、19
重大风险	应努力降低风险，但应仔细测定并限定预防成本，并在规定的时间期限内实施降低风险的措施。在中度风险与严重伤害后果相关的场合，必须进一步地评价，以更准确地确定伤害的可能性，并确定是否需要改进措施，直至风险降低后才能开始工作。为降低风险，有时必须配合大量的资源。当风险涉及正在进行中的工作时，就应采取应急措施	1、2、3、4、5、7、9、10、12、16、17、18
严重风险	只有当风险已经降低时，才能开始或继续工作。如果无限的资源投入也不能降低风险，就必须停止工作	6、8、11、13、14

3）安全管理措施

安全管理是为了施工项目实现安全生产开展的管理活动。施工现场的安全管理，重点是进行人的不安全行为与物的不安全状态的控制，落实安全管理决策与目标。以消除一切事故，避免事故伤害，减少事故损失为管理目的。

安全管理措施是安全管理的方法与手段，管理的重点是对生产各因素的状态的约束与控制。在安全管理措施上着重做好以下几方面：

(1) 落实安全责任、实施责任管理

建立、完善以项目经理为首的安全生产领导组织，有组织、有领导地开展安全管理活动。承担组织、领导安全生产的责任。

建立各级人员安全生产责任制度，明确各级人员的安全责任。抓制度落实、抓责任落实，定期检查安全责任落实情况，及时报告。

施工项目应通过监察部门的安全生产资质审查，并得到认可。

施工项目负责施工生产中物的状态审查与认可，承担物的状态漏验，失控的管理责任，接受由此而出现的经济损失。

一切管理、操作人员均须与施工项目签订安全协议，向施工项目作出安全保证。安全生产责任落实情况的检查，应认真、详细地记录，作为分配、补偿的原始资料之一。

(2) 安全教育与训练

进行安全教育与训练，能增强人的安全生产意识，提高安全生产知识，有效地防止人的不安全行为，减少人的失误。安全教育、训练是进行人的行为控制的重要方法和手段。因此，进行安全教育，训练要适时、宜人、内容合理、方式多样，形成制度。组织安全教育、训练做到严肃、严格、严密、严谨，讲究实效。

(3) 安全检查

安全检查是发现不安全行为和不安全状态的重要途径，是消除事故隐患，落实整改措施，防止事故伤害，改善劳动条件的重要方法。安全检查的形式有普遍检查、专业检查、季节性检查。

安全检查后的整改，必须坚持“三定”和“不准不拖”，不使危险因素长期存在而危及人的安全。

(4) 作业标准化

采取技术人员、管理人员、操作者三者相结合的方式，根据操作的具体条件制订作业标准，明确规定操作程序、步骤，尽量使操作简单化、专业化，尽量减少使用工具、夹具的次数，以降低操作者熟练技能或注意力的要求，必须符合生产和作业环境的实际情况，不能把作业标准通用化。作业标准必须考虑到人的身体运动特点和规律，作业场地布置、使用工具设备、操作幅度等，应符合人机学的要求。

(5) 生产技术与安全技术的统一

生产技术工作是通过完善生产工艺过程，完备生产设备，规范工艺操作，发挥技术的作用，保证生产顺利进行。包含了安全技术在保证生产顺利进行的全部职能和作用。生产技术、安全技术统一，体现了安全生产责任制的落实，具体的落实“管生产同时管安全”的管理原则。

(6) 做好各项预防工作

安全生产方针“安全第一，预防为主”，做好预防工作是安全生产的重中之重，在施工区域、生活区域做好危险品现场控制，防台防汛现场控制，消防应急现场控制，确保现场无安全事故。

(7) 正确对待事故的调查和处理

一旦发生事故，不能以违背人们意愿为理由，予以否认，对事故的发生要有正确认识，并用严肃、认真、科学、积极的态度，处理好已发生的事故，尽量减少损失，采取有效措施，避免同类事故重复发生。

讨论题：

1. 请分析智能建筑工程项目的进度、质量、安全风险管理的内容有哪些。

2. 根据案例，你认为该项目的风险管理过程还有那些需要改进的地方？

3. 结合案例，谈谈该项目中的风险管理策略的优点和缺点。

参考文献

[1] 郭波，龚时雨，谭云涛，等．项目风险管理[M]．北京：电子工业出版社，2014.

[2] 马丁·鲁斯摩尔，约翰·拉夫特瑞，查理·赖利，等．项目中的风险管理[M]．北京：中国建筑工业出版社，2012.

[3] 刘晓红，徐玖平．项目风险管理[M]．北京：经济管理出版社，2008.

[4] 戚安邦．项目风险管理[M]．天津：南开大学出版社，2010.

[5] 沈建明．项目风险管理[M]．北京：机械工业出版社，2004.

[6] 郭捷．项目风险管理[M]．北京：国防工业出版社，2007.

[7] 符志民．航天项目风险管理[M]．北京：机械工业出版社，2005.

[8] 卢有杰，卢家仪．项目风险管理[M]．北京：清华大学出版社，1998.

[9] 顾孟迪，雷鹏．风险管理[M]．北京：清华大学出版社，2009.

[10] 沈国柱．武器装备全寿命周期的风险估计方法[M]．北京：国防工业出版社，1999.

[11] 高立法，虞旭清．企业全面风险管理实务[M]．北京：经济管理出版社，2009.

[12] 吕建伟，陈霖，郭庆华．武器装备研制的风险分析与风险管理[M]．北京：国防工业出版社，2005.

[13] 林义．风险管理[M]．成都：西南财经大学出版社，1990.

[14] 刘新立．风险管理[M]．北京：北京大学出版社，2008.

[15] 郑子云，司徒永富．企业风险管理[M]．北京：商务印书馆，2002.

[16] 胡杰武，万里霜．企业风险管理[M]．北京：清华大学出版社、北京交通大学出版社，2009.

[17] 杜莹芬．企业风险管理指南：理论·实务·案例[M]．北京：经济管理出版社，2008.

[18] 杨建平．重大项目风险管理研究[D]．北京：北京航空航天大学，1996.

[19] 严武，等．风险统计与决策分析[M]．北京：经济管理出版社，1999.

[20] 郭仲伟．风险分析与决策[M]．北京：机械工业出版社，1987.

[21] 王诚．竞争策略与风险管理[M]．北京：商务印书馆，1997.

[22] 桂泳评，等．投资风险[M]．上海：立信出版社，1997.

[23] 太萍．航天项目风险管理[M]．北京：中国宇航出版社，2008.

[24] 中国项目管理委员会．中国项目管理知识体系与国际项目管理专业资质认证标准[M]．北京：机械工业出版社，2001.

[25] 毕星，翟丽．项目管理[M]．上海：复旦大学出版社，2000.

[26] 丛培经．实用工程项目管理手册[M]．北京：中国建筑工业出版社，1999.

[27] 陈放.项目策划[M].北京：知识产权出版社，2000.
[28] 成虎.工程项目管理[M].北京：高等教育出版社，2005.
[29] 林义.风险管理[M].成都：西南财经大学出版社，1990.
[30] 郭长有，陈军.基于信息化建设的项目群管理模式研究[J].管理工程学报，2005，19(10)：18-21.
[31] 纪燕平.中外项目管理案例[M].北京：人民邮电出版社，2003.
[32] 雷曼伊·丹.拯救 IT——运用风险管理终止 IT 项目失败[M].北京：机械工业出版社，2002.
[33] 格雷戈里·豪根.项目计划与进度管理[M].北京：机械工业出版，2005.
[34] 克利福德.项目管理教程[M].北京：人民邮电出版社，2003.
[35] 哈里森.高级项目管理[M].北京：机械工业出版社，2003.
[36] 科兹纳.项目管理计划和控制的系统方法[M].北京：电子工业出版，2002.
[37] 默奇·理查德.IT 项目经理实践入门[M].北京：电子工业出版社，2002.
[38] 袁加军.神舟飞船系统工程管理.北京：机械工业出版社，2006.